Peter Jungblut

Famose Kerle

Peter Jungblut

Famose Kerle

Eulenburg
Eine wilhelminische Affäre

MännerschwarmSkript Verlag
Hamburg 2003

Danksagung
Besonderer Dank gilt der Staatsbibliothek Berlin, insbesondere dem Bildarchiv, der Zeitungs- und der Raritäten-Abteilung, wo wertvolle Quellendokumente zur Affäre Eulenburg lagern. Auch die Bibliothek des Deutschen Bundestages erwies sich als stets freundlicher und kompetenter Ansprechpartner. Durch einige hilfreiche Hinweise aus dem Kölner Centrum Schwule Geschichte e.V. konnten zusätzliche Illustrationen beschafft werden.

Bibliografische Information der Deutschen Bibliothek
Die Deutsche Bibliothek verzeichnet die Publikation
in der Deutschen Nationalbibliografie; detaillierte
bibliografische Daten sind im Internet über
http://www.dnb.ddb.de abrufbar.

Peter Jungblut:
Famose Kerle
Eulenburg. Eine wilhelminische Affäre

Umschlaggestaltung: Carsten Kudlik, Bremen
Druck: Finidr, Tschechien
1. Auflage 2003
ISBN 3 935596 21 9

MännerschwarmSkript Verlag
Lange Reihe 102 – 20099 Hamburg
verlag@maennerschwarm.de
www.maennerschwarm.de

Inhalt

Zeus: «Du bist hier im Himmel, sag ich dir,
und wir Götter trinken nichts als Nektar.»

Ganymed: «Schmeckt das besser als Milch?»

Zeus: «Wenn du nur einen Tropfen davon
gekostet hast, wirst du keine Milch mehr verlangen.»

Lukian von Samosata,
Lügengeschichten und Dialoge

Prolog
Olympische Freuden, irdische Leiden

Wozu Anstrengen? Fürs Paradies reicht Schönheit. Ganymed musste nicht schuften und nicht fromm sein, um auf den Olymp zu kommen. Moral wurde von ihm nicht erwartet, eher schon gute Werke, vorzugsweise im Bett. Göttervater Zeus verwandelte sich in einen Adler, packte den bildhübschen Hirtenjungen mit dem Schnabel und beförderte ihn mit mächtigem Flügelschlag hinauf in die Wolkenburg der Unsterblichen. Ganymed, der wohl gewachsene Knabe, durfte fortan Nektar und Ambrosia schlürfen. Er wurde der Mundschenk des Göttervaters und versüßte dessen Nächte – denn Schönheit «macht einen sanfteren Schlaf».

Aber Vorsicht: Licht wirft Schatten. Unverdiente Glückseligkeit erzeugt Neid und Missgunst. Der arglose Hirte ist umzingelt von hässlichen Gesichtern und hässlichen Gefühlen. Blauäugig sieht Ganymed nur das falsche Lächeln der Neider – die scharfen Zähne der Konkurrenten bleiben ihm verborgen. Ein Flötenspieler schreitet über Krokodile. Zeus ist verheiratet und seine Frau Hera ist eifersüchtig, verachtet den schmucken Ganymed. An diesem weibischen Weichling möchte sie ihre Lippen nicht verunreinigen. Sie hasst ihn, weil der Junge nur einfach schön ist und trotzdem Erfolg hat. Ungerecht ist die Welt und ohne Moral. Ganymed, die reine Unschuld, weiß nichts davon. Nie hätte er seine Schönheit gegen Privilegien verkauft – und doch sind alle davon überzeugt. Wer so viele Reize hat, macht sich verdächtig. Sprosse für Sprosse klettert der arglose Günstling auf der Himmelsleiter nach oben und genießt mit klopfendem Herzen die Aussicht. Er weiß: Die weniger Glücklichen warten nur auf die richtige Gelegenheit zur Rache. Dann ist alles aus.

Die Leiter bricht, es folgt der Absturz, und man wird nicht einmal bedauert.

Wer sich zu alt und unansehnlich vorkommt für eine Ganymed-Karriere, darf sich mit dem Beispiel des Fürsten Eulenburg trösten. Er hat bewiesen, dass man auch noch um die vierzig «entdeckt» werden kann - sogar mit lichtem Haar und ersten Falten. Er schaffte es als reifer Mann so mühelos auf den Olymp wie einst der pubertierende Ziegenhirte. Der volle Glanz der Gnadensonne traf Eulenburg verspätet, aber um so gleißender. Das Füllhorn der Vorteile und Bequemlichkeiten weiß man mit Lebenserfahrung sowieso viel besser auszukosten als in der Jugendzeit, wo große (und echte) Gefühle bekanntlich noch wichtiger sind als weiche Betten und teure Weine. Eulenburg brachte es in seiner zweiten Lebenshälfte zum Favoriten und Troubadour des deutschen Kaisers und preußischen Königs.

Eine Soldatenkarriere sollte er ursprünglich machen, wie sein Vater. Doch die Musen waren stärker: Der empfindsame Eulenburg studierte zwar Jura, sah sich aber vor allem als Dichter, Sänger und Komponist. Er plauderte mit Richard Wagner, war Stammgast in Bayreuth und schwer beeindruckt vom nordischen Sagenkreis. Als Diplomat im Auswärtigen Amt verdiente er seinen Lebensunterhalt, reiste in der Weltgeschichte herum und hätte als unauffälliger preußischer Landedelmann seine Tage auf dem Familiensitz Schloss Liebenberg bei Berlin beschließen können - wenn nicht Bismarck und Kronprinz Wilhelm seine Bahn gekreuzt hätten. Der charmante Eulenburg wusste zu gefallen, und flugs mauserte er sich zum Berater, Tröster, Vermittler, Liebling und Freund des deutschen Monarchen. Bei Hofe stört sich zunächst niemand an den herumgeflüsterten Geschichten aus Eulenburgs Privatleben. Der Fürst selbst leistet sich eine luxuriöse Gedächtnisschwäche, ganz nach dem Satz, der hundert Jahre später dem österreichischen Pop-Sänger und Kokain-Opfer Falco zugeschrieben wird: «Wer sich an die achtziger Jahre erinnern kann, der hat sie nicht erlebt.» Das scheint für jedes Jahrhundert zu gelten. Eulenburg hatte sich in den kulturell wild bewegten 1880ern ausgetobt, vorzugsweise

Eulenburg als junger Leutnant in der Uniform des preußischen Garde du Korps.

auf seinem damaligen Dienstposten in München, Starnberg und Umgebung. Es gab Gerüchte über seine Männergeschichten, aber keine Beweise. Das Glück bescherte ihm unterdessen Karriere, Titel, Orden und einen auskömmlichen Landsitz. Als er sechzig war, brach alles zusammen, erschütterte ein Skandal ohne Gleichen das deutsche Kaiserreich.

Wer von der Akte Eulenburg den Staub bläst, muss erst mal Ordnung in die vergilbten Papiere bringen. Es geht erstens um die feine Gesellschaft, zweitens um Sexualität und drittens um hohe Politik. Günstlingswirtschaft, Männerliebe und deutscher Größenwahn: Das waren die Grundstoffe für diese Affäre. Ein historisches Überraschungsei - randvoll mit Spiel, Spannung und Süßigkeiten. Fälschlicherweise wird Eulenburgs Sturz oft immer noch als reiner «Homo-Skandal» abgehakt. Früher nannte man so etwas eine «pikante Angelegenheit». Damit schrumpft der Skandal auf eine erotische Randnotiz aus dem Jahr 1907. Man könnte sich somit ganz auf Eulenburgs Vorliebe für Starnberger Fischerknechte, Matrosen und Möbelpacker konzentrieren. Doch es war nicht etwa moralische Empörung, die ihm zum Verhängnis wurde, sondern politische Rachsucht. Der Blick durchs Schlüsselloch ist also nicht die richtige Perspektive.

Das Auf und Ab des Philipp Eulenburg ist in den Geschichtsbüchern nur als Fußnote vermerkt. Sein Leben schnurrt dort auf die Frage zusammen: «War er eigentlich schwul?» Weil es dafür keine eindeutigen Quellen und Indizien gibt, bleibt es bei Spekulationen. Eulenburg war «immerhin Vater von acht Kindern», heißt es noch im Jahr 2002 entschuldigend in der «Neuen Zürcher Zeitung».[1] Das stimmt zweifellos, aber damit ist das Rätsel leider nicht gelöst. Die Historiker reden sich gerne darauf hinaus, dass Philipp und sein bester Freund Kuno von Moltke «bisexuell» gewesen seien. Das lässt alle Möglichkeiten offen.

Ob er wirklich schwul war, ist in der Tat eine müßige und hundert Jahre später auch uninteressante Frage. Wie er runterfiel vom Olymp und dabei eine Lawine auslöste, das allein bleibt eine spannende, überraschende und skurrile Geschichte.

Aus «Der wahre Jacob»:
Sündenpfuhl Schloss Liebenberg: Eine endlose Kolonne Latrinenwagen rollt aus dem Schloss von Philipp Eulenburg. Begleitet wird der Tross von Maximilian Harden (vorne rechts) und einem Richter (links).

Wer sich mit Suchstangen auf das Trümmerfeld wagt und hineinsticht, der trifft auf Nervenzusammenbrüche, Drogensucht, Hysterie und Geltungsdrang, auf Taschentücher, Riechwasser, Rouge, übergroße Ballettkleider und jede Menge andere Überbleibsel.

Mit Verspätung hatte Fortuna bei Eulenburg angeklopft, und sie verließ ihn erst, als eigentlich niemand mehr damit rechnete. Eulenburg war bereits Ruheständler, hatte gerade seinen sechzigsten Geburtstag hinter sich, als er unvermittelt zu einer Gefahr für Deutschland, zu einem schuppigen Ungeheuer hochgeschrieben wurde. Der berühmteste Journalist der Zeit spielte den Drachentöter. Maximilian Harden, der Gründer und Herausgeber der «Zukunft», hielt Eulenburg für den Kopf einer rosaroten Verschwörer-Bande im Vorzimmer des Kaisers. Der Journalist fürchtete um die deutsche Männlichkeit, sah den Thron umstellt von pazifistischen Weichlingen. Nach Hardens Ansicht herrschte höchste Gefahrenstufe: Schließlich war Deutschland umzingelt von Feinden, die nur darauf lauerten, das Kaiserreich zu überrennen. Männer wie Eulenburg paktierten am Ende sogar mit Deutschlands Erzfeind, mit dem rachsüchtigen Frankreich. Das galt es um jeden Preis zu verhindern.

Eulenburg wurde 1847 geboren, kämpfte in Bismarcks Einigungskriegen und hatte sehr schnell die Nase voll vom Hämmern mit der eisernen Faust. Ganz anders der Promi-Schreck Maximilian Harden. Er war Jahrgang 1861, also vierzehn Jahre jünger als Eulenburg. Kein riesiger, aber ein markanter Altersunterschied. Harden hatte die drei Kriege von 1864 bis 1871 nur als unbeteiligtes Kind miterlebt. Seine Generation nahm die neue deutsche Herrlichkeit als selbstverständliche Pflichtübung der Geschichte und träumte vom deutschen Weltreich, von Kolonien, von Einfluss und Flotte. Deutschland hatte mindestens Weltmacht zu sein – sonst waren Männer wie Harden nicht zufrieden. Dieser maßlose Anspruch der jungen Wilden traf auf das Ruhebedürfnis der Helden von gestern. Der säbelrasselnde Harden störte sich zwangsläufig am geschmeidigen Günstling Eulenburg. Der Softie musste weg von der kaiserlichen Tafel, herunter vom Gipfel des allerhöchsten Wohlgefallens. Eine politische Abrechnung wurde fällig.

Auch wenn Eulenburg als geschickter Diplomat zeitweise außerordentlich mächtig war - er ließ sich von den Verhältnissen treiben, statt sie energisch zu verändern. Er war ein typischer preußischer Landjunker mit schon damals reaktionären Ansichten und einem zeitbedingt nationalistischen Weltbild voller mythischer Spinnereien. Zum Verschwörer und Machtmenschen fehlten ihm jedoch alle Voraussetzungen: die Kaltblütigkeit, das Sendungsbewusstsein, der Größenwahn. Zum Missionar und Visionär war er vollkommen ungeeignet. Stattdessen konnte er auf eine verblüffende Beobachtungsgabe und politischen Instinkt bauen. Seine größte Stärke war die Fähigkeit, die Wünsche des Kaisers mit feinem Gespür zu erahnen und frühzeitig danach zu handeln: «Insofern war er das Gegenteil eines kompetenten Beraters: Er bekräftigte den kaiserlichen Willen, statt ihn zu korrigieren», klagt der Historiker Wolfgang J. Mommsen.[2] Eulenburg war somit nur in Hardens Einbildung eine Gefahr für Deutschland. Der Favorit des Kaisers blieb in Wirklichkeit Komödiant. Aber das bewahrte ihn nicht vor dem Abschuss.

Erst zielte Harden mit Schrot, dann mit Kugeln und schließlich mit Kanonen, bis der ganze Olymp qualmte und bedrohlich wankte. Der Kaiser musste um seine Autorität fürchten und handelte. «Ganymed» Eulenburg fand keinen Platz mehr am gedeckten Tisch und landete in der Abfallgrube. Damit seine Orden, vor allem der berühmte preußische «Schwarze Adler», nicht schmutzig wurden, musste er sie rechtzeitig herausreichen aus seinem Schlamassel. Die Lichtgestalt Eulenburg war ausgeknipst worden. Maximilian Harden war einerseits am Ziel - und scheiterte dennoch. Am Ende einer ganzen Reihe von Prozessen, in deren Verlauf er mehr als einmal gedemütigt worden war, hätte er den Fürsten gern im Gefängnis gesehen. Doch der, obwohl sogar des Meineids überführt, verbrachte keinen einzigen Tag hinter Gittern. Er war gesellschaftlich erledigt, aber nicht als Krimineller gebrandmarkt.

Die Affäre Eulenburg spielt am Vorabend des Ersten Weltkriegs. Pechschwarze Gewitterwolken ziehen über dem alten Europa auf. Deutschland isoliert sich mehr und mehr, während in Berlin alles über den Sturz eines verhätschelten Kaiserfreundes palavert. Klatsch und Tratsch ist in der Binnenwelt der höfischen Zelebritäten kein Freizeitvergnügen, sondern elektrisierender Lebensinhalt und Alltagsbeschäftigung. Die Schönen, Reichen und Berühmten haben mit sich selbst genug zu tun. Im Zeitalter viktorianischer Moral, der peinlichen Etikette, der komplizierten Hofordnung werden schon winzige Verstöße gegen Gewohnheit und Sitte zu ausgewachsenen Affären. «Die Intrigen, die lächelnde Maske der in Ehrgeiz und Hoffnungen aufgeblähten Figuren, die sich Menschen nennen», all dieses zeremonielle Gehabe ging Eulenburg auf die Nerven. Und doch war er selbst ein Meister hochadeliger Rollenspiele, ein Günstling aus Berufung.[3]

Kurt Tucholsky schreibt deshalb zurecht über das jähe Karriereende Eulenburgs: «Dieser komplette Affentanz umeinander, gegeneinander, ohne einander - das soll Weltpolitik sein? Krisen ... wenn Eulenburg von Kanzlerkrisen spricht, denkt man an Nervenkrisen einer Romanfrau aus dem Jahre 1900, mit zerknautschten Taschentüchern und unbeherrschtem Geweine ... Das ist Politik? Das ist ein frecher Missbrauch von Staatsgeldern und Menschenkräften.»[4]

Der Fall Eulenburg ist somit eine Seifenoper vor dem Totentanz. Das letzte bittere Lachen einer Gesellschaft, die dem Untergang geweiht ist. Bevor die Kanonen donnern, freut man sich an diesem Melodram, diesem Kostümfilm. Alle Requisiten sind vorhanden: eine opulente Kulisse, ein Spieler, ein Gegenspieler, zahlreiche Mitspieler und eine Schwindel erregende Fallhöhe. Angst und Mitleid soll der dramatische Absturz des Tragödienhelden nach der antiken Theater-Theorie erzeugen, den Zuschauer dadurch reinigen, zu einem besseren Menschen machen. Doch nach dieser Aufführung kehrt man wenig geläutert nach Hause zurück: Das traurige Stück ist viel zu komisch. Das Publikum schwenkt fröhlich den Champagner-Kelch und genießt die schönste aller Freuden - die Lust am Schaden anderer. Vorhang auf für Eulenburg.

Auf der Bühne des Lebens – Die handelnden Personen

Friedrich Wilhelm Victor Albert von Preußen («Liebchen»), wankelmütiger, oft gelangweilter, redseliger Hohenzollernprinz, schlechter Kunst- und Menschenkenner, 1888 bis 1918 deutscher Kaiser (Wilhelm II.) und preußischer König, hat gern uniformierte Männer um sich;

Otto Eduard Leopold von Bismarck, preußischer Landjunker mit großem Appetit und ordinärem Geschmack, Rache-Engel, kann «Kinäden» nicht ausstehen, Ministerpräsident (1862 - 1871) und legendärer Reichskanzler (1871 - 1890), Gegner von Wilhelm II. und allen seinen Freunden;

Graf Philipp Friedrich Karl Alexander Botho zu Eulenburg und Hertefeld («Phili», «Philly», auch «Philine» oder «Der Harfner»), preußischer Uradeliger (ab 1900 Fürst), Diplomat, Komponist, Sänger, Dichter und von 1886 bis 1907 der Favorit von Wilhelm II.;

Graf Kuno Augustus Friedrich Karl Detlev von Moltke («Tütü», auch «Dachs» oder «Der Süße»), preußischer General, Opernliebhaber, Klavierspieler, Freund von Philipp Eulenburg und Günstling Kaiser Wilhelms II.;

Gräfin Athalie von Kruse auf Neetzow («Lily»), geborene von Heyden, 1896 bis 1899 Ehefrau von Kuno Moltke, lebenslustige Person, braucht zur Beruhigung viele Tabletten, Party-Girl, argwöhnisch gegenüber schwärmerischen Männern;

Maximilian Harden, eigentlich Felix Ernst Witkowski, ungehorsamer Spross einer jüdischen Kaufmannsfamilie, Schauspieler, Kritiker, arbeitswütiger, eitler und humorloser Vielschreiber in seiner Wochenzeitschrift «Die Zukunft», Fan von Bismarck, Gegner von Eulenburg;

Raymond Lecomte, französischer Millionen-Erbe, Friedens- und Männerfreund, Kunstexperte und Diplomat mit zweifelhaftem Ruf, guter Bekannter Eulenburgs, deshalb Feindbild von Harden;

Graf Wilhelm von Hohenau («Willy»), preußischer Vorzeige-General, Verwandter von Wilhelm II., spielt mit Männern und befindet sich gern auf Auslandsreisen, Bekannter von Eulenburg;

Graf Johannes Hermann Rochus Maximilian von Lynar («Hannes»), Major der preußischen Garde, schwuler Sex-Partymacher, lässt sich von Burschen gern die Unterschenkel kraulen;

Georg Riedl (auch Riedel) und Jakob Ernst, bodenständige, nicht sehr attraktive, schwer verständliche Fischer aus Starnberg, nehmen Trinkgeld und erinnern sich an «Lumpereien».

«Phili» auf dem Weg ins Glück

«Willst du auch Minister werden?»
In zwei Sprüngen nach oben

«Der Grundton meines Wesens ist Melancholie», bedauert sich Eulenburg. Aber er ließ es sich nicht anmerken. Er war ein Meister der Verstellung. Sein Witz machte ihn beliebt, begehrt und einflussreich. Seine Schwermut blieb ein Geheimnis. «Ach, ich armer Hanswurst», soll er im stillen Kämmerlein geseufzt haben. Nur dort fiel seine Maske, nur dort war er ehrlich vor sich selbst. Die große Freiheit im Schrank. Draußen spielte er jedenfalls den allzeit heiteren, belesenen, amüsanten Gesprächspartner. Er war ein Jongleur seiner Gefühle. Ein Komödiant, dem nach Weinen zumute war, ein Hofnarr. Ein Mensch, der «in den Kreisen, in denen er durch Geburt und Lebensgang wurzeln sollte, immer ein Fremder geblieben» ist.[1]

Eulenburg hielt sich für «anders als die anderen»: «Denn ich hatte stets bei außergewöhnlichen Erlebnissen, merkwürdigen Konstellationen, eigenartigen Begegnungen das Gefühl, dass mich das alles gar nichts anginge, ich fühle mich immer, wie gesagt, anders als die anderen. Ohne jeglichen Ehrgeiz in der Form, der die andern quält und beherrscht, – und dann kommt mir der Gedanke, dass vielleicht gerade deshalb (...) instinktiv sich hoch gestellte Personen auf allen Gebieten gern an mich anschlossen, weil sie vielleicht empfanden, dass ich tatsächlich nichts von ihnen will.»[2] Die Attitüde eines verkannten Künstlers. Er war eingekreist von Schwärmern und Speichelleckern, doch das störte ihn nicht. Er lebte in einer Kunstwelt. Der graue Alltag war ihm zu banal. Trotzdem wollte er kräftig mitmischen in der Politik.

«Nun, mein Junge, willst du auch Minister werden?», fragte man den zehnjährigen Philipp bei einem Besuch in der Berliner Wilhelmstraße 76, wo der preußische Ministerpräsident residierte. Die Antwort des Knaben fiel sehr energisch aus: «Nein, ich will Kremser-Kutscher werden.»[3] Tatsächlich wurde Eulenburg niemals Staatssekretär oder Minister. Und doch wollte er Politiker sein. Entscheiden, ohne zu verantworten – das ist das Kennzeichen des Günstlings. Er will die Vorteile der Macht ohne die Mühsal des Amts. Das macht Feinde. Eulenburg war das egal. Er blieb eitler Schöngeist mit einem Talent fürs Diplomatische. Er verstand sich auf Ausgleich und Versöhnung, brachte Streithähne auseinander und versuchte mit viel Geschick, zerbrochenes Porzellan zu kitten, wo immer es ging. Er war ein umsichtiger Marionettenspieler, der am Ende allerdings die Fäden seiner Figuren nicht mehr zu entwirren wusste.

Die erste Treppenstufe zu Ansehen und Berühmtheit ist bekanntlich immer die Schwerste. Auf dem langen Weg nach oben schaffen die meisten nicht einmal den untersten Absatz. Eulenburg war zwar adelig und stammte aus alter Familie, aber das allein reichte noch lange nicht für den Weg nach ganz oben. Im Gegenteil: Die Eulenburgs hatten es über Jahrhunderte geschafft, niemals durch besondere Leistungen oder Ämter aufzufallen. Landadel eben, ohne höhere Ambitionen und ohne glänzende Fähigkeiten. Die Familie stammte ursprünglich aus der Nähe von Meißen, der Name geht zurück auf die Stadt Eilenburg. Mit der nachtaktiven Eule haben Stadt und Adelsgeschlecht nichts zu tun, vielmehr ist die Erle gemeint. Von Eilenburg aus fächerte sich der Stammbaum auf bis nach Ostpreußen. Die Eltern konnten Philipp Eulenburg keinen Fahrschein an die gesellschaftliche Spitze lösen. Sein Vater war mäßig erfolgreicher Soldat ohne größeres Vermögen.

Philipp konnte am Prominentenhimmel funkeln, weil sein Onkel Fritz ein Händchen hatte für Politik. Der hilfreiche Verwandte hieß eigentlich Friedrich Albrecht und war ein umgänglicher Mensch, was man bei Theodor Fontane nachlesen kann. Der Onkel trank vielleicht etwas viel, war kein preußischer

Pedant – und machte trotzdem Karriere. Nach der bürgerlichen Revolution von 1848 wurde Fritz als Aufpasser und Zensor nach Köln geschickt, um dort die linksradikale «Neue Rheinische Zeitung» zur Strecke zu bringen. Unter den Redakteuren war auch Karl Marx. Fritz Eulenburg versagte offenbar gänzlich bei der Zensur. Stattdessen soll er mit den Journalisten fröhlich gezecht haben.[4] Ein frisches Bier mit Marx – nicht gerade typisch für Preußens Adel.

Fritz Eulenburgs dröhnendes Wesen, sein urwüchsiger Humor waren nicht die Sache des empfindsamen und schüchternen Philipp. Diese kernige, volkstümliche Art von Politik würde er niemals machen wollen. Vielleicht hätte er sich trotzdem etwas mehr abschauen sollen von seinem allerersten Gönner. Der Onkel behielt nämlich auch als preußischer Innenminister beide Beine fest auf dem Boden der Tatsachen. Beim eiligen Gang Unter den Linden wurde er mal gefragt, was er denn so überstürzt vorhabe. Antwort: «Matratzen kaufen.» Beim ungläubigen Staunen des Gegenübers erklärte Fritz Eulenburg, die Matratze sei nötig, weil steile Karrieren immer mit einem Sturz endeten, und da wolle er wenigstens weich fallen.[5]

Weil «Fritz» Eulenburg ledig war, konnte er sich häufiger um die Kinder seines Bruders, also auch um Philipp, kümmern. Sein Berliner Quartier hatte der Innenminister Unter den Linden 73, in einem «Hotel» für die Mitglieder der preußischen Regierung. Dort waren Philipp, seine Eltern und Geschwister häufig zu Gast. Jeder hatte sein eigenes Zimmer. Eine glänzende Unterkunft an der prachtvollsten Straße der preußischen Hauptstadt! «*In* ist wer drin ist» könnte man sagen. Die Eulenburg-Sprösslinge konnten im Regierungsviertel zwanglos herumtollen. Dabei lernten sie natürlich auch die Kinder des neuen Regierungschefs kennen – der erste Kontakt zum Hause des preußischen Ministerpräsidenten Otto von Bismarck. Damals, 1862, war noch nicht abzusehen, welche Bedeutung und welchen Einfluss dieser Mann einmal haben würde.

Nach ersten Schuljahren in Berlin besuchte Philipp ab Sommer 1863 das Vitzthumsche Gymnasium in Dresden, ein düsterer Ort von altpreußischer «Zucht und Ordnung». Schüler Eulenburg hatte Probleme mit dem frühen Aufstehen, war kränklich: «Er suchte mit den anderen Knaben in kameradschaftliche Fühlung zu kommen, aber Rohheit und Oberflächlichkeit enttäuschten ihn.»[6] Schon damals empfand sich Eulenburg als Sonderling. Er war kein burschikoser Draufgänger, sondern sensibel, scheu, introvertiert. Um es gleich vorweg zu sagen: Sportlich war Eulenburg auch nicht, und er hing über die Maßen an seiner Mutter. Das allein halten ja manche schon für ausreichend, um auf die sexuelle Orientierung zu schließen.

Im Frühsommer 1866 muss Philipp Hals über Kopf Dresden verlassen, denn Sachsen und Preußen ziehen gegeneinander in den Krieg. Der junge Eulenburg will mitkämpfen. Er wird in Potsdam eingekleidet und beginnt seine militärische Ausbildung. Zum Einsatz kommt Philipp 1866 allerdings nicht mehr: Preußen siegt unerwartet schnell. Eulenburg absolviert sein Fähnrich-Examen und wird aufgenommen im vornehmsten Truppenteil Preußens, dem Gardekorps. Hier war Eulenburg mit seinen schöngeistigen Interessen nicht allein. Auf der Kriegsschule in Kassel schließt er Freundschaft mit Kuno von Moltke. Ob es eine erotische Jugendliebe war oder doch nur enge Kameradschaft – wer diese Frage eindeutig beantworten könnte, hätte Eulenburgs größtes Rätsel gelöst. Vielleicht gab es einmal entsprechend eindeutige Briefe, Dokumente, aber sie sind längst verbrannt. Man kann also nicht vordringen zum Kern dieser lebenslangen Freundschaft. Homoerotik spielte zweifellos eine Rolle, bewusst oder unbewusst. Hobby-Psychologen können sich austoben: Kuno und Philipp waren beide fixiert auf ihre Mütter. Kuno war erst dreizehn, als sein Vater starb. In der Familie wurde er gern «Tütü» genannt. Moltke war musikalisch und belesen wie «Phili» Eulenburg, aber nicht so kreativ. Man teilte die Leidenschaft für Oper, Balladen, Literatur. Kuno und Philipp gefielen sich als fahrende Sänger. Wenn Zeit war, tingelte man über Land, genoss die große Freiheit. Mit Stechschritt und Parademarsch konnten sie dagegen wenig anfangen. «Ich sehne mich nach der alten Philine», schrieb Kuno 1891 in einem Brief.[7]

Die beruflichen Wege trennten sich, privat blieb man sich treu. Kuno schätzte die Männergesellschaft in der Armee und brachte es bis zum General. Zum Heiraten konnte er sich lange Zeit nicht entschließen. Philipp nahm dagegen seinen Abschied vom Militär und gründete eine Familie. Leicht ist ihm das anscheinend nicht gefallen. Vier Tage nach seiner Verlobung wird er schwer krank. Seine Zukünftige, die schwedische Gräfin Augusta von Sandels, schreibt bekümmert in ihr Tagebuch: «Ein trauriger, ernster Anfang meines neuen Lebens.»[8] Am 20. November 1875 wird geheiratet, abends um fünf in der St.-Jakobs-Kirche in Stockholm. Ein zweifelhafter Therapieversuch des Achtundzwanzigjährigen. Eulenburg erhoffte sich eine «Erlösung von dämonischen Gewalten».[9] Was er damit meinte, bleibt offen. Seine wahren Bedürfnisse versuchte er hinter der ehelichen Fassade zu verstecken. Angeblich hatte er durchaus «sinnliche Leidenschaften» für schöne Frauen, aber eben auch «schwärmerische Männerfreundschaften». Skurrilerweise wurde kürzlich auch ein Nachfahre von Philipp bei seiner Brautschau in Schweden fündig: Im August 2002 heiratete der Berliner Unternehmensberater Botho zu Eulenburg die dreißigjährige Jenny Kjörling, eine PR-Beraterin aus dem südschwedischen Lund. Das Ganze wurde in der «BILD»-Zeitung als «Elchtest» mit zahlreichen Farbfotos gefeiert. Fälschlicherweise hieß es in dem Artikel, Botho sei der «erste seines alten Geschlechts», der in Schweden die Ringe tauschte. An Philipp will man sich in diesem Zusammenhang anscheinend ungern erinnern.[10]

Gräfin Sandels war eine eher unscheinbare Person, «weder hübsch noch hässlich, weder groß noch klein, weder schlank noch rundlich, ihre Reisetoilette unelegant». Sie «störte ja nicht, kam aber nirgends, selbst in der Häuslichkeit nicht» zur Geltung, so das harte Urteil von einem Freund des Hauses. Die Frau sei nur «Schatten und Echo» Philipps gewesen. Wir haben es also offenbar mit einer skandinavischen Graugans zu tun, unauffällig, aber treu, zuverlässig, aufopferungsbereit. Acht Kinder wurden geboren, deren Erziehung die Gräfin ziemlich überforderte. Sie wich ihrem Mann nicht von der Seite, auch dann nicht, als die

Tage düster wurden. Nach Philipps Tod wühlte sie sich durch die vielen tausend Seiten des Nachlasses. Monatelang tippte Augusta die Manuskripte ab, wird dabei hier und da kräftig «redigiert» haben.

In sexuellen Dingen mäanderte Philipp Eulenburg lebenslang hin und her, in beruflichen Angelegenheiten war er konsequenter. Er wusste frühzeitig, dass er beim Militär auf die Dauer nichts verloren hatte. Deshalb verlegte er sich ab 1877 auf eine diplomatische Karriere im Auswärtigen Amt, von ihm auch als «heilige Hölle» bezeichnet. Er war zunächst ein kleines Licht unter den Aktenträgern – «Kammergerichts-Referendar» in der Handelsabteilung. Sein dortiger Chef hatte aber schnell herausbekommen, dass der neue Mitarbeiter Eulenburg enge Kontakte zum Hause Bismarck hatte, zur Heimstatt von Kraft und Macht. Fortan durfte sich «Ganymed» Eulenburg über viele falsche Komplimente und äußerste Freundlichkeit lustig machen. Wer mit den Kindern des Reichskanzlers gespielt hatte, brauchte keine Zeugnisse. Gute Beziehungen nach ganz oben erleichterten eben auch im akkuraten Preußen den Büro-Alltag. Das «Vitamin B» begann zu wirken – «B» wie Bismarck.

Drei Jahre machte sich Eulenburg mit dem auswärtigen Dienst vertraut, dann schrieb er seine Examensarbeit über ein abseitiges historisch-juristisches Thema: «Die Veranlassung zu der militärischen Intervention Preußens in Holland im Jahre 1787.» Von der eigentlich vorgeschriebenen mündlichen Prüfung wurde er sonderbarer Weise befreit, seiner Vermutung nach, weil er eine schriftliche Meisterleistung abgeliefert hatte. Bismarck sah das später anders und mäkelte an Eulenburgs Examen herum.[11] Als Nachwuchs-Hoffnung im diplomatischen Dienst war Eulenburg weiter Stammgast bei den Bismarcks. Man plauderte, speiste, und feierte miteinander. Mit Herbert, dem ältesten Sohn und engen Mitarbeiter des Kanzlers, war Eulenburg zeitweise eng befreundet. Der Hausherrin Johanna von Bismarck sang er am Klavier seine Balladen vor. Während Johanna beifällig nickte, soll der zufällig hereinkommende Kanzler unwirsch gemurmelt haben: «‹Sehr eigentümlich!›, ungefähr so, wie man bei

Eulenburg als Berufseinsteiger:
Der Diplomat und Künstler gibt sich stilbewusst – und ärgert sich über die Geschmacklosigkeit der Mächtigen.

dem Genuss einer württembergischen Laugenbrezel ruhig sagt: ‹Schmeckt sehr sonderbar›.»[12] Eulenburg notierte solche Anekdoten mit Amüsement und Herablassung. Ausgerechnet der große Bismarck wusste seine musischen Talente nicht die Bohne zu schätzen.

Bismarck war für Eulenburg Fluch und Segen zugleich. Der Günstling und sein Gönner fanden nie eine gemeinsame Wellenlänge. Schon in den achtziger Jahren zeigten sich erste feine Risse in dieser karrierefördernden Beziehungskiste. Für Philipp war es bedauerlich, dass so mächtige und reiche Männer wie Bismarck so wenig guten Geschmack hatten. Wo «große Politik» gemacht wird, blickt man ja bis heute gern mitleidig herab auf intellektuelle Feingeister. Der harte Entscheider geht häufig nur ins Theater, um seine Geschäftspartner zu beeindrucken. Bismarck war keine Ausnahme. Eulenburg stand vor einem Abgrund von Kulturvergessenheit. Staunend bemerkt Philipp, dass der Mann mit den Werken eines Richard Wagner rein gar nichts anfangen konnte. Der große Komponist und Schöpfer des mopdernen Musikdramas sei vom Kanzler schlicht als «Affe» abgetan worden.

Im Hause Bismarck hatte das Banausentum eine Heimstatt gefunden. Eulenburg ist angewidert: Bismarck selbst kleide sich «wie ein pensionierter Schutzmann». Über die Damen des Hauses lästert Philipp wie ein gehässiger Pariser Designer unserer Tage: «Die grellen bunten Kleider und Sachen, mit denen sie sich schmücken, mögen vielleicht das Resultat längeren Nachdenkens sein, sie machen aber den Eindruck, dass sie das Erste waren, was ihnen im Laden oder beim Schneider in die Hände fiel, und das sie gänzlich gleichgültig kauften.»[13] In den Wohnräumen des Kanzlers fühlte sich Philipp offenbar geradezu körperlich unwohl, weil die Ausstattung seiner Meinung nach «nichtssagend, grauenhaft konventionell» war. «Die fürchterlichen amerikanischen Bilder, Photographien, Ehrendiplome, die an dunklen, hässlichen Tapeten über Mahagonistühlen mit weißbuntem Cretonne hingen, waren geradezu verletzend für mein farbensinniges Gemüt.»

Bei aller Entfremdung zu Bismarck, bei aller Häme und Kritik – Eulenburg hatte dank des Machtmenschen viele Stufen auf der Treppe in den Karrierehimmel übersprungen. Er war Diplomat geworden, weit gereist und viel bewundert. Er hatte hochkarätige Prominente kennen gelernt, vom trüben Dasein als Landadeliger war keine Rede mehr. Durch einen verwandtschaftlichen Glücksfall hatte Eulenburg außerdem Aussichten auf einen ansehnlichen Herrensitz. In Liebenberg, etwa sechzig Kilometer nördlich von Berlin, hatte seine Mutter einen Gutshof geerbt. Philipp hatte als Erstgeborener eines Tages Anspruch auf diese Liegenschaft. Er würde damit materiell abgesichert sein, hatte es nicht nötig, lebenslang im Staatsdienst zu stehen. Liebenberg warf Jahr für Jahr rund fünfzigtausend Reichsmark Pachtzins ab. Ein Botschafter des Deutschen Reiches kam nur auf dreißigtausend Mark. Das Landleben war also profitabler. Konnte man beides miteinander verbinden, umso besser.

Die segensreichen Sonnenstrahlen aus dem Hause Bismarck hatte Eulenburg aufgefangen, weil sein Onkel «Fritz» einstmals für Zimmer im Regierungshotel gesorgt hatte. Aber wie schaffte er den entscheidenden zweiten Karrieresprung in die allerhöchste Etage, bis an die Seite des Kaisers? Verwandtschaft allein konnte ihm dabei nicht helfen. Aber der Zufall und die Langeweile. Das große Gähnen war in preußischen Adelskreisen weit verbreitet und gefürchtet. Dankbar flüchtete man sich in die Arme von Menschen, die einem das eintönige Leben etwas auflockerten. Das war Eulenburgs Chance! Sein Witz hatte sich herumgesprochen. Erstmals konnte ihm dieses Talent einen entscheidenden Dienst erweisen. Als Entertainer war er unschlagbar.

Der Weg auf den Olymp führte über Prökelwitz. Der Name ist Programm: ein ostpreußisches Kaff mit rund fünfhundert Einwohnern und vielen Trakehner-Pferden. Ein Jagdrevier vom Feinsten, die «starken Rehböcke» waren allseits bekannt. In diese abgelegene Ecke Preußens verschlug es 1886 den königlichen Prinzen und späteren Kaiser Wilhelm. Er liebte die Ruhe und die Pirsch. Die Herren von Prökelwitz, die Grafen Eberhard und Richard Dohna, durften sich auf ihren hohen Gast was einbilden. Mit der Ehre war jedoch eine höchst unliebsame Pflicht verbunden. Man musste Tag für Tag ein Freizeitprogramm zusammenstellen. Morgens wurde gejagt, um zwölf Uhr mittags gefrühstückt, aber danach öffnete sich ein Abgrund von Zeit, die irgendwie gefüllt werden musste. Schrecklich der Ausblick auf die Abende am Kamin. Die Grafen Dohna fürchteten das Schlimmste, nämlich angestrengtes, stundenlanges Schweigen. Was fehlte, war ein amüsanter Gast.

Also wandte man sich an Philipp Eulenburg, der mit den Grafen von Dohna erstens weitläufig verwandt war und zweitens seine Militärausbildung mit ihnen absolviert hatte. Man darf annehmen, dass Eulenburg zunächst wenig Lust hatte, den weiten Weg ins abgelegene Ostpreußen zu machen, nur um als besserer Alleinunterhalter aufzutreten: «Ich bin ungewiss, was ich tun soll. Es reizt mich, meinem zukünftigen Herrn – dem König meiner Söhne – in vertrautem Verkehr zu begegnen. Und doch ist die Reise so weit und die Stimmung so zweifelhaft.»[14]

Sicherlich hatte Eulenburg ein reges Interesse, mit diesem Wilhelm ein paar persönliche Worte zu wechseln. Schließlich sollte der Mann in ferner Zukunft Deutschland regieren. Wann das sein würde, war allerdings nicht abzusehen, denn noch regierte sein greiser Opa Wilhelm I. Als nächster war dessen Sohn Friedrich an der Reihe. Der junge Wilhelm war womöglich aufs jahrzehntelange Warten angewiesen, also niemand, der kurzfristig bei der Karriere behilflich sein konnte. Trotzdem machte sich Eulenburg auf die Reise. Nicht, weil er sich unbedingt mit Wilhelm anfreunden wollte, sondern er weil er sowieso in Ostpreußen zu tun hatte.[15]

Damit steht man vor einer zentralen Frage. Hat sich Eulenburg aus Karrieregründen an Wilhelm herangepirscht, oder war die Begegnung in den ostpreußischen Wäldern doch eher Zufall? Man kann sich um dieses Fragezeichen nicht herumdrücken. Wer eine Antwort gibt, entscheidet über Eulenburgs Charakter. Hopp oder topp? Strampelte er sich machtversessen nach oben oder ließ er sich vom Rad der Fortuna passiv an die Spitze tragen? Jedenfalls wurde er eingeladen, kam also nicht ungerufen.

Man brauchte ihn. Man schätzte ihn. Er hatte sich einen erstaunlichen Ruf als Gesellschafter, als «Causeur», erarbeitet. Natürlich war er eitel und geltungsbedürftig, wie fast alle Künstler und solche, die sich dafür halten. Als Mann von Stil und Umgangsformen hat sich Eulenburg jedoch nicht aufgedrängt, wollte nicht um jeden Preis nach oben, schon gar nicht in der Politik. Das Treffen mit Wilhelm war nicht kühl kalkuliert. Eulenburg trieb mehr die Neugier als der Ehrgeiz. Am Abend des 4. Mai 1886 kommt er nach Prökelwitz. Von hier geht es ohne Halt direkt auf den Olymp.

Eulenburg ließ sich von der Eintönigkeit und trägen Atmosphäre der ostpreußischen Pampa nicht irritieren. Für ihn war überall Arkadien. Kaum aus den Reisekleidern, griff er in die Tasten und nahm sich ein Beispiel an den altgermanischen «Skalden», also den Bänkelsängern der nordischen Könige. Glaubt man dem Komponisten Eulenburg, wollte er sich mit Absicht einfach und rustikal ausdrücken. «Der modernen Zeit ist die kindliche Eindrucksfähigkeit verloren gegangen, die sich rückhaltlos der Stimmung hingab, welche das Lied eines nordischen Volkssängers zu erregen vermochte. Und dennoch greift der Skalde guten Mutes in seine Saiten. Er vertraut der Hilfe nordischer Zauberwelt, die, auf germanischem Boden gewachsen, auch den Weg in deutsche Herzen zu finden vermag», schreibt Eulenburg im Vorwort zur Druckausgabe seiner Lieder.[16] Die bunten Balladen und die einschmeichelnde Stimme Philipps müssen auf den jungen Wilhelm einen nachhaltigen Eindruck gemacht haben. Er wurde zum begeisterten Fan Eulenburgs, blätterte hingebungsvoll die Noten um, zitierte freudig aus den Texten und verdutzte damit Eulenburg. Der hatte solche überschwängliche Zuneigung bis dahin nicht erlebt, wenngleich seine «Skaldengesänge» für gewisse Zeit in Mode waren, vor allem in München, wo man damals, anders als heute, aufgeschlossen war für Neuschöpfungen aller Art. Je befremdlicher und abgedrehter, desto besser. Eulenburgs Geraune aus dunklen Wikinger-Zeiten fanden seine Fans absolut kultig, zum Beispiel den «König Alf»:

Der König lehnt am Mast, er hält
Den schlanken Eichenbogen,
Und über seine harte Stirn
Walhallsgedanken zogen.

Er sprach zu seinem blonden Skald:
«Sing mir das Lied der Lieder!
Sing mir das Lied von Ingeborg –
Ich glaub, ich hör's nicht wieder!»[17]

Mit seinen wehmütigen Herzschmerz-Balladen aus dem Norden öffnete sich Eulenburg das Herz des preußischen Prinzen. Niemand hatte Wilhelm bis dahin so eindrucksvoll Süßholz geraspelt, niemand so bewegend in die Leier gegriffen. Zwei Schwarmgeister träumten sich ganz weit weg, in die Welt der Elfen, Helden und starken Frauen. Es war eine Flucht, wie sie die Schlager-Musik aller Zeiten ermöglicht. Sehr anspruchsvoll war der Geschmack von Wilhelm sowieso nicht. Eulenburg seufzte später: «Der Rhythmus entzückt ihn ja leider stets mehr als die Melodie.» Den Lärm von Tuba und Trompeten empfinde Wilhelm geradezu als angenehm.[18] Der Hohenzollern-Spross war also ein ziemlicher Banause. Eulenburg störte sich nicht daran: Man ließ es sich gut gehen. «Wir essen nur zu viel, das war der einzige Fehler», berichtet Philipp aus dem ostpreußischen Refugium der Gebrüder Dohna.[19] Fortan trafen sich Eulenburg und Wilhelm gern und häufig zu Jagdausflügen in Liebenberg, in Prökelwitz und immer wieder zum privaten Plausch im Marmorpalais am Heiligen See in Potsdam. Neudeutsch könnte man dazu sagen: Die «Chemie stimmte» zwischen Beiden. Aber warum? Der Historiker Nicolaus Sombart versucht eine psychologisierende Antwort: «In seiner Gespaltenheit und Doppelnatur ähnelte Eulenburg dem Kaiser. Er war wie dieser anders als die anderen alle. Als Repräsentant der Schicht, aus der sich die preußische Führungsschicht rekrutierte, war er eigentlich das Beste, was zu finden war.»[20]

Natürlich hat man Eulenburg vorgeworfen, er habe den arglosen Wilhelm in seine bunt schillernde Phantasiewelt gelockt, um politische und persönliche Vorteile herauszuschlagen. Eulenburg war deshalb sehr daran gelegen, die Freundschaft als rein und ideal hinzustellen. Es sei ganz und gar um die Kunst gegangen. Er hielt es für selbstverständlich, dass Wilhelm von der «nordischen Welt mit ihren kraftvollen Sagen» fasziniert war.[21] Ein solcher Naturbursche dürfe schließlich nicht französischer Gefühlsduselei ausgesetzt werden, obwohl Phillip Kultur und Lebensart der Nachbarn durchaus schätzte. Von Anfang an wollte Eulenburg den Hohenzollernspross also «missionieren», geistig prägen, und zwar in erzkonservativem, ja völkisch-nationalistischem Sinne.[22] So förderte Eulenburg mit seinem etwas kruden Weltbild Wilhelms Neigung zu germanischer Überheblichkeit. Philipp machte seinen Gönner später persönlich bekannt mit dem Rassenideologen, Judenfeind und Wagner-Forscher Houston-Stewart Chamberlain (1855 -1927), mit dem Eulenburg übrigens eng befreundet war.[23]

Bei allem Hang zur Kraftprotzerei war Wilhelm in gewisser Weise ein sehr moderner Mensch und teilte mit den heutigen Computer-Kids einen wichtigen Charakterzug: die Angst vor Mußestunden, vor Langeweile. Nichts konnte ihn längere Zeit fesseln, er war unstet, rastlos, unkonzentriert, faul, aber auch vielseitig, beweglich, flexibel. Er schätzte daher amüsante Menschen, flotte Unterhaltungskünstler, nie ermüdende Anekdoten-Erzähler wie Eulenburg. Hauptsache witzig und voller Flausen. Wilhelm war zeitlebens ein Peter Pan, der nicht erwachsen werden will: «Wie soll der, der schon beim kindlichen Spielen niemals verlieren darf und auf den immer Rücksicht genommen wird, für Schmeichler kein günstiges Objekt werden? Wer kann menschliche Verhältnisse jemals beurteilen lernen, dem bis in hohes Alter der Wert des Geldes nicht klar wird? Und wie soll er ihn lernen, wenn stets andere da sind, die alles für ihn regeln?»[24] Kein Wunder, dass noch über den fast fünfzigjährigen Wilhelm geschrieben wurde: «Der Kaiser glich einem Schüler in den Ferien , der noch keine gesellschaftlichen Manieren hat.»[25]

Kurz nach den ersten gemeinsamen Mußestunden schreibt

Wilhelm im August 1886 überglücklich an seinen neuen Freund Eulenburg: «Bei Ihnen habe ich nicht lange gebraucht, um zu sehen, dass Sie ein sympathischer, warm fühlender Charakter sind, wie man deren wenig in der Welt trifft, und deren besonders die Fürsten so sehr bedürfen. Leider ist unsereins so oft dazu verdammt, nichts als Schmeicheleien oder Intrigen zu hören, dass einem die Menschen meist widerlich oder verächtlich vorkommen. Da ist es denn doppelt angenehm, eine solche Ausnahme gefunden zu haben und Sie unter seine Freunde rechnen zu können.»[26]

Um diese Zeit sorgte der Tod des bayerischen «Märchenkönigs» Ludwig II. für Schlagzeilen und Gesprächsstoff. Eulenburg war ein Bewunderer der neu gebauten Schlösser und versuchte mit Erfolg, auch Wilhelm dafür zu begeistern, wenn auch nur oberflächlich. Für Kunst und Ideologie fehlten dem Thronfolger Bildung und inneres Verständnis, allerdings nicht die Begeisterung. Natürlich berauschten sich beide Freunde auch an der Musik Richard Wagners. Wenige Wochen nach dem Tod des bayerischen Königs besuchten Eulenburg und Wilhelm die Bayreuther Festspiele. Hier konnte man es erlauschen, das neue Zeitalter von Glanz und Herrlichkeit! Wilhelm und Philipp in der Ekstase einer Pop-Kultur. Wagner plus Ludwig, das war Kult. Man verweigerte sich dem groben Alltag und stieg auf ins Blaue. Jeder Tag würde Sonntag sein! Den kühlen Materialismus der Gründerzeit, die Aktien-Euphorie, die Goldgräberstimmung lehnte Eulenburg entschieden ab. Er schaute lieber nach oben in die Wolken als nach unten in die Tresore.

Im Juni 1888 wird Wilhelm deutscher Kaiser – viel früher, als man noch ein Jahr zuvor erahnen konnte. Sein Vater war plötzlich an Kehlkopfkrebs erkrankt und falsch behandelt worden. Nach monatelangem Siechtum und einer Regierungszeit von nur neunundneunzig Tagen starb Kaiser Friedrich III. Er war ein liberal denkender, England-freundlicher Mann und beschäftigt bis heute die Fantasie der Historiker, weil er die deutsche Geschichte möglicherweise in völlig andere, demokratische und friedliche Bahnen gelenkt hätte. Friedrich III. blieb eine unerfüllte Möglichkeit, sein Sohn Wilhelm II. bekam daher vorzeitig seine Chance. Der Zufall hatte Eulenburg somit im Express-Aufzug an die Seite des mächtigsten Mannes im Reich gebracht. «Ganymed» durfte Platz nehmen an der olympischen Tafel, und man kann nicht sagen, dass er sich dafür sonderlich angestrengt hätte. Jetzt konnten Nektar und Ambrosia fließen, nie wieder würde Eulenburg die Milch der Sterblichen trinken müssen. Wilhelm sorgte für Geld und gute Worte. Schon vier Monate nach seiner Thronbesteigung, am 31. Oktober 1888, zeigt er sich bei seinem Liebling Eulenburg erkenntlich und macht ihn zum preußischen Gesandten in Oldenburg mit einem Jahresgehalt von «ca. vierundzwanzigtausend Mark».[27] Auch als Kaiser hat Wilhelm übrigens gern die Noten umgeblättert - «wie in Prökelwitz».

Als Favorit und Politiker hatte es Eulenburg geschafft. Als Künstler weniger. Dabei dichtete er ohne Unterlass, sogar auf Reisen. Viele Briefe entstanden im Eisenbahnwagen, unterwegs von Berlin nach Liebenberg. Er schrieb im Schiff, im Menschengewühl, wo er gerade stand und ging. «Eine Ballade, die er dem Kaiser zu Weihnachten widmen wollte, entstand auf dem Bahnhof Friedrichstraße, zwischen zwei Eisenbahnzügen. Auch besaß er die Gabe, mündlich zu dichten. Lange Erzählungen konnte er im Vortragen schaffen, etwa wenn während einer Krankheit die Kinder um sein Bett versammelt waren; Erzählungen, die nur aufgeschrieben zu werden brauchten, um als abgerundete Kunstwerke dazustehen.»[28]

Das erste Drama von Eulenburg, «Margot», war 1885 am Münchener Residenztheater aufgeführt worden. Die Liebestragödie «Seestern» hatte im November 1887 in Berlin am Königlichen Schauspielhaus Premiere gehabt. Das Publikum reagierte freundlich, wenn es auch nach dem zweiten Akt einige Zischlaute gab. Eulenburg schreibt: «Es wurde tüchtig applaudiert und der Erfolg war unleugbar. Darum will ich mich über die Kritiken nicht ärgern, die mich abscheulich mitnehmen. Romantischer Stoff, blumenreiche Sprache und ein moralischer Hintergrund: Das sind unserer Welt zu viele unerträgliche Zumutungen. Der

Beifall aber hat mir bewiesen, dass ich Recht hatte, wenn ich in dem Publikum trotz Alledem einen Rest von Romantik vermutet habe. Wir sind eben Deutsche!»[29] In der «Deutschen Rundschau» war Eulenburg mit dem Satz verrissen worden: «Man kann sich kaum zu der Annahme entschließen, dass ein Mann diese unmöglichen Männer gezeichnet hat.»[30]

Im Drei-Kaiser-Jahr 1888 wäre Eulenburg beinahe Generalintendant der preußischen Staatstheater geworden. Zu seinen Förderern gehörte immerhin Cosima Wagner. Sie war mit dem damaligen Intendanten Graf Bolko von Hochberg verfeindet und betrieb seine Ablösung. Hochberg hatte sich nämlich abschätzig über die künstlerischen Leistungen in Bayreuth geäußert. Er beklagte «mangelnde Präzision des Orchesters» und eine «schauderhafte Leistung der Blumenmädchen» im Parsifal. Auf solche Kritik war die energische Cosima gar nicht gut zu sprechen. Also wackelte Hochbergs Position und Eulenburg kam ins Spiel. «Meine Karriere der Diplomatie gäbe ich ohne jegliches Bedauern auf. Ich habe mein ganzes Leben niemals an einem Beruf wirkliche Freude gehabt – immer von meinen künstlerischen Anlagen beherrscht und mich danach sehnend, ist das wohl ein sehr natürliches Empfinden. Es wird mir daher sehr leicht, wieder einmal zu wechseln! Ob ich als Intendant oder als Gesandter keine rechte Zeit habe, für mich zu arbeiten, ist ja so ziemlich einerlei», schreibt Eulenburg lakonisch. Mit Hochberg pflegte er einen langjährigen, freundschaftlichen und offenen Briefwechsel, warnte ihn sogar davor, gegenüber dem mächtigen Wagner-Clan unvorsichtig zu sein. Davon ließ sich Hochberg nicht beeindrucken. Er bezeichnete Cosima Wagner und ihren Anhang als «hundsgemeine, lügnerische Rasselbande», als «hinterlistige, verlogene, gemeine Schwefelbande». Man sieht: Wäre Eulenburg jemals Intendant geworden, er hätte sich an gänzlich andere Umgangsformen gewöhnen müssen.[31] Mit dem Hoftheater verband Philipp eine Art Hassliebe. Er war ohne Zweifel eine eminent theatralische Persönlichkeit mit Lust am großen Auftritt, am Rollenspiel, an dramatischen Spannungsbögen. Seine Bühne war das Leben, wo die Schauspielerei für ihn ungefährlicher war

Auf der kaiserlichen Yacht:
Wilhelm II. spielt mit seinen ungezogenen und beißwütigen Dackeln, die keine Rücksicht nahmen auf den Hochadel. Eulenburg scheint wenig begeistert.

als im Theater: Mit den Boshaftigkeiten und Intrigen des Alltags kam Eulenburg zurecht. Mit den Eifersüchteleien und dem Futterneid der Theaterleute nicht. Intendant Bolko Hochberg wurde später zu einem der erbittersten Feinde Eulenburgs.

Einstweilen war jedoch alles eitel Sonnenschein. Eulenburg war Freund des Kaisers und hatte beim Kanzler Familienanschluss. Doppeltes Glück und allerhöchste Gunst. Wollte Philipp den Kaiser besuchen, musste er sich nicht, wie andere, beim zuständigen Oberhofmarschall-Amt anmelden, sondern konnte gleich durchgehen bis zum Adjutanten vom Dienst. Ein ausgesprochenes Privileg, das ansonsten nur den Mitgliedern regierender Fürstenhäuser zustand.[32] Eulenburg atmet tief durch. «Der Kaiser nimmt meine Worte so sehr als Richtschnur für die Beurteilung wichtiger Dinge, dass ich abwägen muss, was ich sage, um nicht Unheil anzustiften und nur absolut wahrhaftige Dinge, niemals Gerüchte mitteilen kann. Ich fühle, wie es ihn glücklich macht, mir vertrauen zu können! Er empfindet, dass ich jedem Ehrgeiz fern stehe - nur sein Bestes aus Freundschaft für ihn im Auge habe.»[33] Gegenüber Dritten brüstet sich Philipp mit dem Hinweis: «Wie ich mit dem Kaiser stehe, kann ich anders und mehr mit ihm sprechen, als mancher andere. Nicht bald einer kann so weit gehen.»[34]

Man spielte zusammen Tennis, man ging in den Mückenschwärmen des Potsdamer Schlossparks spazieren, man übernachtete bei Jagdausflügen Tür an Tür. Vielleicht beschlichen Philipp bei so viel strahlendem Erfolg tatsächlich in stillen Abendstunden unheimliche Gefühle. Der Kaiser «macht so alle Menschen auf mich aufmerksam», notiert Eulenburg ins Tagebuch. Er ist ins Rampenlicht gerückt, was für einen klugen Günstling immer ein Alarmsignal ist. Der Kaiser nennt ihn öffentlich einen Busenfreund - «der Einzige, den ich habe». Philipp reist mit sieben Uniformen, zwölf Anzügen und einem Dutzend Orden von Event zu Event. Doch Luxus und äußeren Aufwand will er zu keiner Zeit wirklich genossen haben: «Ich fahre allein in der Glas-Galakutsche durch die Stadt und leide Qualen durch diese Schaustellung», schreibt er nach einem Repräsentations-Auftritt in Oldenburg.[35] Es ist aber eher unwahrscheinlich, dass er unter solchen «Beschwerlichkeiten» wirklich gelitten hat. Philipp kokettierte eben gern mit seiner angeblich «wahren» Berufung als Künstler.

Um sich selbst als «reiner Tor» und kreativer Schöngeist zu inszenieren, nimmt er das letzte Musikdrama von Richard Wagner zum Vorbild. Im «Parsifal» kämpft der Titelheld bekanntlich mit höchster Tugend und größter Einfalt gegen den sündig-verworfenen Zauberer Klingsor, der die ganze Herrlichkeit der Welt als Lockmittel einsetzt. Eulenburg hatte das ungute Gefühl, dass seine Karriere allmählich solche opernhaften Züge annahm: «Das Leben in der großen Politik, in der Freundschaft eines Kaisers, in Lob, Huldigung und Schmeichelei, mit der man mich zu umgarnen meint, sehe ich doch, wenn ich die Augen schließe, immer nur als den Zaubergarten des Klingsor, in dem Parsifal - nicht siegt, sondern unterliegen muss!»[36] Wer leidet nicht herzlich gern als Opfer von Wohlstand, Macht und Ansehen? Noch leistete sich Eulenburg das Jammern auf höchstem Niveau. Von nun an konnte es nur noch abwärts gehen.

«Ich bin ein grosses Tier»
Eulenburg auf der schiefen Ebene

Knapp zwei Jahre schafft es Eulenburg, mit Kaiser und Kanzler gleichermaßen gut Freund zu sein. Doch der junge Monarch und der alte Bismarck entfremden sich immer mehr. Es tut sich ein Abgrund auf, den selbst das äußerst dehnbare Gemüt von Eulenburg nicht mehr überbrücken kann. Irgendwann reißt bekanntlich auch ein Gummiband. Dieser schmerzhafte Moment war am 16. Februar 1890 absehbar. Wilhelm II. bestellt seinen Vertrauten Eulenburg in den Charlottenburger Schlosspark zu einer heimlichen Aussprache über Bismarck. «Er kann es nicht ertragen, dass ich auch einmal etwas wünsche und will», soll der Kaiser sich über Bismarck beklagt haben.[37] Der feinfühlige Günstling Eulenburg bewies sicheres Gespür für die Wetterwende. Bismarcks Stern war erloschen. Der Mann war «am Ende der politischen Laufbahn» angekommen. Jetzt galt es, die bevorstehenden Stromschnellen gut hinter sich zu bringen: Bloß keinen Fehler machen beim Manövrieren zwischen den scharfen Klippen! Eulenburg war überzeugt: «Meine bisherige Rolle der Versöhnung und des Ausgleichens war zu Ende.»

Als Bismarck gehen musste, saß Eulenburg am Klavier. Es war der Abend des 17. März 1890. Im Berliner Schloss wurde stündlich mit dem Abschiedsgesuch des Kanzlers gerechnet. Die innen- und außenpolitischen Ansichten von Kaiser und Kanzler waren nicht länger miteinander zu vereinbaren. Das Ende einer Ära nahte heran. Der Sturz des titanenhaften Reichsgründers war beschlossene Sache. Alles war aufs höchste erregt. Jede Minute konnte die Entscheidung bringen. «Jetzt werden Sie singen», sagte der Kaiser in dieser Lage zu Eulenburg – eine Anekdote, die noch Jahre später wieder und wieder erzählt wurde, weil sie Eulenburg als öligen, gewissenlosen Opportunisten zu entlarven scheint. In der Tat war es ein bizarrer Vorgang. Während alles auf den geräuschvollen Abgang des einst allmächtigen Kaisers wartete, saß der Kaiser neben Philipp und raschelte mit den Noten. Eulenburg erinnert sich: «Er war ganz bei der Sache in unbefangener Freude.» Gleiches will Eulenburg für sich selbst nicht gelten lassen. Ihm tanzten angeblich die Ringe vor den Augen, weil sein großer Gönner Bismarck am Ende war. Der Konzertflügel sei ihm wie eine «Schlachtbank» erschienen: «Man sagte mir viele schöne Sachen, aber ich hörte es wie im Traum.»[38] Irgendwann wird der Kaiser kurz vor die Tür gerufen, kommt zurück, setzt sich wieder ans Notenpult und flüstert Eulenburg zu: «Jetzt ist der Abschied da.» Danach musste Eulenburg weitersingen. Fast so unglaublich wie Neros Gesang beim Brand von Rom, weshalb Philipp in seinen Erinnerungen an dieser Stelle auch zwei Ausrufezeichen drucken lässt.

Eulenburg setzte auf die Zukunft des jungen Wilhelm statt auf die Vergangenheit des alten Bismarck. Das war geschickt, aber

Auf norwegischen Felsen.
Eulenburg (ganz links, hockend, mit Mütze), Kuno von Moltke (rechts daneben sitzend) und Kaiser Wilhelm II. (mit Zigarillo, zweiter von rechts) amüsieren sich 1903 bei einer Wanderpatie.

folgenschwer. Der Familie Bismarck ging es ab jetzt vor allem um Rache - und die verfolgte Eulenburg weit über den Tod des Altkanzlers hinaus, bringt ihn siebzehn Jahre später zu Fall. Wüste Beschimpfungen werden aus den Bismarck-Landgütern Friedrichsruh und Varzin nach und nach bekannt. Eulenburg wird als «talentloser Musiker», gewissenloser Intrigant und unfähiger Ratgeber gebrandmarkt. Philipp schreibt rückblickend: «Das Wort ‹zartfühlend› war aus dem Bismarckschen Familien-Lexikon entflohen - wie ein Vogel, wenn es hagelt.»[39] Besonders Ehefrau Johanna von Bismarck - von «boshafter und unermüdlicher Schärfe» gegen alle Gegner ihres Gatten - soll Eulenburg mit hasserfüllten Tiraden bedacht haben. «Es ist mir lieb, dass ich es nicht hörte, denn so ist mir das Bild dieser gütigen Frau in der Erinnerung ganz intakt geblieben», bemerkt Eulenburg mit gespielter Sentimentalität.[40] Allerlei Kraftausdrücke und Beleidigungen werden ihm bekannt. Er hat mit so viel blinder Wut scheinbar nicht gerechnet. Verunsichert muss er sich eingestehen: «Ich will an die Möglichkeit glauben, dass die von Tag zu Tag (...) ingrimmiger gewordene Stimmung des erzürnten Fürsten Ausdrücke gegen mich, den Freund des Kaisers, gezeitigt hat, die grausam wirken mussten (...).»[41]

Aus der Gewitterwolke Bismarck regnete es in Sturzbächen auf Philipp hernieder. In der Flut von Beschimpfungen war eine «höchst drastische Redensart» enthalten, die so entsetzlich gewesen sein soll, dass man sie erst einmal nirgendwo zitiert findet. Man muss in wenig verbreiteten Werken nachschlagen, um den Wortlaut festzustellen. Fündig wird man erst bei Richard Linsert, einem engen Mitarbeiter des bekannten Sexualforschers Magnus Hirschfeld. Linsert veröffentlichte 1930 das Buch «Kabale und Liebe», einen Überblick über zweitausend Jahre «Politik und Geschlechtsleben». Dort heißt es, von Bismarck sei der Warnruf geprägt worden: «Finger in den Arsch; Eulenburg kommt.»[42] Das war eindeutig. Über Eulenburgs Sexualleben hatte man im Hause Bismarck also längst Erkundigungen eingezogen. Philipp wiegte sich in falscher Sicherheit. Gern nannte ihn Bismarck einen «Kinäden». Mit diesem selten benutzten Ausdruck bezeichneten die alten Römer Weichlinge, wollüstige, hemmungslose und feminine Homosexuelle. Das Getuschel war da, die Neuigkeiten wanderten durch die Salons der Eingeweihten.

Woher hatte Bismarck seine Informationen? Möglicherweise hatte sein Schwiegersohn Graf Cuno von Rantzau zu den Gerüchten beigetragen. Der Diplomat hatte als preußischer Gesandter in München seit Oktober 1888 reichlich Gelegenheit, das Privatleben Eulenburgs auszuforschen. Als Rantzau seinen Dienst an der Isar begann, hatte Eulenburg seine wilde Zeit als Legationsrat in Bayern gerade beendet. Man gab sich die Klinke in die Hand. Gegen seinen Willen wurde Rantzau später von München nach Den Haag versetzt, und zwar auf Druck von Eulenburg, der gerne wieder selbst in der damaligen Lifestyle-Metropole München arbeiten wollte. Rantzau hatte also Grund zur Rache. Er fühlte sich – sehr zurecht – missachtet und angefeindet. Eulenburg übergoss ihn mit Hohn und Spott, bezeichnete ihn als «schielenden Mann mit schiefer Nase» und setzte hinzu: «Kein feiner Geist war dieser Mann aus Holstein.» Genüsslich schreibt Philipp vom aufgeschwemmten, «fetten Leib» des Cuno Rantzau und von dessen himmelschreiendem Banausentum. So soll der Mann entschlossen gewesen sein, wertvolle niederländische Gemälde zugunsten einer luxuriösen Badezimmer-Einrichtung zu verhökern.[43] Man sieht: Rantzau und Eulenburg waren wie Hund und Katz'. Es spricht also einiges dafür, dass der «derbe» Cuno seine Hand im Spiel hatte, als es darum ging, Abträgliches über Eulenburg zu verbreiten.

Rantzau, so viel darf man spekulieren, wird gegenüber seinem Schwiegervater Bismarck allerlei Andeutungen gemacht haben. Was war doch dieser Eulenburg für ein Lästermaul! Dieser Emporkömmling hatte es nicht nur gewagt, Cuno von Rantzau beruflich auszubooten, sondern auch noch Boshaftigkeiten über dessen Frau Marie, die lispelnde Tochter Bismarcks, herumerzählt. Die Dame betreibe einen bizarren Kult um ihr Meerschweinchen «Hermännchen». Das tote Tier habe einst in einem Miniatursarg geruht, umrahmt von silbernen Leuchtern, und sei im Erbbegräbnis beigesetzt worden. Außerdem hause Marie in einem verwahrlosten Schlafzimmer mit halb aufgegessenen Torten und aufgestapelten Hutschachteln. Solche Gemeinheiten einer scharfen Zunge verzieh man nicht bei Bismarcks.[44]

Schlechte Karten also für Eulenburg. Er weiß zwar noch nichts vom vernichtenden Finger-Zitat, sieht sich aber schon aufgerieben zwischen zwei Mühlsteinen: «Denn ein Paktieren mit dem Hause Bismarck gab es in jenen Tagen nicht. Fürst Bismarck war der Mann, der immer ganze Arbeit tat. Wer nicht für ihn war, der war gegen ihn. Das erfuhren alle.»[45] Vergeblich versucht Eulenburg seinen alten Freund Herbert von Bismarck als Mittelsmann zu gewinnen, als diplomatische Brücke. Doch über diesen Abgrund lässt sich keine Verbindung mehr herstellen. Eulenburg steht fortan aus der Sicht Bismarcks «im Lager der

Feinde». Man kann Philipp nur Recht geben, wenn er über sein Zerwürfnis mit den Bismarcks rückblickend sagt: «Das wurde mein Schicksal.»

Der gestürzte Kanzler hatte ab sofort viel Zeit. Die nutzte er gern für ausgedehnte Reisen und viele, viele Interviews. Gern empfing Bismarck ihm nahe stehende Journalisten, um seine Sicht der Dinge zu verbreiten, natürlich immer zum Schaden des Kaisers und seiner Höflinge. Es rauschte gewaltig im Blätterwald. Unter den Zeitungsleuten hatte der alte Kanzler viele Sympathisanten. Man trauerte seinem brachialen Politikstil hinterher und verklärte ihn zum germanischen Superhelden. Bismarck konnte sich seine Kanäle aussuchen: Mal äußerte er sich offen, mal vertraulich, mal streng geheim, je nach seinen Absichten. Seit einiger Zeit war ihm ein junger Journalist aus Berlin aufgefallen. Der Mann hatte gerade eine neue Zeitschrift gegründet, «Die Zukunft». Dort wurde das Regiment des Kaisers Woche für Woche mit beißendem Spott überzogen. Das wärmte Bismarcks waidwunde Seele. Der große Alte griff also zur Feder und lud sich den Herausgeber der «Zukunft» zum vertrauten Gespräch ein. Im Februar 1892 war man erstmals beisammen - Maximilian Harden hatte die Mission seines Lebens gefunden.

Lobpreisungen war der Journalist damals schon gewohnt. Mit seiner neuen, gezierten, aber unverwechselbaren Ausdrucksweise gefiel er den meisetn seiner Leser - wenn auch nicht allen. Zu den kritischen Bewunderern von Harden zählt Kurt Tucholsky. Für ihn war Harden ein Mann, der «die Welt originell, isoliert, ganz von oben» beobachtete: «Zu Harden floss der breite Strom der Information, die Abwässer des Klatsches, die Springbäche der witzigen Verleumdungen ... er wusste alles. Und er verwertete es auf geradezu meisterhafte Weise. Wie das Gehörte in der Klammer wiederkehrte, in kleinen fingierten Gesprächen aufblitzte, wie eine Intimität unsicher machte, die dem Angegriffenen zeigte, dass der Angreifer längst innerhalb der Festungsmauern stand, während die Besatzung ihn noch draußen wähnte (...)!»[46]. Der Wiener Zeitkritiker Karl Kraus dagegen ließ keine Gelegenheit aus, Harden durch den Kakao zu ziehen: «Die Ratten verlassen das sinkende Schiff und haben sich vorher den Magen verdorben. Das gilt vom Anhang und vom Stil eines gewissen deutschen Publizisten.»[47] Hardens pompöse bis altertümliche Wortwahl sei «Schwulst als Krücke». Im Übrigen sei Harden humorlos und langweilig: «Auf den Tonfall der Meinung kommt es an und auf die Distanz, in der man sie ausspricht. Es ist ein Zeichen literarischer Unbegabung, alles mit gleichem Tonfall und in gleicher Distanz zu sagen.»[48] Kraus hielt seinen Kollegen Harden obendrein für einen gerissenen, aber skrupellosen Geschäftemacher, der z.B. mit dem Tod einer Prostituierten gnadenlos Auflage gemacht habe.

Bei aller Kritik: Hardens Stil war wegweisend, begeisterte die Leser. Die leise Andeutung war seine Stärke. Sein Gift kitzelte die Opfer nur ein wenig, tat kaum weh – und wirkte absolut tödlich.[49] Harden war der Star der Metropolen-Jugend. Frech, unerschrocken, gut informiert. Bismarck war sein großes Idol. Mit einunddreißig Jahren erfüllt sich endlich Hardens großer Traum. Sein Übervater lässt beim ersten gemeinsamen Plausch Kaffee servieren: «Die Befangenheit war natürlich; ihr gesellte sich aber ein banges Zittern vor dem möglichen Verlust einer Illusion; es gibt gar so viele berühmte Männer, die bei näherer Bekanntschaft enttäuschen. Und nun – zu meinem Entsetzen war ich von der Bahn direkt ins Esszimmer geleitet worden – nun erhob sich im hellen Schneelicht schwer eine mächtige Gestalt und eine hohe und höfliche Stimme bot gütigen Gruß. (...) Mir trat es bei der ersten Begegnung gleich plastisch entgegen und ich begriff sofort, warum diese Erscheinung oft so falsch und so töricht beurteilt worden ist», schreibt Harden zitternd vor Erregung. Es habe bisher «die Einsicht in das Wesen des Genies» gefehlt – und er wollte das ändern.[50]

Für den ahnungslosen Eulenburg war diese winterliche Begegnung der Anfang vom Ende. Das heimliche Getratsche über seine vermutete Homosexualität erreichte über Bismarck die Presse. Und was für eine! Harden hatte ein präzises Langzeitgedächtnis. Er konnte warten, Jahre lang, bis er seine Munition verschoss. Er war kein Gesellschaftsreporter, sondern politischer

Enthüller mit einem Gespür für den richtigen Zeitpunkt. Eulenburg war ab jetzt auf seinem Radarschirm. Ein kleiner, grüner Punkt, noch am Rande des Geschehens, aber irgendwann im Zentrum des Fadenkreuzes. Der Berliner Lebenskünstler und Historiker Nicolaus Sombart kann sich gar nicht genug aufregen über diese Indiskretion von Bismarck. Für ihn ist der gestürzte Kanzler ein «Bluthund», der Harden auf die Fährte gesetzt hat, die später zum großen Skandal führen sollte. Eine Anstiftung zum Kreuzzug?[51] Eine kühl berechnete Verschwörung? Warum auch immer der grimmige Bismarck die Nähe zu Harden suchte, es war aus seiner Sicht eine gute, eine erfolgreiche Wahl. Harden schnitzte tödliche Pfeile - er war in diesen Dingen ein Talent. Insofern hatte Bismarck exzellente Menschenkenntnis bewiesen. Was für Maximilian Harden ein Erweckungs-Erlebnis war, kommentierte Karl Kraus natürlich mit beißendem Spott: Der «Glücksfall Bismarck» habe «den liberalen Journalisten, der damals auch anders gekonnt hat, aus seiner Bahn getragen»[52]. Möglicherweise habe sich Harden vom guten Vanille-Eis im Hause Bismarck dermaßen überwältigen lassen.

Im April 1893 wird der Kampf gegen Kaiser und Hofschranzen mit einem guten Tropfen «Steinberger Kabinett», Jahrgang 1862, begossen. Harden und Bismarck köpfen die Flasche und lassen es sich gut gehen. 1862, das war ein hoch symbolischer Jahrgang. Damals war Bismarck Kanzler geworden. Kaiser Wilhelm persönlich hatte das Präsent zum dreißigsten Jahrestag ausgesucht, um die angespannten Beziehungen zu Bismarck etwas aufzulockern. Überbracht worden war der Wein ausgerechnet vom kaiserlichen Flügeladjutanten Kuno von Moltke. Ahnungslos hatte er ein Ehrengeschenk an eine Verschwörerhöhle geliefert. Bismarck wählte einen hinterhältigen Trinkspruch und reichte Harden das Glas: «Weil Sie es eben so gut wie ich mit dem Kaiser meinen.»[53] Es klirrten die Kelche, es knirschten die Zähne. Nicolaus Sombart bezeichnet diesen Toast als «Sakrament und Sakrileg», als Vorbereitung zu einem «Königsmord».

Eulenburg hatte unterdessen viel um die Ohren. Von 1890 bis 1900 feierte er das erfolgreichste Jahrzehnt seiner politischen

Aus «Lustige Blätter»:
Harden will den Kopf des Philipp Eulenburg –
in einer Silberschüssel, wie Salome in der damals
brandneuen Oper von Richard Strauss.

Karriere. Er war zur grauen Eminenz an der Seite Wilhelms aufgestiegen. Er intrigierte, schikanierte und korrespondierte kreuz und quer durch die Ministerien und Botschaften. Wer etwas zählen wollte bei Hofe, der brauchte Eulenburg. Überall mischte er mit, verteilte Posten, entschärfte Krisen. Niemand schien ihn bremsen zu können. Mit einer wahrhaft theatralischen Lust an Rollenspielen und Inszenierungen wirft sich Eulenburg in die bunte, aufgeregte Welt der Berliner Politik. Zeitweise war er sogar als Reichskanzler im Gespräch. Doch Eulenburg drängte sich nicht nach Spitzen-Ämtern. Immerhin wurde er jedoch im Mai 1894 deutscher Botschafter in Wien, einer der prestigeträchtigsten Außenposten im diplomatischen Dienst. Im Salonwagen fährt er dorthin: «Ich sehe bei solchen Gelegenheiten, dass ich wirklich ein großes Tier bin. Für das Reisen höchst angenehm – auch an der Grenze kein Zoll, besonderes Zimmer, kurz, sehr großartig.»[54] Eine Wiener Zeitung begrüßte ihn mit den doppeldeutigen Worten, er werde «in den Kreisen der Wiener Künstler und Schriftsteller ohne Zweifel bald zu den beliebtesten und angesehensten Persönlichkeiten gehören».[55] Eulenburg war unangenehm berührt. Offenbar wollte da jemand zwischen den Zeilen delikate Neuigkeiten verbreiten. «Das ist recht perfid», schrieb Philipp an den Kaiser, «macht mir aber kein Kopfzerbrechen.»

Seine mutmaßliche Homosexualität blieb offiziell streng gehütetes Geheimnis. Eine Verschluss-Sache, die angeblich in den Tresoren des Auswärtigen Amtes aufbewahrt wurde. Dort befand sich vermutlich ein Dokument, wonach Eulenburg das Opfer einer Erpressung gewesen war. Philipp sollte sich mit einem Wiener Bademeister eingelassen haben. Nach dem Beischlaf sei Eulenburg von dem Herrn unter Druck gesetzt worden. Eulenburg habe sechzigtausend Reichsmark oder auch österreichische Kronen Schweigegeld bezahlt.[56] Der Vorgang wurde nie aufgeklärt. Eulenburg selbst behauptete später, das sei alles frei erfunden. Tatsächlich wollte er sich lediglich über seine hohen Umzugskosten von sechzigtausend Mark beklagt haben. Gleichzeitig habe er von einer Erpressung berichtet, allerdings sei es dabei um die «Korrespondenz mit einer vornehmen Dame» gegangen, die ihm jemand gestohlen hatte und nur gegen Geld zurückgeben wollte. Mit Wien und einem dortigen privaten Badehaus habe das alles demnach nicht das Geringste zu tun.

Richtig sei angeblich, dass der Erzherzog Ludwig Viktor, ein Bruder des österreichischen Kaisers, nach einem Badehaus-Besuch erpresst worden war. Eulenburg will dasselbe Bad mehrfach besucht haben, aus rein gesundheitlichen Gründen. Wegen seiner Gicht habe der Arzt «Lichtbäder» empfohlen, die im Botschafterpalais nicht möglich gewesen seien.[57] Tatsächlich gehörten Wellness- und Kuranwendungen für Eulenburg zum Wiener Alltag. Im November 1901 schrieb er dem Kaiser, er gehe täglich, und zwar bei jedem Wetter, zu einem vortrefflichen Masseur, einem Schweden, der ihm sämtliche Glieder ausrenke und dann wieder einrenke: «Das hat er auch einstmals mit der Kaiserin Elisabeth gemacht und deshalb die Konzession für Massage bekommen, die eigentlich nur Österreicher haben dürfen.»[58] Ob Eulenburg wirklich nur Entspannung für den Rücken suchte, darf bezweifelt werden. Es gibt durchaus Hinweise darauf, dass die Erpressung wirklich stattgefunden hat. In einem Brief spricht Eulenburg von einem «gewissen Arrangement» und klagt weiter: «Es war entsetzlich – grässlich! Ich bin noch ganz außer mir, wenn ich daran denke. Dabei glaube ich nicht an einen definitiven Schluss. Aber vielleicht habe ich eine Zeit lang Ruhe.»[59]

Noch hatte Eulenburg keinen blassen Schimmer, dass seine Wiener Eskapaden schon aktenkundig geworden waren. Unbeschwert füllte er seinen Botschafterposten aus, war selten in Wien anwesend und reiste viel herum: oft nach Berlin, zu seiner Mutter nach Meran, mit dem Kaiser über das Nordmeer, zur Kur nach Gastein und Starnberg, gern auch nach Hause ins uckermärkische Liebenberg. Sorgen machte ihm allerdings sein Jugendfreund Kuno. Der hatte auf einem Manöver in Pommern doch tatsächlich eine Frau fürs Leben gefunden. Heiraten wollte er, und dass in seinem Alter! Neunundvierzig war Kuno inzwischen, ein achtbarer General und annehmbarer Klavierspieler. Eulenburg reagierte auf die bevorstehende Ehe mit hellem

Entsetzen: «Der arme Kuno, (...) ließ sich durch den raffinierten Verstand der Person einfangen. Ihr Äußeres gefiel manchem Menschen. Mir nicht. Eine Frau ohne Lippen - wie eine Schlange - missfällt mir, besonders, da ich ihren Augen nicht zu trauen vermag.»[60]

Kuno hatte sich für eine sechsundzwanzigjährige Lebenskünstlerin entschieden. Athalie «Lily» von Kruse aus dem Dorf Neetzow war jung verwitwet, hatte Geld und wollte Spaß. Die Spieltische von Monte Carlo, das Dolce Vita, waren ihr nicht fremd. Im zarten Alter von achtzehn Jahren musste sie ihren ersten, kränklichen Mann August von Kruse heiraten und bis zu dessen Tod 1894 pflegen. Nach dieser frühen Schicksalsprüfung wollte sie eine gesellschaftliche Karriere in Angriff nehmen - heraus aus dem langweiligen Pommern, hinein ins Vergnügen.

Warum sich Kuno in diese abenteuerliche Ehe hineinwarf, bleibt fraglich. Vielleicht fürchtete er, dass seine homosexuelle Veranlagung ansonsten entdeckt werden würde. Vielleicht wollte er sich therapieren, wie ehemals Eulenburg. Der hatte inzwischen viele Kinder, eine ergebene Frau, ein äußerlich harmonisches Familienleben. Warum sollte nicht auch Kuno sich mit einer duldsamen Frau schmücken? Ganz nebenbei ließen sich damit Gerüchte entkräften. Sein Pech, dass er für diesen Zweck die Falsche nahm.

Philipp war mächtig eifersüchtig. Er ließ kein gutes Haar an der zukünftigen Frau Moltke. Ihre Mutter sei «notorische Säuferin», ihr Vater ein «Schwachmaticus». Der heiß geliebte Jugendfreund in den Armen einer leichtlebigen Person! Ein Drama kündigte sich an. «Geben Sie mir den Freund frei, geben Sie mir den Freund zurück», hat Philipp angeblich seine Konkurrentin angefleht. Natürlich dachte Lily überhaupt nicht daran und fragte zurück: «Graf Eulenburg, würden Sie das von Ihrer Tochter auch verlangen?» Die Antwort war viel sagend: «Meine Tochter hätte ich nie mit Kuno verheiratet.» Ein durchaus glaubwürdiger Dialog.[61]

Am 12. März 1896 bimmelten die Hochzeitsglocken. Der Kaiser persönlich war Trauzeuge. Eulenburg beschlichen nach eigener Aussage «äußerst unheimliche» Gefühle. Am Freudentag notierte er allerdings mit kühlem Herzen: «Ich habe noch wenig Urteil, aber vorläufig kein schlechtes.» Diese Ehe wurde zu einem Schauerdrama und machte aus Eulenburgs Leben eine Geisterbahn, denn fortan drängte sich eine misstrauische Frau in die Freundschaft von Philipp und Kuno. Was sie sah und hörte, musste für Eulenburg verhängnisvoll werden. Schon in der Verlobungszeit hatten sich Kuno und Lily heftig gestritten. Die Hochzeitsreise wurde zum Alptraum, denn Moltke brach sie vorzeitig ab und besuchte lieber seinen Freund Phili in Venedig. Athalie «Lily» war trotzdem fest entschlossen, ihren General nie wieder frei zu geben. Begründet hat sie das später so: «Darf ich das erklären? Graf Moltke war sehr musikalisch und das hat mich immer wieder gefesselt.» Eine Ehe im eigentlichen Sinne des Wortes war es nicht. Kuno von Moltke soll sich lediglich an den ersten beiden Tagen in das Schlafzimmer seiner Frau getraut haben. Danach teilte man das Bett lediglich, um das Gerede der Leute zu entkräften. Schließlich wurde man damals noch auf Schritt und Tritt von Dienstboten beobachtet.

Moltke legte sich gern unüblich bekleidet ins Bett, trug «Unterbeinkleider und Strümpfe». Nachts stand auch gelegentlich eine Schüssel mit kaltem Wasser bereit. Hier handelte es sich aber nicht um ein Instrument zur Abkühlung der Gattin, sondern um ein medizinisches Hilfsmittel. Wegen seiner Kriegsverletzung hatte Moltke häufiger Nervenschmerzen, die er gelegentlich mit kalten Wickeln behandelte. Lily kam mit ihrem Schicksal immer weniger zurecht. Sie strapazierte die Duldsamkeit von Kuno durch manisch-depressive Anfälle, war «bald himmelhochjauchzend, bald zu Tode betrübt».[62] Sie tröstete sich mit dem damals neuen, starken Beruhigungsmittel Trional. Bis zur Tabletten-Abhängigkeit waren es dann nur noch ein paar Schritte. Die Gefühlskälte von Kuno war Lily angeblich absolut unerklärlich: «Ich weiß nur, dass Graf Moltke seine Freunde über alles liebt. Ich habe damals noch nicht gewusst, dass es sexuelle Beziehungen zwischen Männern untereinander gibt.»

Den ersten Weihnachtsabend seiner Ehe verbringt Kuno damit, einen «schwärmerischen» Brief an seinen Liebling Philipp zu schreiben. Lily musste frustriert zusehen, wie die Feder über das Papier kratzte, was ihre Laune verständlicherweise nicht verbesserte: «Dieses süßliche Anhimmeln und Getue war mir stets ekelhaft.» Kuno von Moltke machte sich nicht die Mühe, seine wahren Gefühle zu verbergen. Das scheint seine Frau auf die Dauer nicht verkraftet zu haben. «In der fürchterlichen Erregung hat sie ununterbrochen die Dienerschaft und ihren Mann gequält. Die Nächte waren ausgefüllt durch Szenen so furchtbarer Art, dass Graf Moltke oft flüchtete. Die Zeugen werden bekunden, dass dem Grafen oft von seiner Frau die Achselstücke von der Uniform gerissen und das Gesicht zerkratzt wurde.» Unter Tränen gab Lily dieses sonderbare Verhalten zwar zu, beteuerte aber: «Das habe ich nicht mit Fleiß getan, sondern mich nur gewehrt.» [63]

Der gerade verheiratete Generalleutnant Kuno von Moltke wurde im Herbst 1897 als Militärattaché an die deutsche Botschaft nach Wien versetzt. Darüber war Philipp natürlich hellauf begeistert. Man konnte miteinander musizieren und alle anderen, möglicherweise sehr weitgehenden Gemeinsamkeiten genießen. «Aber die Frau! Ich habe eigentlich die Absicht, Kuno vorzuschlagen, den ersten Winter ohne Frau nach Wien zu kommen. Sie soll ihn im Frühjahr besuchen - im Hotel», schreibt Eulenburg.[64] Doch die energische Lily ließ sich nicht abwimmeln. Stattdessen erleuchtete sie das Wiener Gesellschaftsleben wie ein Meteor. Nächtelang habe sie durchgetanzt an der Seite der höchsten Würdenträger, doch das dicke Ende ließ nicht lange auf sich warten. Im Mai 1898, nach ihrer ersten Ballsaison, sah sie aus «wie eine ins Wasser gefallene Schleiereule», behauptet Eulenburg. Augenringe und viele Falten waren bei dem damaligen gesellschaftlichen Pflichtprogramm kaum zu vermeiden. Eulenburg gab zum Beispiel als deutscher Botschafter allein im Januar 1898 vier Faschingsbälle - jeden Donnerstag mit jeweils 400 Gästen! Getanzt wurde im Hause Eulenburg allerdings nur bis ein Uhr morgens: «Ich sehe nicht ein, wozu ich bis um fünf oder sechs Uhr als nächtliche Jammergestalt über das Parkett schleichen soll!»[65] Diese Vorsicht war gut fürs Aussehen und für die Kondition – so weitblickend war Lily offensichtlich nicht.

Der empfindsame und musikbegeisterte Kuno von Moltke war dem enormen Repräsentations-Bedürfnis seiner Frau in keiner Weise gewachsen. Er verschanzte sich lieber bis in die Nachtstunden mit Philipp Eulenburg in der Botschaft. Lilys hysterische Anfälle mehrten sich, «die Gräfin wurde völlig rabiat».[66] Auch ihre Mutter konnte die Ehe nicht retten, trotz «Cognac und Bibel». Man trennte sich nach nicht einmal drei Jahren Ehe. Angeblich sprach Kuno Moltke von «Verabschiedung». Lily versuchte, ihren lieblosen General «totschießen» zu lassen, aber wohl nur in ihren Alpträumen.[67] «Sie schreckt vor keinem Mittel zurück – auch nicht vor Gift», dramatisierte Eulenburg den Ehekrach. Sehr ahnungsvoll äußert er die Besorgnis, in diesen Rosenkrieg hineingezogen zu werden: «mit scheußlichen Sachen und Lügen, so dass ich nicht ganz ohne Sorge deswegen bin. Was hilft in dieser scheußlichen Welt das reine Gewissen? Es schützt uns vor innerer Not, nicht aber vor äußerlichen Verlusten. (...) Gott gebe, dass diese scheußliche Frau nicht zu einer neuen Prüfung für mich werde! Ich bin so sehr müde und widerstandslos.»[68]

Kuno von Moltke zieht im April 1899 von Wien nach Breslau, wo er Regimentskommandeur wird und wechselt später als Stadtkommandant nach Berlin. Lily wollte sich mit der «Flucht» ihres Mannes aus der walzerseligen österreichischen Hauptstadt und dem frühen Ende ihrer Ehe keineswegs abfinden. Es kam zu Handgreiflichkeiten. Die Frau hatte viel zu verlieren – eine hohe Stellung bei Hofe, Anerkennung und soziale Absicherung. Es wundert also nicht, dass Lily Beistand suchte in der engeren Verwandtschaft. Sie machte sich auf den Weg nach Berlin-Lichterfelde. Dort wohnten der ehemalige Bismarck-Leibarzt Ernst Schweninger und seine Frau Lena. Die Dame war eine geborene Moltke, eine Nichte von Kuno, und konnte Lily somit eventuell helfen. Vielleicht ließ sich der General von einer einfühlsamen Dame aus seiner engeren Familie gut zureden, vielleicht war dadurch eine Versöhnung möglich.

Bei Kaffee und Kuchen wurde die ganze Ehegeschichte ausgebreitet. Lily setzte sich auf das Sofa und schüttete ihr Herz aus. Wer weiß, was die frustrierte Gräfin alles zusammen phantasierte. Ihr Kuno war irgendwie in die große Politik verwickelt. Es ging um mächtige Interessen. Es ging vielleicht sogar um Staatsgeheimnisse. Dieser Eulenburg, das war ein unheimlicher Mensch. Er ließ sich nicht in die Karten blicken, aber so viel stand fest: Er war der böse Dämon ihrer Ehe. Er mischte sich überall ein und verwirrte ihrem Kuno die fünf Sinne. Lena Schweninger, geborene Moltke, hörte andächtig zu und handelte rasch. Sie wählte die Telefonnummer von Maximilian Harden.

Harden sammelte gesellschaftliche Informationen mit großer Geduld und Leidenschaft, weil er wusste, dass sich daraus hier und da politische Nachrichten machen ließen. Mit viel Pathos beschreibt Harden sein Eingreifen als selbstlose Aktion zur Rettung einer hilflosen Frau: «Soll man nur Weibern beispringen, die auf der Straße geprügelt werden? Hier war Schlimmeres. Auf der einen Seite zwei mächtige Männer, auf der anderen eine schutzlose, eingeschüchterte Frau: Da musste ich eingreifen, so weit es meine Kräfte erlaubten.»

Lily von Moltke fühlte sich «ungebührlich hart behandelt und grundlos bedroht», und zwar insbesondere durch den Anwalt ihres Noch-Ehemanns, den anerkannten Kriminalisten Erich Sello.[69] Sie hoffte, Harden könne «es gelingen, diesen ungemein klugen und gewandten, eben darum aber nicht ungefährlichen Mann zu einer etwas freundlicheren Taktik gegen sie zu bringen».[70] Harden erkannte sofort, dass sich aus diesem Ehedrama politisches Kapital schlagen ließ. Er hörte sich die Geschichte der Lily von Moltke an, las ihre Briefe, ihre Dokumente und ließ Justizrat Sello dann mit warnendem Unterton wissen: «Bitte, behandeln Sie die Sache so tolerant, so menschlich, so anständig wie möglich; sonst platzt die Blase einmal und wir bekommen den größten politischen Skandal, den Deutschland je erlebt hat.» Ein publizistischer Angriff auf Kuno und Philipp – das würde in der Tat die Fundamente der Monarchie wackeln lassen. Der liebste Freund des Kaisers ein Homosexueller, verbandelt mit

Aus «Der wahre Jacob»:
«Sodoms Ende» – der Pfeil aus der Armbrust von Harden trifft direkt in Moltkes («Der Süße») Hintern.
Daraus stinkt es qualmend, zum Unmut des preußischen Adlers, während sich der «Harfner» Eulenburg offenbar an seinem Gemächt herumspielen lässt.
Oben links schauen Zeus und Ganymed lächelnd zu.

einem preußischen General! Das überstieg alle Phantasien, das war journalistisches Dynamit.

In der «Zukunft» veröffentlichte Harden damals nur zwei dürre Zeilen, wonach Kuno von Moltke seine Scheidungsgeschichte «noch böses Blut» mache. Das genügte, um den Stadtkommandanten aufzuschrecken. Der General wandte sich an seinen guten Bekannten Freiherrn Alfred von Berger, dem Leiter des Hamburger Schauspielhauses. Berger war nichts Menschliches fremd. Als ehemaliger Philosophieprofessor und Assistent am Wiener Burgtheater war er mit mancherlei Seelenqualen auf und hinter der Bühne konfrontiert worden. Moltke vertraute sich ihm an und schickte ihn als Unterhändler zu Harden. Die beiden sprachen lange über die zerrüttete Ehe des Generals, waren sich scheinbar einig, das Thema aus der Presse herauszuhalten und das Scheidungsverfahren endlich möglichst geräuschlos zu Ende zu bringen. Lily von Moltke war in der ersten Instanz schuldig gesprochen worden. In die zweite Instanz kam das Verfahren nicht mehr: Hardens Eingreifen förderte einen schnellen, außergerichtlichen Vergleich. Im Übrigen tröstete sich die gut aussehende Lily inzwischen mit ihrem dritten Mann. Damit war der Rosenkrieg beendet. Was begann, war der Skandal um Männer, Macht und Moral.

Lily von Moltke hatte Harden im Winter 1902 reichlich mit Anekdoten aus ihrem Eheleben versorgt. Der Journalist ließ sich nichts entgehen, vor allem, wenn der Name Eulenburg auftauchte. Die besorgte Gattin will ihren musikalischen Kuno eines Tages am Klavier überrascht haben. Der General blickte angeblich schwärmerisch himmelwärts und blaffte die Angetraute unwirsch an: «Lass mich! Ich dachte an Phili!»[71] Damit nicht genug: Der Stadtkommandant habe einmal das von Eulenburg vergessene Taschentuch «inbrünstig an die Lippen» gelegt und dabei gesagt: «Meine Seele, meine Liebe!» Diese skurrile Episode rückte später ins Zentrum der gerichtlichen Auseinandersetzungen. Ein Mann, der Taschentücher eines Freundes liebkost, überstieg die Vorstellungskraft preußischer Juristen. Sie hielten Moltke allein wegen dieser Begebenheit für abartig.

All die «pikanten» Informationen über Kuno und Philipp legte Maximilian Harden in seine vertrauliche Ablage. Eines passte zum anderen. Gewährsmann Bismarck war zwar 1898 gestorben. Dafür gab es jetzt eine quicklebendige Zeugin, die Eulenburgs sonderbare Neigung bestätigen konnte. Aussagekräftige Dokumente waren ebenfalls vorhanden. Daraus ließ sich was machen – später.

«*Ich stehe für mich allein*»
Harden und ein Tropfen Gift

Acht Jahre lang residierte Eulenburg als Botschafter in Wien, sonnte sich im Glanz des hohen diplomatischen Postens. Seine besten Jahre. Allerdings war ihm «die große, goldbedeckte Botschafteruniform» nach eigener Aussage immer sehr unbequem, insbesondere, wenn Orden drückten: «Aber die Freude, mit der mich meine Mutter betrachtete, machte schließlich auch mir Freude – weniger das Anstarren der Hotelgäste und des Personals, das hinter mir herlief.»[72]

Auffallend scharfzüngig äußert sich Eulenburg regelmäßig über Frauen, und seien sie noch so hoch stehend. An der greisen englischen Königin Victoria stört Philipp zum Beispiel eine «gewisse Herbheit». Die fast allmächtige Herrscherin des Empire empfängt ihn mit der mehrdeutigen Floskel, sie habe schon viel von ihm gehört. Eulenburg hält sie für eine «kleine, dicke, leidlich böse» Frau, mit der «nicht gut Kirschen essen» sei: «Ich gäbe viel darum, zu wissen, ob sich die Inder so ihre Königin vorstellen.»[73]

Noch härter geht Eulenburg mit der rumänischen Königin Elisabeth ins Gericht: Sie sei eine «Wundermimose» gewesen, «absolut genau das Bild der Marquise de Pompadour im Affentheater» – ein «großer, weißer Pudel, dem der kleine, scheu um sich blickende Affe die Schleppe trägt».[74] Bei der italienischen

Königin schätzt Philipp Charme und Grazie, aber: «Die Nase erinnert an ihren Großvater.» Die russische Zarin ist «sehr reizend, doch vielleicht nicht so hübsch, als ich erwartet hatte», kurz: «sehr schön oder, besser gesagt: lieblich».[75] Am rabiatesten urteilt Eulenburg über das Geschlecht der Wittelsbacher: «Schön war dieses gesamte bayerische Haus nicht, das kann man mit reinem Gewissen sagen! Auch war es diesem Hause, das etwa tausend Jahre hier saß, trotz aller Bemühungen nicht einmal gelungen, vornehm auszusehen (...). Der einzige Spross des Hauses Wittelsbach, der schön wie ein Goldfasan zwischen all den Haushühnern einhergeschritten war, hatte sich im See ertränkt.»[76]

Gelten lässt Eulenburg also nur den Märchenkönig Ludwig II. – und Kaiserin Elisabeth «Sissi» von Österreich: «Sie stand lebhaft vor mir in ihrer Schönheit.» Allerdings wurde «Sissi» bekanntlich im Spätsommer 1898 ermordet und machte Eulenburg durch die Beerdigungsfeierlichkeiten mitten in der Ferienzeit viel Verdruss, denn es fehlte am Nötigsten: «Das Schlimmste war: Mein fast weltberühmter Koch, der Römer Herr Techi, war beurlaubt und hielt sich tief in Ungarn auf einem mir unbekannten Schlosse auf, wo er eine Gastrolle gab und nicht aufzufinden war.»[77] Als Gesellschaftsreporter war Eulenburg zweifellos unterhaltsam und von beißender Direktheit.

Am 1. Januar 1900 wurde Eulenburg vom Grafen zum Fürsten erhoben. Das entsprechende Telegramm des Kaisers bekam er in den frühen Morgenstunden überreicht, durfte sich quasi im Nachthemd über die Standeserhöhung freuen. Überraschend kam die frohe Botschaft nicht. Wilhelm hatte seinem Favoriten die Wohltat bereits Monate vorher angekündigt. Fortan durfte sich Philipp mit dem Titel «Durchlaucht» anreden lassen. Er selbst nannte die altertümliche Bezeichnung eine «unheimliche Mischung von Durchfall und Schnittlauch, hat eher einen molch- und lauchartigen Charakter als das Durchleuchtete, das unsere Vorfahren ausdrücken wollten».[78] Jeden Sommer durfte er obendrein den Kaiser auf den «Nordlandfahrten» durch die Fjorde Norwegens begleiten. Die Freundschaft war ungetrübt.

Trotzdem will Philipp seinen Fürstentitel geradezu in Sack und Asche getragen haben: «Meine dienstliche und gesellschaftliche Stellung war von einem Gürtel von Neid umgeben, überall gärte es um mich. Es war mir völlige Gewissheit, dass diese ‹Erhebung› den vorhandenen Gift- und Gallenstoff zu bedenklichen Wirkungen entwickeln musste. Darum war das (...) mit so viel Bitternis vermengt, dass ich mich eines unheimlichen Gefühles nicht wehren konnte.»[79]

Ahnte Eulenburg wirklich das Verhängnis? Oder will er sich nur rückblickend als Hellseher wichtig machen? Wie auch immer: 1902 verabschiedete er sich aus der aktiven Politik. Im April war seine heiß geliebte Mutter in Meran gestorben, was ihn sehr mitnahm. Außerdem war er seit längerem chronisch krank, hatte Gicht und Nervenleiden. Über die vermutlich psychosomatischen Ursachen darf man munter spekulieren. Ebenso vage bleibt der Verdacht, dass Eulenburg wegen seiner Homosexualität erpresst wurde und deshalb vorzeitig ausscheiden musste. «Beweise lagen nicht vor», behauptet sein damaliger Vorgesetzter und langjähriger Freund, der Reichskanzler Bernhard von Bülow. Er schreibt: «Ich möchte eher annehmen, dass Eulenburg sich in dem Irrgarten mannigfacher Intrigen so sehr verloren hatte, dass er keinen anderen Ausweg als den Rücktritt sah, einen Rücktritt, den er freilich nicht als einen endgültigen ansah.»[80]

«Meine Nerven sind total entzwei», jammert Eulenburg im Januar 1902. Warum er so «mürbe» geworden ist, bleibt unklar. Eulenburg flüchtet geradezu panisch aus seinem Botschafteramt. Hilfe suchend wendet er sich an Bülow: «Ich will aus tatsächlicher Krankheitsursache scheiden – aber in Frieden und würde mich auf Jahre zuerst in meinem Haus am Starnberger See resp. München etablieren – ganz weit von allem Getriebe, das ich nicht mehr ertragen kann.»[81] Eulenburg war damals in einen höchst peinlichen Theater-Skandal verwickelt, weil er sich abfällig über das Geschäftsgebaren des Berliner Generalintendanturdirektors Heinrich Pierson geäußert hatte. Der Theater-Manager Pierson nahm es offenbar mit dem Bezahlen seiner Rechnungen nicht so genau und brachte ein ziemliches Durcheinander in die Buchhaltung. Das regte nicht nur Eulenburg auf, sondern auch den Kaiser. Nachdem der Monarch seinen entsprechenden Unmut geäußert hatte, handelte der übereifrige Philipp ausnahmsweise leichtsinnig und verschickte einen bösen Brief an Piersons Vorgesetzten. Ein Fehler, denn Pierson hatte mächtige Freunde und wehrte sich mit einer Verleumdungsklage, was Eulenburg natürlich in erhebliche Bedrängnis brachte, denn schließlich durfte er auf gar keinen Fall den Kaiser in so ein Gerichtsverfahren hineinziehen. Philipp stand also allein im Gewitterregen und flehte den Reichskanzler an: «Beseitige diese scheußliche Sache, in der ich unschuldig wie ein Kind bin und die mir so entsetzliche Aufregungen verursacht.»

Tatsächlich konnte diese Affäre außergerichtlich beigelegt werden, allerdings bekamen die Zeitungen Wind davon. Eulenburg stand blamiert als Intrigant und Verleumder da – er hatte wichtige Theaterleute ohne Beweise und nur aufgrund zwielichtiger Informanten beschuldigt. Kein Wunder, dass Eulenburg stöhnte: «Das entsetzlichste wäre mir, wenn ein fataler Prozess, den ich in meiner amtlichen Stellung des Skandals wegen nicht führen kann, schließlich der Grund meines Abschieds sein müsste.»[82] Wenig später verübt Pierson Selbstmord, was für erhebliches Aufsehen sorgt. Der Reichskanzler kommentierte trocken: «Der bedauernswerte Eulenburg hatte sich in seinen eigenen Schlingen gefangen, wie das bisweilen auch geschickten Leuten passiert.»[83] Ob es nur diese Affäre war oder weitere, geheime Verwicklungen, die Eulenburgs Nerven zerrütteten, bleibt ungeklärt. Natürlich sind auch Erpressungen denkbar. Womöglich hatte Maximilian Harden schon damals, 1902, insgeheim die anstößigen Materialien über Eulenburg an einflussreicher Stelle vorgelegt. Mit kriminalistischer Phantasie lässt sich viel konstruieren, es fehlen die Quellenbeweise.

Eulenburg will sich demonstrativ zurückziehen aus der Politik: «Auch muss an gewisse Leute gesagt werden, dass meine Gesundheit ein Leben im Süden und fern von Berlin und jeglichem Gesellschaftsverkehr erheische – ich also nach

Eulenburg in der Uniform des deutschen Botschafters in Österreich-Ungarn. Die höfische Kleiderordnung hielt seinen Diener auf Trab – Eulenburg war mit mindestens 20 Anzügen unterwegs.

Oberbayern gehen würde. Ich glaube, dass man auf solche Art den jedenfalls etwas kritischen Augenblick des Abschiedes überwinden kann.»[84] Wer waren diese «gewissen Leute», vor denen sich Eulenburg so überstürzt in Sicherheit bringen wollte? Belegbare Antworten sind auf diese Frage leider nicht möglich. Die Neugier bleibt in diesem Punkt ungestillt – und Eulenburgs merkwürdiger Schleiertanz ein ungelöstes Rätsel: «Es spuken leider noch allerhand Nebenfragen herum, die mich belästigen und mich – wie ich offen gestehen will – mit Kummer erfüllen.»[85] Kein Zweifel: Der Mann will erst mal für geraume Zeit «untertauchen», warum auch immer. Eulenburg erhofft und ersehnt sich «Ruhe»: «Denn wer bei uns in Preußen von der politischen Bildfläche verschwindet, ist schnell zum alten Eisen gelegt. Selbstverständlich werde ich die Klugheit haben, mich – krank, wie ich bin – gänzlich fern von Berlin für mehrere Jahre zu halten.»[86] So schlau war Eulenburg aber gerade nicht. Es hätte ihm viel Ärger erspart.

Nach einigem Hin und Her wird Philipp als Botschafter «zur Disposition» gestellt, also auf unbestimmte Zeit beurlaubt, nicht förmlich entlassen. Ein wichtiges Detail mit später schwerwiegenden Folgen, wurde sein endgültiger Abschied doch unter dramatischen Umständen und mit viel Brimborium inszeniert. Für die Öffentlichkeit ist Eulenburg allerdings schon ab November 1902 Privatmann auf seinem Landsitz Liebenberg. Sein eigentliches Problem: Ein Günstling kann nicht entlassen werden, sondern wird gestürzt. Bis dahin ist er eine Gefahr für alle seine Gegner, zieht neidische Blicke auf sich und lebt gefährlich.

Der Rückzug von Philipp in die heimatliche Uckermark wird von einem schaurigen Wetterleuchten begleitet. Am Samstag, dem 22. November 1902 wurde der Ruhrindustrielle und kaiserliche Busenfreund Friedrich Alfred Krupp um sechs Uhr morgens röchelnd in seinem Bett gefunden. Offiziell hieß es, der Industrielle habe einen Gehirnschlag erlitten, der sich Sonntag mittags wiederholt habe. Nachmittags um drei war Krupp tot. In den Zeitungen war von Selbstmord die Rede. Es gab mancherlei Geheimniskrämerei um die Leiche. Die Ärzte sollen angeordnet haben, dass der Sarg schleunigst geschlossen wurde. Die Schreiner wurden von der Leiche fern gehalten.[87] Bis heute ist der «Fall Krupp» nicht eindeutig geklärt. Tatsächlich beruhigte sich der scheue und kränkliche Krupp oft mit Morphium und anderen starken Schlafmitteln. Vermutlich hatte er absichtlich oder unabsichtlich eine Überdosis eingenommen. Der Grund für die Aufregung lag auf der Hand: Im sozialdemokratischen «Vorwärts» war der millionenschwere Stahl- und Rüstungs-Fabrikant eine Woche zuvor, am 15. November, als Homosexueller geoutet worden.

Der «Vorwärts» hatte seine sensationelle Enthüllung dem italienischen Arbeiterblatt «Avanti» entnommen. Dort war eine Reihe von Artikeln erschienen, die sich mit dem süßen Leben von Krupp auf Capri befassten. Seit 1898 schipperte der «Kanonenkönig» alljährlich mit einer seiner Yachten um die Insel und stieg jeweils wochenlang im Luxushotel «Quisiana» ab. Krupp litt unter Asthma und «fürchterlichen Kopfschmerzen», brauchte häufig vier Mal am Tag heiße Wickel.[88] An die seelischen Ursachen solcher Krankheiten dachten die Ärzte damals noch nicht. Stattdessen empfahlen sie viel Bewegung, Seeluft und südliche Sonne. Alles zusammen bot die Insel Capri. Krupp betätigte sich dort als Mäzen, machte sich zum Beispiel um den Straßenbau verdient, soll sich aber vor allem den hübschen, jungen Männern gewidmet haben. In einem Fotogeschäft auf der Insel wurden ganz offen erotische Männerakte feilgeboten, berichtete der Korrespondent des «Vorwärts»: «So war die Insel Capri , wo das Geld Krupps das hierzu nötige moralische Terrain vorbereitet hatte, ein Zentrum homosexuellen Verkehrs geworden.»[89]

Den Presseberichten zufolge hatte der italienische Innenminister nach diversen Gerüchten eine geheime Sonderuntersuchung über das Leben und Treiben von Krupp veranlasst. Dabei seien homosexuelle Vergehen festgestellt worden, so dass Krupp im Frühjahr 1902 ersucht worden sei, «die Insel für immer zu verlassen». Diese Behauptung wurde von der italienischen Regierung sofort dementiert.[90] Wie sich herausstellte, waren die deutschen Sicherheitsbehörden allerdings schon länger über die sexuellen

Vorlieben des Ruhr-Magnaten informiert: «Krupp hätte in seinem homosexuellen Verkehr selbst das Maß der Duldung, das sonst in Italien in solchen Dingen üblich war, weit überschritten, indem er noch ganz junge Knaben verführt habe», berichtet ein Vertrauensmann an das Berliner Sittendezernat.[91] Dort wusste man außerdem, dass sich der viel beschäftigte Industrielle gern stundenlang Ringkämpfe anguckte. Im Hotel wohnte er grundsätzlich von seiner Frau getrennt und kümmerte sich auffallend hingebungsvoll um die jungen Kellner. Im «Bristol» bedienten etliche halbwüchsige Italiener, die allesamt von Krupp persönlich nach Deutschland vermittelt worden waren.

Die Ehefrau von Krupp, Freifräulein Margarethe, war über erste Gerüchte fassungslos gewesen und zu Kaiser Wilhelm II. geeilt, um mit ihm unter vier Augen über die Vorgänge zu sprechen. Viel Glauben scheint Wilhelm der aufgebrachten Dame nicht geschenkt zu haben. Friedrich Alfred Krupp erfuhr erst nachträglich, am 10. Oktober 1902, von der Besorgnis seiner Gattin. Als die Gerüchte gefährlich zu werden drohten, handelte Krupp ähnlich wie Eulenburg im Umgang mit «lästigen» Frauen. Die unbequeme Dame wurde in eine «Irrenanstalt» geschickt. Krupps Begründung: «Meine Frau ist nämlich hochgradig nervös geworden. Die Ärzte, die ich zu Rate zog, haben die Sache ernst (ganz entre nous) angesehen und ihr empfohlen, sofort eine durchgreifende Kur zu unternehmen. Sie hat sich dann freiwillig entschlossen, nach Jena zu reisen, wo sie in Behandlung des Geheimrats Binswanger ist. Alles, was drum und dran hängt, ist aber so unsäglich traurig, dass ich es dem Papier nicht anvertrauen möchte.»[92]

Als der «Vorwärts» mit seiner Sensation herauskam, weilte Krupp mit seinen Kindern gerade in Kiel. Dort baute die Firma auf der «Germania»-Werft Kriegsschiffe für den Kaiser. Ein Auftrag, der Krupp viele Millionen Reichsmark Gewinn einbrachte und ihm zahlreiche Neider bescherte, nicht nur unter Rüstungskritikern. Von Kiel aus stellte Krupp per Telegramm Strafantrag gegen den «Vorwärts» wegen Beleidigung. Die Berliner Staatsanwaltschaft ordnete die Beschlagnahme der entsprechenden

Ausgabe des «Vorwärts» an. Gleichzeitig schickte Krupp seinen Privatsekretär Dr. Korn nach Berlin zur Kripo, um dort in größter Diskretion nach etwaigen Erkenntnissen gegen ihn zu fragen. Nachweisbare Verstöße des Industriellen gegen den § 175 lagen damals jedoch nicht vor. Die Kripo gab deshalb den wenig tröstlichen Rat: «Wenn Krupp ein reines Gewissen hat, so soll er ruhig klagen.»[93]

Diese Perspektive scheint den reichsten Mann Deutschlands zu Tode gegrämt zu haben. Später hieß es von konservativer Seite, Krupp sei das Opfer einer «süditalienischen Erpresserbande» geworden.[94] Der Admiral Friedrich von Hollmann bezeugte dagegen aus eigener Anschauung «ein merkwürdiges Interesse» des Industriellen «für männliche Künstler, Kellner und überhaupt junge Männer». Hollmann hielt Krupp zwar nicht für homosexuell, musste aber einschränken, «er habe beobachtet, dass er solchen Persönlichkeiten ganz vertraulich die Hand auf die Schulter gelegt, ja ihnen sogar den Kopf gestreichelt habe und so weiter, wo ganz sicher perverse Gedanken oder Handlungen völlig ausgeschlossen gewesen seien. Auch für ihr Vorwärtskommen im Leben habe er sich häufig sehr interessiert und sich vielfach für Männer persönlich bemüht, die ihn eigentlich gar nichts angingen.»[95]

Wie auch immer: Krupp war tot und der Skandal allgemein. Wie üblich wurden die aberwitzigsten Gerüchte herumgetratscht, gerade auch unter den Schwulen. So hieß es, Krupp sei gar nicht gestorben, sondern nach Südamerika ausgewandert. In der Subkultur hoffte man obendrein, dass der Aufsehen erregende Fall Krupp ein heilsamer Schock für die Öffentlichkeit sein würde. Der engagierte Münchener Schwule August Fleischmann verbreitete flugs eine zuversichtliche Streitschrift: «Auch die homosexuelle Literatur wird jetzt stärker in das Volk eindringen als bisher, wo die Bücher über das ‹Dritte Geschlecht› beinahe nur von Gelehrten gelesen wurden. Jetzt wird sich die große Masse auf diese Bücher werfen und ganz andere Ansichten werden sich im Volke verbreiten. Das Vorurteil, das noch bis in den intelligentesten Kreise leider vorkommt, wird verschwinden und die Tausende, die bisher unschuldig gepeinigt worden sind, werden gerächt werden! Der § 175 wird und muss jetzt abgeändert werden oder ganz fallen und wenn dieses Ziel erreicht ist, dann ist das Opfer Krupp nicht umsonst gewesen.»[96]

Der Kaiser nahm die feierliche Beerdigung seines langjährigen Freundes am 26. November 1902 zum Anlass für eine scharfe Polemik gegen den «Vorwärts» und die Sozialdemokratie: «Diese Tat mit ihren Folgen ist weiter nichts als Mord; denn es besteht kein Unterschied zwischen demjenigen, der den Gifttrank einem andren mischt und kredenzt, und demjenigen, der aus dem sichern Verstecke seines Redaktionsbüros mit den vergifteten Pfeilen seiner Verleumdungen einen Mitmenschen um seinen ehrlichen Namen bringt und ihn durch die hierdurch hervorgerufenen Seelenqualen tötet.» Wilhelm versprach, «den Schild des Deutschen Kaisers» über das Haus Krupp zu halten. Der Verstorbene habe eine «feinfühlige und empfindsame» Natur gehabt, und diese sei der einzige Angriffspunkt gewesen, «um ihn tödlich zu treffen».[97]

Die Krokodilstränen flossen in Strömen. Hinter den Kulissen freilich waren Hofkreise, Regierung und Angehörige eilig darum bemüht, die umlaufenden Gerüchte und Zeitungsartikel über Krupps Sexleben einzudämmen. Nach einem ausführlichen Gespräch mit «sachkundigen Ratgebern» zieht die Witwe Krupp den Strafantrag ihres Gemahls zurück. Sie ahnt, dass ein Prozess «langwierig und erbittert» würde, dass die Beweisanträge «über den eigentlichen Gegenstand hinaus ausgedehnt und sensationell ausgebeutet» werden könnten. Kurz und gut: Allen Kundigen war klar, dass in einem Gerichtsverfahren viel schmutzige Wäsche anfallen würde. Margarethe Krupp beließ es deshalb beim trotzig-verlogenen Fazit: «In meinen Augen steht das Andenken des Verewigten rein und unbefleckt da.»[98]

Statt sich den Unwägbarkeiten vor Gericht auszuliefern, organisierte die Familie Krupp für ihren dahingeschiedenen Prinzipal am 13. Dezember 1902 eine monumentale «Gedächtnisfeier» in der Düsseldorfer Tonhalle. Rund zweitausend Gäste aus der Eisen- und Stahlbranche drängelten sich auf den Stühlen.

Ein Künstler hatte den Saal eigens mit schwarzem Stoff ausgeschlagen, einen Sarkophag mit einem Porträt-Relief von Krupp angefertigt und daneben eine riesige mittelalterliche Ritterfigur gestellt. Der eine Arm der Gips-Plastik hielt hochgereckt ein Schwert, der andere ein Schild, das schützend über dem Krupp-Sarkophag schwebte. Das Kaiser-Wort war sozusagen in Windeseile in (Kitsch-)Kunst umgesetzt worden.[99] Immerhin: So eine staatstragende Feier rehabilitierte Krupp in den Augen vieler kleinbürgerlicher Zeitgenossen mit Sicherheit mehr als ein noch so drakonisches Urteil.

Philipp Eulenburg hätte sich einen großen Gefallen getan, wenn er sich fürderhin an der taktischen Vorsicht der Familie Krupp orientiert hätte. Im Industriellen-Clan wusste man sehr genau, wie riskant es war, in aller Öffentlichkeit über Sex und Moral zu verhandeln. Ähnlich weise war übrigens der englische König Edward. Als es darum ging, in schwulen Hofkreisen einen Juwelenraub aufzuklären, soll Edward gesagt haben: «Das Verfahren ist einzustellen. Der Ruf meines Landes ist mir mehr wert als meine Juwelen.»[100] Der deutsche Adel war damals weniger weit blickend und versuchte mit einem nicht selten hohen Maß von Dünkelhaftigkeit, abträglichen Klatsch durch Duelle und Prozesse aus der Welt zu schaffen, mit dem regelmäßigen, fatalen Ergebnis, erst dadurch für größtmögliches Aufsehen zu sorgen. Eulenburg hätte den Fall Krupp zum Anlass nehmen können, schleunigst das Weite zu suchen, sich «unsichtbar» zu machen. Ein kaiserlicher Günstling wie er war schmählich in die Schlagzeilen geraten und ins Verderben gestürzt. Doch Philipp nahm das nicht als Wink des Schicksals. Er arbeitete an seinem Comeback. «Unglaublich gealtert» saß Eulenburg in Liebenberg und kümmerte sich um die Heiratspläne seines ältesten Sohnes.[101] Unermüdlich korrespondierte der Pensionär mit Kaiser, Kanzler und anderen Würdenträgern. Von einer Reise in den Süden war keine Rede mehr.

Alle Welt war überzeugt, dass Eulenburg auch nach seinem Abschied enormen Einfluss und das Ohr des Kaisers hatte. Leichtsinnigerweise hatte Philipp in einem Anfall von Überheblichkeit einmal gesagt: «Meine Aufgabe ist, der Freund des Kaisers zu sein und hinter den Kulissen zu stehen.»[102] Solche Sätze waren neuerdings auch nachzulesen in den gerade erschienen Memoiren des verstorbenen Reichskanzlers Chlodwig zu Hohenlohe. Dort wurde Eulenburg als Dunkelmann hingestellt, der am liebsten ganz im Verborgenen arbeitet. «Ich will Könige machen, aber nicht König sein», soll Eulenburg einmal gesagt haben.[103] Harden fühlte sich von solchen Dreistigkeiten herausgefordert.

Zu seinem Unglück konnte Eulenburg von der Politik nicht ganz die Finger lassen. So schipperte er im Sommer 1903 abermals mit dem Kaiser wochenlang durchs Nordmeer. Im vertrautesten Kreise wurde Tag für Tag über Wichtiges und Unwichtiges geplaudert: «Die Politik weise ich gänzlich von mir. Mit beiden Händen mich wehrend.»[104] Das glaubte Philipp aber wohl selbst nicht. Er fühlte sich immer noch berufen, hier und da Dinge gerade zu biegen, auszuhelfen, Anregungen zu geben. Damit schaufelte er sich sein eigenes Grab. Im Herbst 1905 spazierte er wieder einmal über Berlins Prachtstraße Unter den Linden. Dort traf er den französischen Botschaftsrat, Lebemann und Millionenerben Raymond Lecomte. Man kannte sich seit langer Zeit. In Paris galt Lecomte als ausgezeichneter Deutschlandkenner. Er wurde auch als «wärmster Freund Deutschlands» bezeichnet. Ein ausgesprochen schaler Witz, denn der Mann war schwul. Er soll sich bevorzugt in den Kneipen und auf den üppigen Bällen der Berliner Homosexuellen aufgehalten haben. Die Kriminalpolizei nannte ihn gar den «König der Päderasten».

Eulenburg plauderte mit Lecomte über die dramatische politische Lage, über einen möglichen Krieg zwischen Deutschland und Frankreich. Der Franzose äußerte sich beunruhigt, versicherte, dass sein Land unbedingt den Frieden bewahren wolle. Auch Eulenburg war friedliebend, bewunderte Frankreich und schätzte seine Kunst und Geschichte. Die angeblich kriegerische Stimmung bei deutschen Spitzenpolitikern muss ihn also schockiert haben. Er versuchte, zur Beruhigung der Lage beizutragen, ging zum deutschen Generalstab, zum Kanzler, zum Kaiser.

Überall hieß es: Krieg sei gut, Frieden besser. Also erst mal Entwarnung. Eulenburg war erleichtert.

Mit seinem Erkundungsgang durch die Chefetagen war Philipp wohl oder übel wieder hineingeraten in die aktuelle Politik und damit in die harte Auseinandersetzung widerstreitender Parteien. Gleichzeitig ließ es sich der Kaiser nicht nehmen, seinen Vertrauten Eulenburg mit der höchsten Auszeichnung Preußens, dem Schwarzen-Adler-Orden zu dekorieren. Am 7. April 1906 wird die Aufsehen erregende Verleihung schriftlich ausgesprochen. In seinem Dankbrief an den Kaiser zeigt sich Eulenburg demütig und ergriffen, was im Gegensatz steht zu seiner Bemerkung, er sei «niemals empfänglich für äußeren Glanz gewesen».[105] Philipp lässt eine wortreiche Huldigung des Monarchen folgen – «weil unsere Beziehungen eben doch besondere sind». Eulenburg sieht sich durch eine «wärmste, treueste, liebevollste Freundschaftsbetätigung» geschmeichelt, will im «Glanz Ihres lieben Blickes» erkannt haben, wie «die Freude leuchtete, mir Freude machen zu können!»

Die Gegner von Eulenburg waren empört. Der Schwarze Adler für einen angeblich Gichtkranken im Vorruhestand! Da war was faul. Eulenburg hatte also doch noch viel mehr zu sagen, als alle glaubten. Der Orden leuchtete über ihm wie eine Signallampe. Eulenburgs Kritiker verbreiteten das äußerst abträgliche Gerücht, der Fürst haben den Orden für eine bizarre verlegerische Leistung bekommen. So ist beim damaligen Pressesprecher des Reichskanzlers, dem gut informierten Otto Hammann, zu lesen: «Im Sommer 1906 erschien im Format einer alten Bilderbibel ein auf dem Deckel mit dem schwarzen Preußenaar geziertes, innen mit allen Feinheiten der Buchdruckerkunst ausgestattetes Hohenzollernbuch, zu dem auch ein Lesepult gehörte. Der Preis für das Exemplar nebst Zubehör soll in die Tausende gegangen sein. Soviel ich weiß, erschien das Prunkwerk nicht im Buchhandel, sondern wurde nur an Auserwählte abgegeben.»[106] Hammann bezeichnet Eulenburg als «Urheber» des aberwitzigen Prachtwerks.

Mit der Arbeit an dieser teuren Lobhudelei tat sich Eulenburg wirklich keinen Gefallen. Der Schaden war für ihn immens gewesen. Er hatte sich einmal mehr als hemmungsloser Schmeichler erwiesen, blind vor Ergebenheit, maßlos. Er nahm an «zahlreichen, anstrengenden und viel Zeit raubenden Besprechungen und Korrespondenzen» teil.[107] Das ganze Projekt war eine einzige, byzantinische Heiligsprechung Wilhelms II., an der Eulenburg nach Kräften mitwirkte. Er ließ sich feiern als derjenige, der die «Ägide des Werkes» übernommen hatte, was immer darunter zu verstehen war, und überreichte dem Kaiser das gute Stück persönlich. Das ärgerte die rund 30 Universitätsprofessoren, die drei Jahre lang an ihren Aufsätzen geschrieben hatten und sich um ihren eigenen Ruhm betrogen sahen.[108] Philipp hat später versucht, seine Beteiligung an dem Projekt herunterzuspielen.

Einige Monate danach, Anfang November 1906 kündigte sich Wilhelm II. wie üblich für ein paar Tage in Liebenberg zur herbstlichen Jagd an. Weil der Kaiser einen Schnupfen auskurierte, verzichtete man auf die Pirsch, blieb im Schloss und lauschte den musikalischen Darbietungen der kinderreichen Eulenburg-Familie. Außerdem gab es einige bauliche Veränderungen zu besichtigen und zu diskutieren. Eigentlich ein völlig harmloser, ja langweiliger Aufenthalt des Kaisers in Liebenberg – wäre da nicht der Name Raymond Lecomte auf der privaten Gästeliste gewesen.

Die Gegner von Philipp Eulenburg mutmaßten, der französische Botschaftsrat sei mit Absicht nach Liebenberg eingeladen worden, um dort geheime Gespräche zu führen, um den Kaiser im Sinne der französischen Regierung zu beeinflussen oder jedenfalls vertrauliche Informationen zu gewinnen. Eulenburg wurde also vorgeworfen, eine Art Sonder-Außenpolitik zu betreiben. Genauer gesagt: Zwei Homosexuelle gefährdeten die äußere Sicherheit Deutschlands! Tatsächlich soll Philipp mit Lecomtes Einladung gar nichts zu tun gehabt haben. Der Kaiser selbst hatte den Namen angeblich auf die Gästeliste gesetzt. Ob in Liebenberg ernsthaft politisiert wurde, ist im Übrigen eher fraglich. Angeblich kannte Wilhelm II. den französischen Diplomaten seit vielen Jahren als ausgewiesenen Kenner von alter

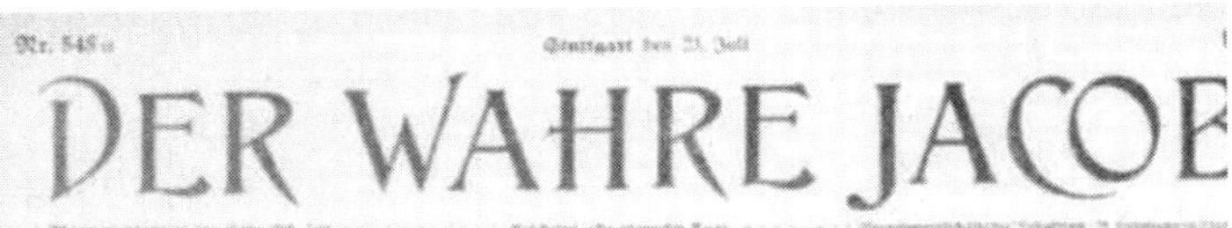

DER WAHRE JACOB

Aus «Der wahre Jacob»:
Das Monster namens «Kamarilla»,
geritten von Eulenburg,
rauscht durch die Straßen – und das Volk wundert sich.

Architektur. Raymond Lecomte sollte demnach sein fachkundiges Urteil über die Um- und Ausbauten am Liebenberger Schloss abgeben. Von Geheimdiplomatie konnte also keine Rede sein.[109] Hofmarschall Robert Zedlitz-Trützschler erinnert sich, dass der Kaiser den französischen Botschaftsrat «immer nur ganz oberflächlich gekannt» habe und in Liebenberg mit Lecomte nicht über Politik gesprochen wurde. «Alle Gerüchte, die sich hieran schließen, sind teils unwahr, teils übertrieben.»[110]

Raymond Lecomte selbst beschrieb seinen Ausflug nach Liebenberg als äußerst langweilige Pflichtübung. Der Kaiser habe tatsächlich mit keinem Wort die Politik gestreift. «Aber er redete, ohne auch nur eine Minute zu pausieren, von morgens bis abends. Er sprach über Kunst, lachte schallend über einen Haufen alter Anekdoten, die im Grunde völlig uninteressant waren, erzählte von seinen Reisen, seinen musikalischen Eindrücken, seinen Erlebnissen auf dem Meer und so weiter, und ließ sich sogar zum Essen nicht Zeit.»[111] Dennoch blühten die Gerüchte. Der Kaiser habe sich «ganz ungezwungen» gegeben, so dass Lecomte «vieles für seine Regierung Wissenswertes in Erfahrung» gebracht habe.[112]

Quer durch Presse und Diplomatie argwöhnte man allerlei, so etwa, dass Eulenburg heimlich interessiert sei am gut bezahlten Posten des Reichsstatthalters im Elsass. Er wolle sich den Job bei der Liebenberger Kaiserjagd verschaffen. Der badische Graf Berckheim äußerte sich dazu in einem geheimen Schreiben vielsagend: «(Reichskanzler) Fürst Bülow hält nun mit Recht eine Wiederverwendung des Fürsten Eulenburg in einem hohen Staatsamt für unmöglich, und zwar aus einem Grunde, den die Spatzen hier sozusagen von den Dächern pfeifen, den aber niemand dem Kaiser auch nur andeutungsweise zu sagen wagt; der Fürst soll nämlich Passionen huldigen, die zwar im Orient erlaubt und in Russland geduldet sind, bei uns aber vom Strafrichter geahndet werden.»[113] Sogar von «stark belastenden» Briefen wusste Berckheim bereits. Andere Diplomaten wollten von «moralischen Defekten» Eulenburgs gehört haben, und zwar schon zehn Jahre zuvor.

Maximilian Harden musste also nur noch hineingreifen in die Grabbelkiste von Gerüchten. Er war außer sich. Die Liebenberger Jagdpartie von 1906 zündete die kritische Masse, die sich in seinem Archiv über Eulenburg angesammelt hatte. All das Papier, all die mündlichen Hinweise wurden jetzt zur großen Einheit zusammengefasst. Der hasserfüllte Eifer Hardens zielte wohlgemerkt nicht auf moralische Verfehlungen Eulenburgs. Homosexualität war für Harden kein Grund zur Aufregung. Was ihn empörte, war Philipps angeblicher Schmusekurs gegenüber Frankreich. Harden wollte stattdessen germanische Kraftprotzerei und notfalls einen neuen Krieg, um Deutschlands Ruhm und Ehre ein für alle Mal durchzusetzen.

Es traf sich gut, dass der Falke Harden einen ähnlich martialischen Verbündeten fand. Etwas altersschwach war der Mensch, zugegeben, aber als Belastungszeuge gegen Eulenburg hervorragend geeignet. Der bärtige Herr war der Schrecken der deutschen Diplomaten gewesen, hatte alle mit Spionen überwachen lassen, war ein Meister der Täuschung und trug seinen Titel völlig zu Recht: Geheimrat Friedrich von Holstein. Er hatte jahrelang die deutsche Außenpolitik geprägt. Zu seiner großen Enttäuschung war er jedoch gerade entlassen worden. Der siebzigjährige Geheimrat suchte logischerweise nach den Schuldigen für sein unerwartetes Karriereende. Und es fand sich schnell ein scheinbarer Hauptverantwortlicher: Philipp Eulenburg.

Jahrelang war Holstein mit «Phili» gut befreundet gewesen. 1898 hatten sich beide aus bis heute unbekanntem Grund zerstritten: «Es ist besser, Sie erfahren die Ursache nicht», bekamen Neugierige damals zu hören.[114] Inzwischen war Holstein überzeugt: Der Liebenberger hatte ihn endgültig beseitigen lassen, um die Kriegsgefahr zu entschärfen. Eulenburg, das Franzosen-Liebchen, hatte zugeschlagen! Alle echten deutschen Männer mit einem gesunden Hass auf Frankreich waren die geborenen Feinde dieses pensionierten Weichlings. Wutschnaubend schickte Holstein sogar eine Duellforderung an Philipp und verlangte «gezogene Pistolen bei zehn Schritten Distanz mit Avancieren, Kugelwechsel bis zur völligen Kampfunfähigkeit oder Tod»[115].

Eulenburg wurde als «ganz schlapper, feiger Kerl» beschimpft. Hier bahnte sich eine Tragikomödie an: Der neunundfünfzigjährige Eulenburg und der siebzigjährige Holstein, beide gesundheitlich vielfach angeschlagen, hätten sich ums Haar einen Schusswechsel geliefert. Holstein verstand durchaus mit Pistolen umzugehen. Aus Angst vor Attentaten schleppte er meist eine Waffe mit sich herum. Allerdings war er inzwischen sehbehindert. Eulenburg war zwar Leutnant gewesen, aber ein guter Schütze war er nicht.[116] Nach einem hektischen Austausch von Briefen konnte das Duell abgeblasen werden. Holstein unterschrieb eine «Ehren-Erklärung».

Gleichzeitig knüpfte er eine neue Freundschaft mit Maximilian Harden. Sehr überraschend, denn beide hatten sich bis dahin nicht ausstehen können. Nun einigte sie der Hass auf Eulenburg. Harden hatte eine Zeitschrift und jede Menge Material. Holstein konnte Indiskretes aus den Panzerschränken des Auswärtigen Amtes beisteuern. Er wusste alles, kannte die Gerüchte um Philipps Homosexualität. Wie viel er davon Harden mitgeteilt hat, lässt sich nicht mehr eindeutig klären. Der Journalist beteuerte, er habe «weder Hinterfrauen, noch Hintermänner» gehabt: «Ich stehe für mich allein.»[117] Das war natürlich Unsinn: Hardens Informationen sprudelten aus mindestens drei Quellen: Bismarck, «Lily» und Holstein. Jetzt war es Zeit, zu handeln.

In der «Zukunft» vom 17. November 1906 wird Eulenburg erstmals scharf angegriffen. Harden bleibt dabei seiner Erfolgsmasche treu, die Dinge nur anzudeuten und in der Schwebe zu halten. Über den Kreis um Eulenburg schreibt er: «Lauter gute Menschen. Musikalisch, poetisch, spiritistisch; so fromm, dass sie vom Gebet mehr Heilswirkung erhoffen als von dem weisesten Arzt; und in ihrem Verkehr, mündlichen und brieflichen, von rührender Freundschaftlichkeit.»[118] Wer den Satz heute liest, wird nicht gerade den Atem anhalten. Und doch bebte in der vornehmen Berliner Gesellschaft die Erde. Der Artikel schlug ein wie eine Bombe. Denn Harden hatte sich durchaus klar genug ausgedrückt: «Das unheilvolle Wirken dieses Mannes soll wenigstens nicht im Dunkel fortwähren.» Eulenburg wurde vor-

Aus «Lustige Blätter»:
Geheimrat Friedrich von Holstein und Maximilian Harden nageln Eulenburg gemeinsam fest – und der «Taubenschlag» von Männerfreunden leert sich.

geworfen, den deutschen Kaiser zum Größenwahn angestachelt zu haben.

Eine Woche später legte Harden nach. Diesmal äußerte er sich sehr rätselhaft. In einem längeren Artikel tauchte plötzlich ganz unvermittelt ein siebenzeiliges fiktives Gespräch auf. Offenbar eine satirische Theaterszene, eine Parodie auf Goethes «Faust»: «November 1906. Nacht. Offenes Feld im Uckergebiet. Der Harfner: ‹Hast Dus gelesen?› Der Süße: ‹Schon Freitag.› Der Harfner: ‹Meinst du, dass noch mehr kommt?› Der Süße: ‹Wir müssen mit der Möglichkeit rechnen; er scheint orientiert, und wenn er Briefe kennt, in denen vom Liebchen die Rede ist ...› Der Harfner: ‹Undenkbar! Aber sie lassen's überall abdrucken. Sie wollen uns mit Gewalt an den Hals.› Der Süße: ‹Eine Hexenzunft. Vorbei! Vorbei!› Der Harfner: ‹Wenn nur Er nichts davon erfährt.›»[119]

Die merkwürdige Stelle erregte größtes Aufsehen. Die Leser von Harden waren ja daran gewöhnt, verschlüsselte Botschaften zu entziffern. Das machte den journalistischen Reiz der «Zukunft» aus. Diesmal wurden auch Zeitungskollegen hellhörig. Viele kannten die Gerüchte um Eulenburg. Aber niemand traute sich, die Dinge beim Namen zu nennen. Auf der ersten Seite der viel gelesenen «B.Z. am Mittag» wurde zwar die Neugier angestachelt, aber nicht befriedigt: «Sie fragen, wer der Süße und wer der Harfner ist? Ich darf's Ihnen nicht sagen; aber in jedem Salon unserer tugendsamen Stadt wird Ihnen eine Freundin hinter dem Fächer die Namen der beiden Herren zuflüstern. Als Thema für unsere Korrespondenz ist die Angelegenheit nicht geeignet. Es ist dazu allzu männlich.»[120]

Unter den Normalbürgern wusste kaum jemand, dass «der Harfner» nur der musische Philipp Eulenburg sein konnte und mit «dem Süßen» der Berliner Stadtkommandant General Kuno von Moltke gemeint war. Otto Hammann erinnert sich: «In der Hofgesellschaft begann ein Gewispere und Geraune voll Angst und Schadenfreude (...). In der Tagespresse wurde die sonderbare Nachbildung der unheimlichen Faust-Szene nachgedruckt, die Geschichte war pikant und versprach, noch pikanter zu werden.»[121] Rund um den Kaiser mag tatsächlich das große Getratsche losgebrochen sein. Wilhelm selbst bekam von alledem nichts mit. Harden hatte abermals nur einen Tropfen Gift verspritzt – mit tödlicher Wirkung.

In der «Zukunft» erschien in den nächsten Wochen und Monate keine weitere Spitze gegen Eulenburg und Moltke. Man hatte sich unter der Hand auf einen Waffenstillstand verständigt. Vermittler war erneut Baron Alfred von Berger. Weil er alle Beteiligten seit vielen Jahren persönlich kannte, war Berger der ideale Unterhändler. «Die Herren seien sehr unruhig» soll der Baron gegenüber Harden geäußert und sich nach einer möglichen Verständigung erkundigt haben.[122] Die Antwort des Journalisten: «Ich habe nicht das Allergeringste gegen die Herren. Wie sollte ich? Keiner von ihnen hat mir je etwas zu Leid getan. Ich wende mich nur gegen den im Dunkel arbeitenden Nebenpolitiker und gegen sein willenloses Werkzeug. Hört diese Tätigkeit auf, dann existieren die Herren für den Publizisten nicht mehr.»

Ein Stillhalteabkommen war die Folge. Philipp Eulenburg verschwand mit seiner Familie nach Territet, einem kleinen Ort am Genfer See in der Nähe von Montreux. Angeblich hatte Eulenburg sowieso geplant, in der Schweiz zu überwintern, weil damals seine Tochter sehr krank war. Tatsächlich war es jedoch eine Flucht vor Hardens bissigen Bemerkungen. Reichskanzler Bernhard von Bülow war sich über die Dimension des Vorgangs sofort im Klaren. Er hatte die schnelle Auslandsreise befürwortet. Eulenburg fühlte sich von allen verlassen, zu Unrecht verfolgt. Er schrieb dem Kanzler am 10. Dezember 1906: «Was ich hierbei befürchte, ist das Gefühl des Erfolges meiner Feinde.»[123] An Baron Berger hatte sich Eulenburg gleich nach der ersten Veröffentlichung in der «Zukunft» gewandt: «Jetzt soll ich nun gar der große Intrigant, der ‹Kanzlermacher›, der Verbrecher sein, der den Kaiser absolutistisch macht! Die Welt ist wirklich zu verrückt!»

Absturz einer Tafelrunde

«Gott weiss, welches Ende es nimmt» Die Mücke fliegt ins Licht

«Mein Leben hatte viel Sonnenschein, jetzt kommen die tiefen Schatten», ahnt Philipp. Sein erzwungener Aufenthalt um die Jahreswende 1906/07 am Genfer See wurde zu einer einzigen Qual. Seine Tochter Augusta, genannt «Lycki», brannte mit Eulenburgs Privatsekretär Edmund Jaroljmek durch. Der Schrecken war unbeschreiblich. Eulenburg befürchtete zunächst sogar einen Selbstmord seiner Tochter, denn er hatte die Hochzeit mit Jaroljmek strengstens untersagt. Die eilige Suche nach der Leiche von «Licky» im Genfer See verlief allerdings erfolglos. Sie war zum Leidwesen von Eulenburg quicklebendig, schwanger und bereits heimlich mit dem Sekretär verheiratet. Philipp war außer sich, tief betrübt, ja depressiv und voller Todessehnsüchte. Er verfolgte Edmund Jaroljmek fortan mit abgrundtiefem, völlig irrationalem Hass.

Weniger impulsive Männer wie Reichskanzler Bernhard von Bülow wunderten sich über die Eruptionen des ansonsten so ausgeglichenen Eulenburg. Schließlich kam es öfter vor, dass junge Mädchen für die Liebe über alle gesellschaftlichen Hürden sprangen. Das allein wäre also kein Grund für eine derart überschäumende Reaktion gewesen. Deshalb wurde in diesem Fall über ein mögliches homosexuelles Eifersuchtsdrama spekuliert. Jaroljmek wird von Zeitzeugen als «der besondere Liebling» von Eulenburg beschrieben und soll außerordentlich attraktiv gewesen sein: «sehr schön, sehr romantisch. Er hat ganz große Augen, schwarzes Haar und trug, als ich ihn zuletzt sah, einen

Strohhut, der mit roten Vogelbeeren umrankt war.»[1] Vielleicht hatte Eulenburg panische Angst, Jaroljmek könne aus Rache gegen ihn aussagen. Der Sekretär hatte anscheinend diverse belastende Briefe an sich gebracht. Vor Gericht ist er allerdings nie erschienen.

Im Januar 1907 reist Eulenburg nervlich zerrüttet aus der Schweiz ab, zurück nach Deutschland. Er hätte das im eigenen Interesse noch geraume Zeit aufschieben sollen. Denn solange Philipp im Ausland weilte, war Harden zufrieden. Mit der Rückkehr machte sich Eulenburg unvermeidlich wieder auf dem Radarschirm des Journalisten bemerkbar. «Der Arme glich der Mücke, die immer wieder in das Licht fliegt.»[2]

Eulenburg hätte sich weiteren Ärger vielleicht ersparen können, wenn er wenigstens bescheiden und isoliert in Liebenberg geblieben wäre, sich dort «tot» gestellt hätte. Doch trotz seiner Familienprobleme nimmt er am 18. Januar demonstrativ teil am Jahrestreffen der Ritter vom Schwarzen-Adler-Orden. Ein gesellschaftliches Ereignis von höchstem Rang. Ganz Berlin schaute auf den Glamour dieses Tages. Höhepunkt und Schluss des alljährlichen Rituals war eine pompöse Prozession. Die Ordensträger warfen sich rote Samt-Umhänge über, legten ihre Kette zurecht und schritten in Zweierreihen zum Thron Wilhelms II., um sich dort zu verbeugen und schließlich den Saal zu verlassen.

Weil Eulenburg als neuer Ordensträger zum ersten Mal beim Jahrestreffen dabei war, durfte er sich über einige persönliche Worte des Kaisers freuen. Er schlürfte weiterhin den Nektar der Macht. Wilhelm soll ihn überschwänglich gelobt und damit vor allen Anwesenden ausgezeichnet haben. Das ließ die Gegner Eulenburgs nicht ruhen. Sie hatten fest damit gerechnet, dass Philipp nach den ersten Veröffentlichungen in der «Zukunft» endgültig aus dem gesellschaftlichen und vor allem aus dem politischen Leben verschwindet.

Maximilian Harden fühlte sich hintergangen und brach den Waffenstillstand. Und diesmal wollte er solange kämpfen, bis sein Gegner ein für alle Mal ausgeschaltet war. Er war wild entschlossen, die Mücke abzuschießen – und mit ihr alle anderen

«Plagegeister» in der Umgebung des Kaisers. Dazu rechnete Harden auch den harmlosen Kuno von Moltke. «Die träumten nicht von Weltbränden; haben's schon warm genug», schreibt Harden am 13. April 1907 in der «Zukunft» und fordert wütend: «Blickt auf diese Tafelrunde.»[3] Zwei Wochen später legt er nach. Am 27. April findet sich in der «Zukunft» der Satz: «Prinz Friedrich Heinrich von Preußen musste, weil er an ererbter Perversion des Geschlechtstriebes leidet, auf die Herrenmeisterschaft im Johanniterorden verzichten. Gilt für das Kapitel des Schwarzen Adlers mildere Satzung? Da sitzt mindestens einer, dessen vita sexualis nicht gesünder ist als die des verbannten Prinzen.»[4]

Trotz der überdeutlichen Anspielung reagierte zunächst keine einzige deutsche Zeitung auf die neuerlichen Anklagen. Harden hatte sich klar und unmissverständlich ausgedrückt, aber für die meisten Zeitungsmacher anscheinend immer noch nicht klar genug. Man scheute wohl das Risiko, die Sache Eulenburg zum Thema zu machen. Die Folgen waren nicht absehbar. Es drohten Prozesse. Also schwiegen die Medien. Bei Hofe war man dagegen außer Rand und Band, beredete emsig die neueste Attacke. Harden stellt befriedigt fest: «Sensation; und ein spaßhaftes Stöbern, um zu erfahren, ob ich ‹viel Material› habe. Auch sonst hat diese Sache, soweit es ein dummer Journalistenartikel kann, ziemlich gewirkt.»[5] Der Skandal war unausweichlich, aber niemand hatte den Mut, den Kaiser zu informieren.

Wilhelm II. las nur den «Berliner Lokalanzeiger», und in diesem auflagenstarken Blatt fand sich nun wirklich keine Zeile über die unerhörten Anklagen in der «Zukunft». Ansonsten bekam der Monarch Presseausschnitte aus dem Auswärtigen Amt vorgelegt. Dort war man auch zu feige, das heikle Thema zu berücksichtigen, schließlich weigerte sich sogar Reichskanzler Bernhard von Bülow, in dieser Angelegenheit beim Kaiser vorstellig zu werden. Er sei «nicht leichtgläubig», rechtfertigte sich Bülow für sein viel zu langes Schweigen. «Warum ich Seiner Majestät nicht Anzeige erstattete? Ich hatte keinerlei Beweise, nur Gerüchte und Vermutungen.»[6] Ganz so blauäugig scheint Bülow aber nicht gewesen zu sein. Er soll sich damals bei der Berliner

Polizei über Eulenburg erkundigt haben, selbstverständlich höchst diskret.

Mittelsmann bei dieser höchst heiklen Aktion war der General Graf Dietrich von Hülsen-Haeseler. Als Chef des kaiserlichen Militärkabinetts war er Wilhelms erster Ansprechpartner in allen Armee-Angelegenheiten. Hülsen-Haeseler hatte einen derben Berliner Humor und verewigte sich mit einer bizarren Anekdote in den Geschichtsbüchern. Der General starb im November 1908 in einem Ballettkleid. Er scheint sich öfter den Spaß gemacht zu haben, als Ballerina aufzutreten. Deshalb wunderte sich kaum jemand, als er auch bei einem kaiserlichen Jagdfest in Donaueschingen derart ungewöhnlich bekleidet im Saal stand. Die Musik begann, der General erwies sich als Talent: «Alles war aufs höchste amüsiert, denn der Graf tanzte großartig, und es hatte auch etwas Eigenartiges, den Chef des Militärkabinetts als Dame kostümiert einen Balletttanz aufführen zu sehen.»[7] Doch der Einsatz war zu viel für den herzkranken Hülsen-Haeseler. Kaum hatte er seinen Tanz beendet, fiel er tot um.

Der kauzige General wusste wie viele andere Höflinge seit Monaten von den Gerüchten um Eulenburg. Obendrein fühlte sich der ungeschliffene Haudegen von Eulenburg in einer alten Aktennotiz persönlich beleidigt («kolossale Berliner Schimpfmanier»). Jedenfalls war der General hellauf empört, als Philipp beim Ordensfest der Ritter vom Schwarzen Adler aufkreuzte und dort vom Kaiser auch noch «mit besonderer Herzlichkeit» empfangen wurde.[8] Die heimlichen Polizeiermittlungen gegen Eulenburg ergaben anscheinend nichts Konkretes, jedenfalls nichts juristisch Verwertbares. Erst Jahrzehnte später wird behauptet, die Berliner Polizei habe damals festgestellt, dass Eulenburg in einem Hotel mit einem Strichjungen geschlafen habe. Wenig spricht dafür, denn eine so brisante Entdeckung hätte sich nicht geheim halten lassen und in den nachfolgenden Gerichtsverfahren sicherlich eine herausragende Rolle gespielt.[9]

Graf Hülsen-Haeseler und alle anderen Eulenburg-Gegner hatten bis dato nichts in der Hand als die Artikel der «Zukunft». Das war etwas wenig, um den Kaiser zu beeindrucken. Philipp und Wilhelm kannten sich über zwanzig Jahre! Um solch ein Vertrauensverhältnis zu erschüttern, brauchte man handfeste Beweise - oder Hilfe von ganz oben. Letztere ließ nicht lange auf sich warten. Ende April 1907 bekam endlich Kronprinz Wilhelm Wind von der Angelegenheit.

Der Thronfolger diente damals als Offizier beim Garderegiment in Potsdam. Schon im November 1906 war er dort als Vorgesetzter mit einem Fall von Homosexualität konfrontiert worden. Der Bursche des Gardemajors Johannes von Lynar hatte sich vertraulich beim Kronprinzen gemeldet, um von seiner Aufgabe entbunden zu werden. Auf Nachfragen antwortete der Bursche, er werde von Lynar sexuell belästigt. Der Kronprinz sorgte dafür, dass Lynar einstweilen vom Dienst suspendiert wurde.[10]

Ein halbes Jahr später, Ende April 1907, war Wilhelm junior im Potsdamer Offizierskasino zufällig Zeuge einer merkwürdigen Unterhaltung seiner Kameraden gewesen. Ausführlich hatten sich diese Herren über einige aktuelle Fälle von Homosexualität in der Armee unterhalten. Im Februar hatte sich der damals dreiunddreißigjährige Prinz Friedrich Heinrich von Hohenzollern notgedrungen gegenüber dem Kaiser als Homosexueller geoutet. Der Prinz war ein Sohn von Wilhelms Großonkel, gehörte also nach damaligen Maßstäben zur engeren kaiserlichen Verwandtschaft. Die Gerüchte um Friedrich Heinrich waren von Jahr zu Jahr abenteuerlicher geworden. Er soll sich gern als Reitknecht verkleidet haben und besonders erregt gewesen sein, wenn er für sexuelle Dienstleistungen bezahlt wurde, also als Stricher auftrat.[11] Geld war ihm anscheinend ein Schlüsselreiz: Der Mann gehörte zu den reichsten Erben in ganz Deutschland. «Armer Junge», soll Wilhelm II. nach dem Geständnis gemurmelt haben. Weil der Kaiser damit erstmals persönlich mit einem Fall von Homosexualität konfrontiert wurde, reagierte er offensichtlich noch ziemlich gnädig. Der Prinz wurde als Oberst abgesetzt und zu einer «Kur» nach Italien geschickt. Ein protestantischer Geistlicher soll aber wenig Heilungserfolge erzielt haben. Friedrich Heinrich bereiste Afrika, wo er Landgüter besaß und lebte bis zu seinem Tod 1940 zurückgezogen auf seinem Gut Kamenz in Schlesien.[12]

Dieser spektakuläre Fall bewegte in Offizierskreisen die Gemüter. Nichts wurde dort emsiger besprochen als «pikante» Geschichten. Es war allgemein bekannt, dass sich viele Soldaten regelmäßig mit homosexuellen Gönnern trafen. Den Mannschaften und Unteroffizieren kam es dabei vor allem auf das Geld an. Offiziere folgten meist ihrer sexuellen Neigung. Es gab zahlreiche Lokale, in denen schwule Uniform-Fetischisten auf ihre Lieblinge warteten. Immer wieder wurde der Besuch solcher Gaststätten durch Regimentsbefehl untersagt. Soldaten und Freier wechselten dann eben in die nächste Kneipe.[13]

Neben Prinz Friedrich Heinrich hatten zu dieser Zeit auch weniger prominente Soldaten Aufsehen erregt, es kam sogar zu Selbstmorden. Der Gardehauptmann von Tschirschky hatte sich unmittelbar vor einer peinlichen Vernehmung vergiftet. Sein Unteroffizier hatte ihm Homosexualität vorgeworfen.[14] In Spandau hatte sich Leutnant von Uechtritz umgebracht. Ein Leutnant von Saldern war ebenfalls tot aufgefunden worden. Die Kommandeure der Gardekürassiere und der Gardedragoner waren alarmiert.[15] Der Kriminalkommissar Hans von Tresckow erinnert sich, dass das Militär in Berlin und Potsdam «ganz verseucht» war: «Besonders die Kavallerieregimenter, die durch ihre bunte Uniform reizten, hatten durch die Verlockungen der Homosexuellen viel zu leiden, und so mancher braver Junge vom Lande ist während seiner Militärzeit von ihnen körperlich und sittlich verdorben worden.»[16] Militärpatrouillen filzten regelmäßig die Treffpunkte von Homosexuellen. Generäle erkundigten sich diskret bei der Kripo nach etwaigen Erkenntnissen über Offiziere. Doch die Polizei blieb vorsichtig, weil selten eindeutige Beweise vorlagen. Um solche Belege aufzuspüren, wurde manchmal sogar die Post der Soldaten geöffnet und polizeilich ausgewertet. Dabei kam man schlüpfrigen Briefwechseln auf die Spur, brauchte dazu allerdings viel kriminalistischen Spürsinn. Einer dieser Briefe stammte zum Beispiel von einem obskuren

«Röschen Hedemann». Hinter diesem Spitznamen verbarg sich ein Kammerherr von Oppen. Er wohnte in der Berliner Hedemannstraße und wurde von seinen Freunden wegen femininer Umgangsformen als «Röschen» bezeichnet.

Die alten und neuen Homosexuellen-Affären sorgten im Kasino von Potsdam begreiflicherweise für lebhafte Diskussionen. Einer der Offiziere hatte obendrein die letzten Nummern der «Zukunft» gelesen und angemerkt, dass es demnach auch in den höchsten Kreisen rund um den Kaiser einige Homosexuelle gebe. Der Kronprinz hatte das zufällig aufgeschnappt und ließ sich die entsprechenden Zeitschriften-Nummern geben. Aufgeregt ging er damit zu Hülsen-Haeseler und verlangte Auskunft. Der vorsichtige General hielt sich für nicht zuständig. Der beschuldigte Philipp Eulenburg sei schließlich gar kein Soldat. Als Chef des Militärkabinetts müsse er also dem Kaiser darüber keine Meldung erstatten.

Hülsen-Haeseler wollte sich selbst unbedingt heraushalten aus dieser Sache, gleichzeitig aber seine Chance nutzen, Eulenburg zu erledigen. Der General empfahl dem beunruhigten Kronprinzen daher, die Angelegenheit selbst in die Hand zu nehmen. Der Sohn solle den Vater informieren. Das geschah am 2. Mai 1907 im Park des Potsdamer Marmorpalais.[17] Die entsprechenden Exemplare der «Zukunft» hatte der Kronprinz mitgenommen. Wilhelm junior ging einen schweren Gang, denn er wusste ja nicht, wie sein Vater reagieren würde: «Es wäre damals zweifellos längst die Pflicht der amtlichen Stellen gewesen, den Kaiser auf den mehr und mehr in das Wissen aller dringenden Skandal hinzuweisen, ihm das Material zu unterbreiten – sie ließen ihn blind, unwissend verharren. So musste ich mich denn entschließen, den Schritt zu tun. – Niemals im Leben werde ich das verzweifelte, entsetzte Gesicht meines Vaters vergessen, das mich fassungslos anstarrte, als ich ihm im Garten des Marmorpalais von den Verfehlungen seiner nahen Freunde sprach.»[18]

In Hofkreisen soll man mindestens drei Tage über nichts anderes geredet haben als die sensationelle Enthüllung im Fall Eulenburg.[19] «Allmählich verbreitete sich das Gerücht von

Blick zum Marmorpalais am Potsdamer Heiligen See: Dort drüben erfuhr Wilhelm die ganze Wahrheit über Eulenburg – und war baff. Am diesseitigen Ufer vergnügten sich die schwulen Soldaten in der Villa Adler.

Ungnade und Zorn, Untersuchung und Abschied.» Das galt zunächst nur für die Kundigen, den inneren Kreis von Politik und Journalismus. Wer dazu gehörte, war rasch im Bilde. Harden schreibt dazu: «Gegen Ende der ersten Maiwoche kam ein Echo der Vorgänge zu mir; sagte aber noch nicht, dass von mir Geschriebenes dabei irgendwie wichtig gewesen sei.»[20] Er sei mit Fragen bestürmt worden, habe aber höflich erklärt, «die Antworten schuldig bleiben zu müssen».

Am 4. Mai, zwei Tage nach der Aussprache des Kronprinzen mit dem Kaiser, erhält Philipp Eulenburg auf seinem Landsitz in Liebenberg einen knappen und kühlen Brief, abgefasst vom Generaladjutanten. Seine Majestät erwarte «Aufklärung darüber, ob du dich diesen Anspielungen gegenüber einwandfrei fühlst», heißt es in dem Schreiben. Insbesondere die Andeutung, ein Ritter des Schwarzen Adler sei pervers veranlagt, scheint Wilhelm II. beunruhigt zu haben.[21] Eulenburg antwortete prompt, er fühle sich durchaus «einwandfrei» und vermute im Übrigen seinen Intimfeind Geheimrat Holstein hinter dieser «leidigen Sache». Mit feiner Ironie fügt Philipp hinzu, Wilhelms «scharfblickender Geist» habe doch sicherlich in den zwei Jahrzehnten ihrer Freundschaft «niemals einen Zweifel» gehabt an deren Wesen und Charakter.

Bereits in diesem Brief bedauert sich Eulenburg eifrig selbst. Eine schlimme Nervenentzündung hat angeblich seine Beine gelähmt, behauptet der Fürst. Ein treffendes Krankheitsbild, wurde ihm doch der Boden unter den Füßen weggezogen. Angeblich hat Philipp Mühe, seine fünf Sinne beisammen zu halten. Er klagt über geistige Ausfälle.[22] Über die bevorstehenden Gefahren macht er sich keine Illusionen. An den Reichskanzler schreibt er: «Die scharfe Wendung ist schwer noch abzuwenden. Gott weiß, welches Ende es nimmt. Ein Presseprozess wird böse Blüten treiben und ist das, was unsere Feinde sich wünschen. Seine Majestät ist sich der Folgen wohl kaum bewusst.»[23]

Bernhard von Bülow empfiehlt einmal mehr die schnelle Flucht ins Ausland. «Krankheitsurlaub nach dem Süden» sei das beste Mittel, um dem folgenden Sturm auszuweichen und Gras über die Sache wachsen zu lassen.[24] Doch Eulenburg will sich nicht helfen lassen, bleibt zu Hause, unterwirft sich einem vollkommen nutzlosen Disziplinarverfahren und wartet auf die weitere Entwicklung.

Der Kaiser hatte am 5. Mai den Berliner Polizeipräsidenten zu sich bestellt. Launisch und ungeduldig wie er war, wollte Wilhelm II. sofort eine Liste mit allen Homosexuellen in seinem Umfeld vorgelegt bekommen. Genau diese Informationen hatte er übrigens Jahre zuvor tatsächlich erhalten, aber aus Faulheit und Desinteresse ungeöffnet zurückgehen lassen. Wilhelm soll seinem Adjutanten damals gesagt haben: «Es handelt sich wohl um eine Polizeisache, schicken Sie es dem Polizeipräsidenten.»[25] Inzwischen hatte der Kaiser seine Ansicht darüber gründlich geändert.

Der ausgewiesene Fachmann Hans von Tresckow wurde vom Polizeipräsidenten beauftragt, eine Liste mit den wichtigsten Verdächtigen bei Hofe anzufertigen. Tresckow erinnert sich: «Ich suchte nun etwa zwanzig Namen heraus und schrieb neben jeden Namen eine kurze Bemerkung, in der ich den Grund angab, weshalb die Aufnahme in das Kartenregister erfolgt war. Diese Liste übergab ich dem Präsidenten, der sie durchsah und einige Namen aus Mitleid für die Betreffenden durchstrich.»[26] Die bereinigte Liste scheint dem Kaiser jedoch nie vorgelegt worden zu sein, denn der preußische Innenminister und spätere Reichskanzler Theobald von Bethmann-Hollweg hatte noch mehr Mitleid als der Polizeipräsident und versuchte, die Sache möglichst geräuschlos abzuwickeln. Tresckow schreibt: «Er bat mich, unter der Hand die Skandalaffären zu ordnen und dafür zu sorgen, dass es nicht zu hässlichen Prozessen käme. Sollte ich etwas Interessantes wissen, so sollte ich direkt zu ihm kommen und ihm Mitteilung machen. Meinem Chef, dem Polizeipräsidenten, brauche ich davon nichts zu sagen, er sei für mich immer zu sprechen.»[27]

Einigermaßen kundige Zeitgenossen wie der Hofmarschall von Zedlitz-Trützschler waren sehr erleichtert, dass die «rosa» Liste letztlich nie beim Kaiser ankam, «da alle Gerüchte über pervers veranlagte Personen sehr vage seien, und man sich bei der Aufstellung einer solchen Liste ganz in die Hände der untergeordnetsten Beamten begeben und wahrscheinlich allen Arten von Erpressung Tür und Tor öffnen würde».[28] Der schneidige General Hülsen-Haeseler scheint in seinem Hass auf Eulenburg jedoch auf die Idee gekommen zu sein, die notwendigen Erkundigungen an der Kripo vorbei direkt bei Maximilian Harden einzuholen. Wenn jemand etwas wusste, dann er.

Der ranghöchste Hofbeamte, der Oberstkämmerer, wurde auch tatsächlich beauftragt, «bei Herrn Harden die Namen festzustellen». Offenbar mit wenig Erfolg. Maximilian Harden war nämlich in den ersten Mai-Tagen keineswegs daran interessiert, den Wirbel zu vergrößern. Er wollte gerichtliche Auseinandersetzungen unbedingt vermeiden. Er hat deshalb sogar den Reichskanzler eingeschaltet. Weit blickend fürchtete Harden, dass die Monarchie leiden werde, wenn erst mal eine Prozesslawine losgetreten werde. Er selbst rechnete damit, «wahrscheinlich physisch ruiniert» zu werden, angesichts seines schwächlichen Gesundheitszustands keine ganz abseitige Befürchtung. «Es werde Leichen geben», prophezeite Harden.[29] Ganz so schrecklich kam es nicht, aber ansonsten waren seine Ängste sehr berechtigt.

Noch durfte Eulenburg hoffen. Die «Hofaffäre» hatte sich noch nicht bis in die niederen Kreise herumgesprochen. Die Journalisten waren ahnungslos oder hielten dicht. Es war denkbar, ganz im Geheimen aus der Bredouille zu kommen. Es war Kuno, der mit einem unbedachten Schritt den großen Radau veranstaltete und nun gegen Harden zu Felde zog. Er verlor die Nerven. Er kam nicht zurecht mit seinem Sturz. Er hatte im Gegensatz zu Eulenburg eine ansehnliche Stellung im aktiven Dienst zu verlieren. Er war Stadtkommandant von Berlin gewesen, hatte an der Schlossbrücke äußerst komfortabel residiert (inzwischen hat der Bertelsmann-Konzern die historische Kommandantur als Unternehmensrepräsentanz wiederaufgebaut). Unmittelbar, nachdem der Kaiser ins Bild gesetzt worden war, hatte Moltke um seinen Abschied gebeten und sofort bewilligt bekommen. Der schmähliche Ruhestand tat weh.

Am 11. Mai klingelt bei Harden das Telefon. Es meldet sich ein Graf mit gesenkter Stimme. Sein Name bleibt unverständlich. Er kündigt seinen Besuch an, um eine äußerst wichtige Angelegenheit zu besprechen. Wie sich herausstellt, ist es der Politiker und Klosterpropst Otto von Moltke, ein Vetter von Kuno. Er verlangt von Maximilian Harden im Auftrag seines Verwandten eine öffentliche Richtigstellung. Was in der»Zukunft» zu lesen war, soll förmlich zurückgenommen werden. Harden erinnert sich: «Die mir artig gebotene Möglichkeit, meine Worte ins Harmloseste umzudeuten, benutzte ich nicht, sondern wiederholte, was ich im Dezember dem Freunde des Grafen Kuno Moltke gesagt hatte: Die Gruppe nicht normal empfindender Männer scheine mir auf diesem Platz gefährlich.»[30]

Harden wollte beides: standhaft bleiben und Ärger vermeiden. Er wittert eine Intrige. Man würde versuchen, ihm eine Beleidigung unterzuschieben und ins Gefängnis zu werfen. Niemals hatte er explizit behauptet, dass Moltke oder Eulenburg miteinander oder mit anderen Männer sexuell verkehrten. Genau das sollte aber nun offensichtlich aus den Artikeln herausgelesen werden. Am 16. Mai wird Harden noch etwas bleichgesichtiger als gewöhnlich durch seine Villa geschlurft sein: Kuno hatte eine Duell-Forderung geschickt. Otto von Moltke verlangte im Auftrag seines «Klienten» Genugtuung, «da Sie seinem gutem Ruf zu nah getreten sind».[31] Innerhalb von vierundzwanzig Stunden sollte Harden seine Sekundanten benennen. Der Journalist erweist sich als untauglicher Pistolero. Trotz starker Sprüche war Harden persönlich kein Macho. Einer wie er warf sich nicht mit Todesverachtung dem Feind entgegen. Er war Narzisst, und als solcher sehr besorgt um seine körperliche Unversehrtheit. Entsprechend deutlich war Hardens Antwort. Ein Duell komme nicht in Frage, weil es «die Feststellung des wahren Tatbestandes, die doch den Kern der ganzen Angelegenheit bildet, endgültig unmöglich machen würde». Tote konnten sich nicht mehr verteidigen - eine zwingende Logik. Das Duell kam folglich nicht zustande. Das Boulevardblatt «B.Z. am Mittag» fand das auch völlig in Ordnung: «Die Knallwäsche wirkt nicht. (...) Und wenn diese Sitte sich einbürgerte, so wäre es leicht, manchen unbequemen Mahner und Warner aus der Welt zu schaffen.»[32]

Am 24. Mai wurde die Öffentlichkeit ohne weitere Erklärung über Moltkes vorzeitigen Ruhestand informiert. Jetzt war klar, dass Kuno aus dieser Sache nicht mehr ohne Aufsehen herauskommen würde. Moltke wollte partout nicht nur Recht haben, sondern auch Recht bekommen, wollte Harden jetzt zur Strecke bringen. Nach der missglückten Duellforderung hatte er sich zunächst Hilfe suchend an die Staatsanwaltschaft gewandt. Dort wollte man ihm aber keinen Ehrenschutz geben. Der Staat habe an dieser Sache kein Interesse, hieß es kühl. Moltke fühlte sich allein gelassen und verzweifelte an Politik und Justiz. Ein untadeliger General wie er konnte sich also nicht auf Preußens

Behörden verlassen, musste sich selbst helfen. Die Krone ließ ihn fallen. Es blieb nur noch die Möglichkeit, eine «Privatklage» gegen Harden anzustrengen, das Strafverfahren also ohne Staatsanwalt in Gang zu setzen. Kuno war dazu fest entschlossen. Von Bedenken aller Art ließ er sich nicht bremsen. Am 7. Juni 1907 stellt er beim Amtsgericht Berlin-Mitte Strafantrag gegen Harden, einen Tag, bevor die dreimonatige Verjährungsfrist abgelaufen wäre.

Kaum war die Anzeige erstattet, legte die Presse jede Zurückhaltung ab. Ab sofort war die Sache eine öffentliche Veranstaltung. Für die Journalisten ein doppelter Segen: eine Riesen-Story aus dem Gesellschaftsleben, und dann auch noch am Anfang der sommerlichen Saure-Gurken-Zeit. «Sollte es nun wirklich zu einem Prozess kommen, so wird Harden ja vermutlich manches zu sagen wissen, denn einer leichtfertigen Beschuldigung kann man sich von ihm nicht versehen. Wir werden pikant-politische Enthüllungen erleben, die reichste Ernte für Gebärdenspäher und Geschichtenträger. Indessen diese Entwicklung ist nicht wahrscheinlich, denn der Rechtsbeistand des Grafen Moltke wird seinem Mandanten vermutlich sagen, dass die Verhandlung nur zu einem Triumph des Publizisten führen könne», kommentiert die «B.Z. am Mittag» die Strafanzeige Moltkes.[33] Ähnlicher Ansicht war das «Berliner Tageblatt»: «Wir sind der Meinung, dass diese Prozesse kaum zu irgend einem Resultate, und höchstens zur Aufrührung neuer Skandale führen könnten. Die Artikel der «Zukunft» enthielten keine klaren Beschuldigungen, sie deuteten die Dinge nur an, und der wahre Sinn der Worte war nur den Eingeweihten verständlich.»[34]

Harden ist über den brausenden Presse-Sturm einigermaßen erbost. Erstens kamen auf ihn nun gewaltige Kosten und Mühen zu. Er musste sich gegen das Establishment von Kaiser, Kanzler und Militär verteidigen. Zweitens dominierten ab sofort die Schlagzeilen über das Privatleben von Moltke und Eulenburg. Jeder wollte wissen: Waren sie wirklich schwul? Für die politischen Anliegen Hardens interessierte sich kaum noch jemand. Er stand plötzlich als Schmieren-Journalist da, der in der Intimsphäre anderer Menschen herumwühlt, um damit die Auflage seiner Zeitschrift zu steigern. Das typische und bis heute aktuelle Outing-Dilemma. «Dazu darf ich nicht schweigen. An diesem weit übers Ziel hinaus schallenden Getöse nicht mitschuldig scheinen», versucht Harden den «Höllenlärm» zu dämpfen. Er gibt sich alle Mühe, seinen Ruf als engagierter politischer Publizist wiederherzustellen.

«Graf Moltke ist mir als liebenswürdiger Opernschwärmer geschildert worden. (...) auf normwidrige Gefühlsregungen einzelner zum Liebenberger Kreis gehöriger Personen habe ich hingedeutet; so behutsam, wie der Anstand befahl. Auf strafbare Handlungen? Niemals. Auf ein süßliches, unmännliches, kränkliches Wesen, das am Hof seit langen Jahren bespöttelt wurde.»[35] So sah es Harden. Die übrige Presse verzerrte diese Kritik seiner Meinung nach ins Extreme, ja Unglaubwürdige. Alles faselte von einer herrschsüchtigen, perversen Clique um Eulenburg und Moltke: «Kamarilla», das Wort war plötzlich in aller Munde. Gemeint war damit ursprünglich ein kleines Zimmer, ein geheimes Seitengemach. Im übertragenen Sinne waren die Benutzer von Tapetentüren gemeint, also diejenigen, die in aller Stille und unkontrolliert von der Öffentlichkeit Einfluss nehmen auf die Mächtigen. War erst einmal eine «Kamarilla» am Werke, durfte man sich über monströse Verschwörungen nicht wundern. Angeheizt wurde die «Kamarilla»-Panik durch den Reichskanzler Bernhard von Bülow persönlich.

Bülow hatte in die halbamtliche «Norddeutsche Allgemeine Zeitung» eine Notiz einrücken lassen. Dort war nun zu lesen, was der Kanzler vor acht Monaten, im November 1906, im Reichstag gesagt hatte: «Kamarilla ist kein deutsches Wort. Kamarilla, das bedeutet eine hässliche fremde Giftpflanze, und man hat nie versucht, sie in Deutschland einzupflanzen ohne großen Schaden für das Volk.»[36] Warum stand genau dieses Zitat plötzlich ohne weitere Erklärung wieder in der «Norddeutschen»? Wollte Bülow vor aller Welt deutlich machen, dass er schon vor einem halben Jahr vor der Unheil bringenden «Kamarilla» gewarnt hatte? In der Presse wurde die merkwürdige Aktion als mehr

Aus dem «Simplicissimus»:
Die Kamarilla lebt – und ist umwuchert von Fliegenpilzen.
Eine Illustration von Th. Th. Heine,
dem damaligen Star-Karikaturisten für
politisch-gesellschaftliche Affären

oder weniger deutliche Distanzierung von Eulenburg gewertet. Freund Bülow ging in Deckung.

Das auflagenstarke Lieblingsblatt des Kaisers, der «Lokalanzeiger», fragte offenbar besorgt im Berliner Schloss nach, wie man auf das «Kamarilla»-Geschwätz reagieren sollte. Die Zeitung war bekannt dafür, in solch heiklen Fällen möglichst die Meinung von Wilhelm persönlich einzuholen oder zumindest seine engste Umgebung «anzuzapfen». Natürlich wurden die entsprechenden kaiserlichen Stellungnahmen immer ohne Angabe der Quelle gedruckt – so auch diesmal: «Es hieße den Charakter und die Selbständigkeit des Urteils unseres Kaisers vollständig verkennen, wenn man seinen Hof für einen geeigneten Boden für politische Intrigen halten wollte. Unser Kaiser besitzt bekanntermaßen einen großen Kreis von Vertrauten, deren Ansicht über Tagesfragen aller Art er, wie es sein gutes Recht ist, neben der Ansicht der verantwortlichen Minister von Zeit zu Zeit zu hören pflegt: Aber daraus auf eine unverantwortliche Nebenregierung schließen können nur solche Leute, die von der Persönlichkeit und dem starken Willen des Monarchen keine Ahnung haben. Wir werden infolgedessen von diesen Quertreibereien, deren Zweck zu durchsichtig ist, nach wie vor keine Notiz nehmen.»[37] Das war zwar vornehm gedacht, ließ sich aber natürlich nur wenige Monate durchhalten. Als die Prozesslawine losbrach, räumte auch der Lokalanzeiger seine Seiten frei für eine umfassende Berichterstattung.

«Die Idee der politischen Kamarilla ist eigentlich bei der Veranlagung des Kaisers und bei seiner ständigen Sorge, unter einen solchen Einfluss zu kommen, falsch», sinnierte viele Jahre später der Hofmarschall des Kaisers, Zedlitz-Trützschler: «Sie ist wenigstens nur insofern richtig, als es die Art des Kaisers war, die wichtigsten schwebenden Fragen häufig mit Personen, die gerade in der Umgebung waren, zu diskutieren, wodurch jeder, auch der unbedeutendste Flügeladjutant, durch ein hingeworfenes Wort Einfluss ausüben kann. Aus diesem Grund wird man auch die wirklich regierende Kamarilla niemals finden oder ausrotten.»[38] Nach dieser Lesart ist die «Kamarilla» also ein Hirngespinst. Manches spricht dafür, dass es einen abgeschotteten Kreis von Einflüsterern wirklich nicht gegeben hat. Viele hatten Einfluss. Oft entschied der Zufall, wem der Kaiser sein Ohr lieh, wem er gerade Glauben schenkte. Dennoch werden die Historiker bis heute nicht müde, einer unheilvollen Clique von Machtmenschen rund um den Kaiser die Schuld an Deutschlands Katastrophe zuzuschieben. Besagte «Kamarilla» aus Generälen, Wirtschaftsführern und Günstlingen sei übermächtig geworden.[39] Schenkt man dieser Behauptung Glauben, kommt Männern wie Eulenburg und Moltke natürlich eine gehörige Portion Mitverantwortung am Scheitern des zweiten Kaiserreichs zu. Der Kaiser wird dagegen von vielen Vorwürfen freigesprochen und geradezu als Marionette seiner Umgebung hingestellt. Wie dem auch sei: Die «Kamarilla» bleibt mächtig im Gerede, auch hundert Jahre nach ihrem Ableben.

Das Deutsche Kaiserreich war eben ein sonderbares Gebilde. Die Machtverteilung war viel komplizierter und undurchschaubarer als zum Beispiel in England oder Frankreich. Neben dem Kaiser hatten natürlich die Könige und Fürsten des Reiches mitzureden. Der Kanzler mit seiner Verwaltung, die Diplomaten, die Armee, der Reichstag und die Länderparlamente, die adeligen Großgrundbesitzer, die Verbände: Sie alle hatten Macht und Kompetenzen, aber eine entsprechend moderne Verfassung gab es nicht. Deutschland war eine «verspätete» Nation, hinkte den westeuropäischen Nationalstaaten hinterher. Der Kaiser träumte immer noch vom Absolutismus vergangener Jahrhunderte. Das machte viele misstrauisch, und deshalb war das Gerede von einer «Kamarilla» für den Monarchen und die übrigen Machtteilhaber so gefährlich.

Wilhelm II. selbst war nach den schrecklichen Mai-Tagen fest entschlossen, «neue Menschen für seinen Verkehr zu suchen».[40] Eine rein emotionale, sehr spontane Reaktion, wie oft bei ihm. Nicht umsonst nannte man ihn in Süddeutschland «Wilhelm, den Plötzlichen». Wenn es um die Trennung von Weggefährten ging, war der Kaiser nicht sentimental. All die Freundschaftsschwüre, all die pompösen Worte waren schnell vergessen.

Leute wie Philipp und Kuno waren zwar unterhaltsam gewesen, aber irgendwie auch fremd geblieben bei Hofe. Ihre romantische Schwärmerei passte nicht zum auftrumpfend-neureichen Gehabe des Kaisers und seiner Umgebung. «Moltke wird gereinigt oder gesteinigt», soll Wilhelm II. verlangt haben. Der Monarch war sich in keiner Weise darüber im Klaren, was seine harte Gangart für Folgen haben konnte. Kam es zum Prozess, würde der ganze Hof vor Gericht stehen, denn die Öffentlichkeit würde sich fragen, warum der Kaiser zwanzig Jahre lang ahnungslos den «falschen» Umgang pflegte. Die Schlagzeilen würden für Unruhe und eine derbe Blamage sorgen.

Der Kaiser stand jedoch unter Druck. Zögerliches, nachsichtiges Verhalten hätte ihm genauso geschadet wie die neue Unerbittlichkeit. Die hohen Offiziere verlangten ein rücksichtloses Aufschneiden der «Eiterbeule». Kuno von Moltke sollte umgehend seine Uniform, Philipp Eulenburg seinen gerade erst verliehenen Schwarzen-Adler-Orden abgeben. Die Scharfmacher in Uniform, die Generäle, sollen es gewesen sein, die überhaupt dafür sorgten, dass alles auf eine öffentliche Abrechnung, auf eine Serie von Gerichtsverfahren zutrieb. Reichskanzler Bernhard von Bülow schob den höheren Offizieren bei Hofe die Hauptschuld am Skandal zu. Sie hätten sich «trotz meinem Abraten und Warnen und gegen das Staatsinteresse» durchgesetzt mit der harten Linie.[41] Dem Kaiser blieb jedoch kaum etwas anderes übrig: Er sah sich urplötzlich als miserabler Menschenkenner entlarvt. Man hatte ihn anscheinend hintergangen und blamiert. Das nagte am übersteigerten Selbstwertgefühl. Jetzt war Stärke gefragt. Er fände den Kanzler «zu gutmütig, nicht energisch genug», soll Wilhelm II. unmittelbar nach der Enthüllung im Mai 1907 geklagt haben. Bülow müsse sich «endlich aufraffen» gegen Eulenburg und Moltke.

Der Kanzler bekam vom Monarchen den harschen Befehl: «Ich erwarte hiernach, dass Eulenburg sofort seine Pensionierung nachsucht. Sofern die gegen ihn erhobenen Anschuldigungen wegen perverser Neigungen unwahr sind und sein Gewissen Mir gegenüber vollständig frei und klar ist, sehe Ich einer un-

Familie Eulenburg:
Sehr bezeichnend die Aufstellung – Philipp steht zwischen seiner Mutter und seinem Privatsekretär Kistler. Seine Frau (Mitte, sitzend) schaut befremdet hinüber. Neben Augusta Eulenburg: «Lycki», die Tochter, die für viel Aufregung sorgte.

zweideutigen Erklärung von ihm hierüber entgegen, worauf er gegen Harden vorzugehen hat. Andererseits erwarte Ich, dass er unter Rückgabe des Schwarzen Adlerordens und Vermeidung jeden Aufsehens alsbald das Land verlässt und sich ins Ausland begibt.»[42] Bülow will diese herbe Order am 31. Mai «in möglichst schonender Weise» an Eulenburg übermittelt haben. In dem entsprechenden Brief verweist der Kanzler auf die leider sehr stark entwickelte «Vorstellungskraft» des Kaisers.

Eulenburg legte sich in Liebenberg ins Bett und haderte mit seinem Schicksal. Er verbarrikadierte sich hinter seinen Krankheiten. Beleidigt und ungehalten war er über die «abscheuliche Rohheit» des Kaisers - und des Kanzlers. Er fühlte sich in hässlicher Form abgeschlachtet, zeigte allerdings mit viel Sarkasmus Verständnis dafür, dass der Kaiser nach Lage der Dinge «einen unbequemen Freund los sein will».[43] Als Diplomat erfasste Eulenburg seine heikle taktische Lage und fürchtete zu Recht, von

Wilhelm zum bösen Popanz aufgeblasen zu werden, sah die große Gefahr, «dass ich ihm nun so schuldvoll, so schlecht als irgend möglich sein muss, damit er seine Handlungsweise vor der Öffentlichkeit motivieren kann». Je düsterer er gezeichnet wurde, desto heller würde der Kaiser strahlen.

Bezüglich perverser Neigungen sei sein Gewissen «völlig klar und rein», antwortete Eulenburg. Er zeigte sich bereit, alle vorgelegten Briefe an Moltke «auf ihre Echtheit und ihren Zusammenhang nach Form und Inhalt» zu prüfen. Man sei auch in höchsten Kreisen nicht davor gefeit, «nachträglich Gerüchte zu vernehmen». Die Pflicht verlange in solcher Situation, den «Gerüchten erst auf den Grund zu gehen und sie auf ihre Wahrheit zu prüfen, ehe man sich ein abschließendes Urteil gründet». Das war fast schon frech, auf jeden Fall selbstbewusst. Ein direkter Vorwurf an den Kaiser, zu voreilig und leichtgläubig zu sein.[44]

Bülow will fest überzeugt gewesen sein, dass alle Vorwürfe gegen Eulenburg unbegründet waren, wenngleich in Liebenberg «spiritistischer Unfug» getrieben worden sei.[45] Der Kanzler beteuerte später, ihm sei es darum gegangen, dass «so weit dies unsere Gesetzgebung zuließe, nicht zur Freude des Auslands zu viel Skandal öffentlich breit getreten würde».[46] Das klingt, als ob Bülow nach Kräften versucht hat, Prozesse zu verhindern. Politiker sagen aber bekanntlich gern das Eine und machen das Andere. Deshalb spricht viel dafür, dass Bülow mehrgleisig fuhr, das Feuer vielleicht sogar heimlich nach Kräften anfachte, um die missliebigen Konkurrenten Philipp und Kuno zu beseitigen.

Harden vermutete ein falsches Spiel. In Wirklichkeit, so Harden, habe sich Bülow gerade von einem sensationellen Prozess handfeste persönliche Vorteile erhofft, nach dem Motto: Erst Eulenburg und Moltke abservieren, dann Harden ausschalten. Absichtlich habe Bülow alle Kompromissangebote kleingeredet beziehungsweise ganz unterschlagen. Harden will zum sofortigen und dauerhaften Schweigen bereit gewesen sein, doch Bülow habe das ignoriert. «Der Kanzler des Deutschen Reiches lässt den Skandal erzwingen. Weil er, unklug wie immer, gehofft hat, ich stehe mit ziemlich leeren Händen (da), und er könne auch den zweiten Unbequemen bei dieser Gelegenheit loswerden.»[47] Tatsächlich soll Bülow sogar versucht haben, Harden zu einem Prozess gegen Eulenburg aufzuhetzen. Der Herausgeber der «Zukunft» war zu schlau, um diesen hinterhältigen Rat zu beherzigen. Als Angeklagter hätte Philipp Eulenburg nämlich das Recht gehabt, die Aussage zu verweigern, hätte keinen Eid leisten müssen, hätte lügen können, «so viel ihm gefällt».

«Sind die Leute denn wahnsinnig?», fragte sich die Schwester des Kaisers entgeistert, als sie von Moltkes Beleidigungsklage erfuhr. «Wollen sie dies wirklich bestreiten? Das weiß doch alle Welt.» Sie ahnte, dass juristische Auseinandersetzungen der falsche Weg waren. Dem Kaiser dämmerte das erst, als die ausländische Presse hämisch über die Verhältnisse am deutschen Hof herzog. Verbittert notiert Wilhelm II.: «Warum hat der schlappe Kuno nicht als schneidiger Offizier gleich seine Ehre verteidigt? Dann wäre diese entsetzliche Wirtschaft nicht gewesen.»[48] Ein Duell mit tödlichem Ausgang, solch ein Reinigungs-Ritual war im Nachhinein für den Kaiser der richtige Umgang mit der Beleidigung. Pech für Kuno, dass Harden dem sehnlichst gewünschten Kugelwechsel ausgewichen war.

In dem sommerlichen Donnerwetter von Schlagzeilen blieb Maximilian Harden erstaunlich gelassen. Sechs Wochen widmete er dem Skandal im eigenen Blatt keine Zeile. Alles redete über «Philly» und «Tütü», Harden schwieg. Erst Mitte Juni 1907 greift er wieder öffentlich ein, empört, weil verschiedene Zeitungen von seinem «Rückzug» gegenüber Eulenburg berichtet hatten. Harden konnte vieles verkraften, solange seine Eitelkeit nicht verletzt wurde. Aber ein «Rückzug»? Das wollte er nicht auf sich sitzen lassen.

Philipp Eulenburg hatte gegen sich selbst ein Disziplinarverfahren angestrengt, um sich «reinzuwaschen». Er wollte gerichtlich feststellen lassen, dass er nicht homosexuell veranlagt war. Natürlich war die Justiz damit überfordert: Sie hätte bestenfalls bestätigen können, dass er nie gegen einschlägige Paragraphen verstoßen hatte, nie verurteilt worden war. Eulenburg überschätzte also die Möglichkeiten des Disziplinarrechts gewaltig.

Anders als Kuno hatte Philipp solide juristische Kenntnisse, aber er nutzte sie in eigener Sache nicht. Blind stürzte er sich in eine Auseinandersetzung, die er vor den Schranken der Gerichte nicht gewinnen konnte.

Der für Liebenberg zuständige Staatsanwalt Nölting in Prenzlau behandelte die Angelegenheit routinemäßig und ließ Harden als Zeugen vernehmen. Am 15. Juni sollte der Journalist Genaueres mitteilen über seine Beweise gegen Eulenburg, damit sich klären ließ, ob der Fürst strafrechtlich zu belangen war. Nur: Harden hatte Philipp niemals in flagranti mit einem Mann erwischt. Er hatte auch keine Beweise für verbotene sexuelle Praktiken. Was konnte er also beisteuern zu diesem Verfahren? Nichts. Entsprechend logisch seine Aussage, er habe niemals behauptet, «dass Fürst zu Eulenburg sich gesetzlich strafbarer Handlungen schuldig gemacht habe». Er könne irgendwelche strafbaren Handlungen Eulenburgs auch nicht bezeugen, da er persönlich niemals entsprechende Beobachtungen gemacht habe.[49] Mehr wollte Harden an dieser Stelle nicht sagen, denn erstens musste er seine Informanten schützen und zweitens hatte Kuno von Moltke soeben einen Beleidigungsprozess gegen ihn losgetreten. Harden war damit Angeklagter und hatte ein Aussageverweigerungsrecht. Staatsanwalt Nölting konnte die Akte vorzeitig schließen. Unter dem Aktenzeichen 3 J 383 07 15 bekam Eulenburg einen Bescheid, der ihn entlasten sollte, tatsächlich aber völlig wertlos war. «Die Ermittlungen haben ein Eure Durchlaucht belastendes Ergebnis nicht gehabt, der Schriftsteller Harden hat, gerichtlich als Zeuge vernommen, erklärt, dass er niemals ausgesprochen habe, dass Eure Durchlaucht sich gesetzlich strafbarer Handlungen schuldig gemacht hätten (...).»[50] So weit, so schlecht. Das anscheinend defensive Verhalten des «Zukunft»-Herausgebers werteten Teile der Presse nämlich als Niederlage, als Demütigung, was den eitlen Harden zur Weißglut trieb.

Dabei war der Journalist zunächst ausgesprochen zufrieden gewesen mit seiner Vernehmung durch den «artigen» Richter, der das ganze Verfahren als «Hokuspokus» bezeichnet haben soll. Eulenburg sei jetzt unter Druck, vermutete Harden frohgemut: «Nach dieser Erklärung muss er klagen oder untertauchen, glaube ich.»[51] Es roch nach einem großen Sieg, meinte der Journalist – und musste dann zu seiner großen Empörung spitze Bemerkungen lesen, wonach er «eingeknickt» sei. Das nagte an ihm. Das brachte ihn auf die Palme: «Wer behauptet, in dieser Aussage sei der Wille zu einem ‹Rückzug› zu spüren, ist ein Ignorant oder fälscht wider besseres Wissen die Wahrheit», ereiferte sich Harden. Die Zeitungen hätten ihn «angespieen». Er sei das Opfer von Neid und Wut. Seine Kritiker beschimpft er als «Memmen», denen der Hosenboden zittert. «Wer mich jetzt schmäht, schädigt die wichtige Sache,» warnt Harden. Am Ende werde Eulenburg sogar wieder rehabilitiert sein, umstrahlt von einer Gloriole.[52] Harden fühlte sich verfolgt – vom Reichskanzler, von der Presse. Es werde Tote geben in diesem Kampf, seine «Abschlachtung» werde betrieben: «Ich habe eine gute, patriotische Sache nobel, selbstlos, tapfer geführt. Ich werde vor der ganzen Welt als ein frivoler Feigling und Verleumder hingestellt.»[53]

Rein geschäftlich erlebte Harden in diesen Wochen den Höhepunkt seiner Laufbahn als Herausgeber. Jeweils freitags lag seine Zeitschrift an den Verkaufsstellen, erreichte sie die erwartungsvollen Abonnenten. Früher hatte die Auflage bei eher bescheidenen sechstausend Exemplaren gelegen. Durch die Angriffe auf Philipp und Kuno stieg die Verbreitung bis auf siebzigtausend Hefte. Ein kurzzeitiger, aber eindrucksvoller Erfolg. Die großstädtische intellektuelle Jugend war verrückt nach diesem Wochenmagazin. Die «Zukunft» war Kult: «Freitagnachmittags und sonnabends hielt im Berliner Westen jeder fünfte Mann eines der schmalen braunen Hefte in der Hand. Wir jüngeren Leute aber rissen uns im Café die neue Nummer aus den Händen. Der beste Teil der Jugend war passioniert, weil sie klug und dreist gesagt fand, was sie politisch, sozial und künstlerisch bewegte», erinnert sich der Kulturjournalist und zeitweilige Harden-Mitarbeiter Karl Scheffler.[54] Für ihn war Harden ein echter Star, im guten wie im schlechten Sinne. Scheffler verdanken wir einen entlarvenden Blick hinter Hardens notorische Eitelkeit: «Wie fast alle Autodidakten litt Harden wirklich an einer eingeklemmten Schüchternheit und Unsicherheit. Dafür rächte er sich durch Schärfe und Bestimmtheit beim Schreiben, sein Stil war eine Überkompensierung.» Karl Scheffler zeichnet einen schüchternen, verklemmten, unglaublich eitlen, aber auch gehässigen Harden: Wo er war, verbreitete sich sofort «Theaterluft».[55]

Persönlich war der Journalist übrigens äußerst diszipliniert, ein Arbeitstier, vor allem nachts. Harden gönnte sich nur eine richtige Mahlzeit am Tag, trank ansonsten Tee und aß vor dem Schlafen gehen etwas Obst. Jahrzehnte vor der Jogging-Bewegung lief Harden bereits durch den Grunewald, um seine Fitness zu steigern. Meist mittwochs, wenn das Manuskript für die neue «Zukunft» abgeschlossen war und vom Setzer abgeholt wurde. Harden war ein Leistungsfanatiker. «Er konnte nicht lachen, hatte keinen Humor und nicht genug Selbstironie, er war zu sehr Pathetiker und litt an allem.»[56] Was für ein Gegensatz zum Genussmenschen Eulenburg!

«In den Lustgärten des eigenen Geschlechts»
Sommerliche Eiszeit

Es war ein gespenstischer Sommer 1907 für Philipp und Kuno. Sie waren kaltgestellt, entmachtet, isoliert, gesellschaftlich unmöglich geworden. Harden hatte scheinbar auf der ganzen Linie gesiegt. Und nun das große Schweigen. Die erste Welle des Skandals war vorübergeschwappt. Die Zeitungen beruhigten sich wieder. Eulenburg und Moltke rutschten aus den Schlagzeilen. Anderes war wichtiger. Bis zum Herbst machte die Affäre Pause. Kuno hatte sich nach Breslau zurückgezogen. Philipp versank auf dem Liebenberger Landsitz im Selbstmitleid. Seine Droge war nicht eigentlich die Macht gewesen, sondern deren Aura, die Nähe zum Zentralgestirn. Diese Sehnsucht teilte Eulenburg mit den allermeisten Zeitgenossen. Im «Simplicissimus» machte sich Ludwig Thoma alias «Peter Schlemihl» über den damaligen Herzenswunsch aller Erfolgsmenschen lustig:

Kamarilla

Was bringt des Königs Gnadensonne
An Blüten und an Frucht hervor?
Nur allerschönste Augenwonne
Und überreichen Blumenflor?

Sie blicken durch das Gitter
Und riechen in die blaue Luft,
Und Sie empfinden es wohl bitter,
So fern zu sein dem holden Duft?

Herr Meier, halten Sie nur inne
Mit ihrem Lob der Herrlichkeit!
Es wächst in mancher Straßenrinne,
Was hier herum am Hof gedeiht.

Wenn Sie die Nase näher halten
An alles, was hier gleißt und blinkt,
Wird die Bewunderung erkalten.
Denn, hochverehrter Freund, es stinkt.[57]

Während Eulenburg viel Zeit hatte zum Alpträumen und Nachdenken, wurde die schwule Subkultur von einem unerwarteten Wettersturz erfasst. Bis jetzt hatte die Polizei oft weggesehen, zumindest in Berlin. Man war geradezu stolz auf seine «lasterhaften» Ecken. Kriminalkommissare der Sittenpolizei führten die prominenteren Besucher der Hauptstadt gern zu «gewissen Orten», um damit Eindruck zu machen.[58] Doch mit solchen Exkursionen war es nun vorbei. Die Enthüllungen alarmierten die Öffentlichkeit, führten innerhalb weniger Wochen zu einem Klima der Intoleranz, ja hasserfüllten Ablehnung. Kripo-Experte

Hans von Tresckow schreibt rückblickend, der Sturz von Eulenburg habe den Homosexuellen «mehr geschadet, als genützt», denn «die öffentliche Meinung war mit Recht über das aufdringliche Gebaren dieser Leute empört»[59]. Der Sexualforscher Magnus Hirschfeld spricht einige Jahre später von «wahren Wutparoxysmen» gegen Homosexuelle im Sommer 1907.[60] Hirschfeld zitiert einen höheren Regierungsbeamten mit den Worten: «Für Toleranz der Homosexuellen wären wir zu haben gewesen, nicht aber für ihre gesellschaftliche Gleich- oder gar Höherwertung. Man hat von der heterosexuellen Mehrheit zu viel gefordert, deshalb gewährt sie gar nichts.»

Die schwule Subkultur brach zeitweise völlig zusammen und konnte sich bis zum Ersten Weltkrieg von den Schockwellen der Eulenburg-Affäre nie mehr ganz erholen. Ein tragikomisches Beispiel dafür ist ein bejahrter Graf, der in jenem fatalen Sommer niedergeschlagen Unter den Linden entlang spazierte. Die Affäre um Eulenburg und Moltke hatte ihn um sein größtes und wohl auch teuerstes Vergnügen gebracht: das Tragen von aufwändigen Damenkleidern. Die «ungünstige Volksstimmung» machte solche Hobbys ab sofort gefährlich. Als Magnus Hirschfeld dem deprimierten Transvestiten zufällig auf Berlins vornehmster Flaniermeile begegnete, vermutete er zunächst eine Erpressergeschichte. Doch die trübe Stimmung des vornehmen Herrn mit den «sehr weibischen Allüren» hatte nur indirekt mit Geldforderungen zu tun. Der Graf trauerte über sein neuestes, «wunderbares» Modellkleid, das er sich beim «ersten Pariser Damenschneider» für die Ballsaison hatte anfertigen lassen. Berliner Großgastronomen lockten mit ihren Kostümfesten europaweit die Gäste an. Doch nach den Eulenburg-Schlagzeilen waren die farbenprächtigen Bälle polizeilich verboten worden.[61] Eine bittere Enttäuschung für den Grafen, den man heute wohl als «fashion victim» bezeichnen würde. Er hatte eine schmerzliche Fehlinvestition zu verkraften. Immerhin sollen solche Pariser Spezial-Anfertigungen bis zu zweitausend Franken gekostet haben.

Mit der polizeilichen Großzügigkeit war es vorbei. Am 10. Juni

Aus «Lustige Blätter»:
Nachtleben in Potsdam –
die Soldaten locken im Dunkeln mit
Handtäschchen und Schminke.
«Na, Dicker, willst Du mitkommen?»

1907 lässt Kriminalinspektor Tresckow in Berlin einen schwulen «Massagesalon» ausheben und durchsuchen. Angeblich war das Etablissement ein beliebter Treffpunkt von Soldaten und Homosexuellen, wurden Orgien gefeiert. Der dortige Zeremonien- und Bademeister Kurt Podeyn war zeitweise Schauspieler gewesen. In der Schönhauser Straße 9 am Prenzlauer Berg hatte er sein «Kurbad Zentrum» aufgemacht, ein beliebter Treff für die Bewunderer gut gebauter Männerkörper.[62] Höchste Persönlichkeiten sollen zu den Stammgästen gehört haben: Prinzen, Grafen, sogar ein gekröntes Haupt. Zum polizeilichen Einschreiten hatten die Erkenntnisse bis dahin allerdings nicht ausgereicht. Nun, nach dem Outing von Eulenburg, hielten sich die Ordnungshüter mit solchen Bedenken nicht mehr lange auf.

Die Durchsuchungsaktion verlief ruhig und ohne besondere Ergebnisse, denn Podeyn, besser bekannt unter seinem Spitznamen «Baronin von Schönhausen», war durch die tagelangen Schlagzeilen rund um das Treiben der Homosexuellen offensichtlich vorgewarnt. «Er gab ohne weiteres zu, selbst homosexuell veranlagt zu sein und den Besuch von Homosexuellen zu empfangen; er leugnete nur die Kuppelei. Er behauptete, die zahlreich bei ihm aus- und eingehenden Soldaten als Masseure auszubilden. Die bei ihm vorgefundenen Aktphotographien männlicher Personen, versicherte er, hätten unbekannte Besucher, die zur Massage kamen, zurückgelassen. Als ich bei seiner Vernehmung andeutete, dass er auch sehr hoch stehende Leute empfangen und zu seinen Kunden gezählt hatte, lächelte er geschmeichelt, behauptete aber, aus Gründen der Diskretion keine Namen nennen zu können.»[63] Für ein Strafverfahren reichten die Akten nicht aus. Der Masseur beteuerte jedoch, er wolle sich ins Privatleben zurückziehen.

Von Tresckow sorgt nach den ersten Schlagzeilen um die «Hofaffäre» auch dafür, dass der Berliner Tiergarten wieder «sauberer» wird. Er lässt über den Polizeipräsidenten ein Rundschreiben an das Militär schicken. «Die Soldaten benehmen sich in dieser Gegend wie die Prostituierten. Sie bieten sich den Homosexuellen, die zumeist den gebildeten Kreisen angehören, direkt an. Vor kurzem ist es sogar passiert, dass dem dort zufällig spazieren gehenden Minister von Bethmann ein derartiges Angebot gemacht wurde. Als er mir dieses entrüstet mitgeteilt, hatte ich durch Patrouillen die dortige Gegend beobachten lassen. Meine Beamten meldeten mir, dass das dortige Treiben geradezu ärgerniserregend sei.»[64] Fortan geben sich die Kommandeure der Potsdamer und Berliner Regimenter bei Inspektor von Tresckow die Klinke in die Hand, um zu erfahren, wie man gegen das homosexuelle «Unwesen» in der Armee vorgehen könne. Die wilhelminische Männergesellschaft hatte sich viel vorgenommen. Härter seinen Mann stehen, härter durchgreifen, lautete die Losung. «Man sagt mir, ich ahnte nicht, in welchem Umfang das homosexuelle und anderes perverse Treiben besonders in Potsdam grassiert habe», schreibt Harden in Alarmstimmung.[65]

Hardens frühe, durchaus differenzierte Ansichten über die Homosexuellen werden nach seinem Frontalangriff auf Eulenburg Jahr für Jahr reaktionärer, bitterer. Entgeistert schreibt er 1913, dass die Kameradschaft bei Homosexuellen stärker sei als bei Ordensbrüdern und Maurern. «Überall sitzen Männer aus dieser Sippe: an Höfen, in Armee und Marine auf hohem Posten, in Ateliers, in den Redaktionen großer Zeitungen, auf den Stühlen der Händler und Lehrer, der Richter sogar. Alle verbünden sich gegen den gemeinsamen Feind. Viele blicken auf den Normalen schon wie auf ein niederes Wesen von zulänglicher ‹Differenziertheit› herab. Tausende fühlen es wie Schmach und Rassengefahr; dürfen sich aber nicht regen, weil sie Einen in der Familie haben und ‹Rücksicht nehmen müssen›. Das hatte ich nicht gewusst. Seit ich's weiß, bin ich nicht mehr so duldsam gegen das endemisch gewordene Übel.»[66] Man könnte das als Fall eines Sonderlings abhaken, wenn nicht auch der Großteil der deutschen Öffentlichkeit seine Ansichten in derselben Weise geändert hätte. Aus der früheren, distanzierten Gleichgültigkeit gegenüber Homosexuellen wurde eine entschiedene, aggressive Abneigung.

Gerade rechtzeitig zur Eulenburg-Affäre veröffentlicht der

Satiriker Otto Julius Bierbaum seinen dreibändigen Roman «Prinz Kuckuck». Größte Aufmerksamkeit ist ihm sicher, denn man sucht mit roten Ohren die «Stellen» über das Leben der Homosexuellen. Bierbaum gehört zu den Mitarbeitern Hardens und wird frühzeitig über das Treiben von Philipp und Kuno informiert gewesen sein. Manches im «Prinz Kuckuck» liest sich jedenfalls als direkte Anspielung auf das Schicksal Eulenburgs. So ist von einem größenwahnsinnigen Buchprojekt zur Verherrlichung von Wilhelm II. die Rede. Erdacht wird das Prestige-Vorhaben in Bierbaums Roman von dem geistlosen, geldgierigen und schwulen Schriftsteller Karl Kraker. Mit dieser Figur soll Eulenburg ohne Zweifel lächerlich gemacht werden. Der fiktive Gelegenheits-Schreiber Kraker erlebt sein Coming-out im Klub zur «Grünen Nelke» in London. Dort sehen sich die vornehmen, schwulen Herren selbst als «von Natur und durch Geschmack Bevorzugte», umgeben sich mit erlesenen Gegenständen aus dem alten Griechenland, huldigen folgerichtig der Knabenliebe. Bierbaum strickt fleißig an der damals populären Mär, dass sich die Homosexuellen als perverse Elite begreifen. «Aristokraten auch in der Erotik. Dass sie gleichzeitig unendlich korrekt waren, jeden Anstoß nach außen aufs peinlichste vermieden, sich in der Welt ohne den leisesten Anschein einer anrüchigen Besonderheit bewegten und alle Pflichten ihres Standes inmitten einer sehr unhellenischen Welt aufs genaueste ausübten bis zum regelmäßigen Kirchenbesuch und standesgemäßer Verehelichung – das machte sie Karl noch besonders sympathisch. Er sah hier mit wahrem Entzücken bereits existent, was er für Deutschland erst erträumte: die streng abgeschlossene Genusswelt einer Kulturaristokratie, die innerhalb ihres allem Gemeingültigen enthobenen Kreises nach eigenen Gesetzen lebt und sich wohl hütet, die Menge zur Mitwisserin der höchsten Genussgeheimnisse zu machen.»[67] Hier wird die schwule «Kamarilla», der Geheimbund, in satirischer Überzeichnung zum Gespött gemacht.

Ein bis heute anonym gebliebener Autor macht 1907/1908 aus der Eulenburg-Affäre flugs den Roman «Liebchen». Dort wird der schwule Bankdirektor Paul Muxberg Opfer einer Pressekampagne der Wochenzeitschrift «Das Licht». Ausführlich wird die Leidenschaft der vornehmen Homosexuellen für das einfache Milieu der harten Burschen beschrieben: «Er sehnte sich nach den Umarmungen dieses Jünglings aus dem Volke, er fieberte, wenn er an die eine Nacht dachte, die er damals mit ihm zugebracht hatte, und manchmal ertappte er sich, dass er, ohne dass er es wollte, durch die Straßen schlich, wo er ihn zu treffen hoffte.»[68] Natürlich endet die Geschichte tragisch: Direktor Muxberg feiert auf seiner Luxus-Yacht eine letzte Orgie und springt in die Havel. Ganz nebenbei wird erwähnt, wie aufgebracht die schwule Szene Berlins über das unerwünschte öffentliche Aufsehen ist: «In den Kreisen der Freundschaftsmänner war man äußerst peinlich berührt. Die Herren scheuten jeden Skandal in der Öffentlichkeit und waren sehr verärgert über Muxberg, weil er neuen Grund für die Beleuchtung ihres eigenen Lebens gegeben hatte.»[69] Das darf man getrost als direkte Meinungsäußerung zum Fall Eulenburg werten.

Für Deutschlands erste, bereits bestens organisierte Schwulenbewegung war der Fall Eulenburg eine Katastrophe. Es dauerte ein paar Wochen, bis man dort den Klimasturz bemerkte. Noch im Juli 1907 ist das «Wissenschaftlich-humanitäre Komitee» (WHK) um den Arzt und Sexualforscher Magnus Hirschfeld durchaus optimistisch gestimmt. Man hat geradezu bizarre Erwartungen. Wenn der Kaiser erst einmal Näheres erfahre über die Schwulen und ihr Schicksal, werde sicherlich der § 175 abgeändert. Bis dahin habe der Monarch einfach zu wenig Informationen gehabt. Sobald ihn Fachleute aufklärten über die vielen tausend Homosexuellen, werde er «Verständnis und Mitleid» haben, hofft Hirschfeld. Er wendet sich in völliger Verkennung der Stimmungslage sogar an den Preußischen Kultusminister, um einen Vortrag direkt vor dem Kaiser zu beantragen. Natürlich bekommt Hirschfeld eine harsche Absage.[70] Der Sexualforscher muss schnell erkennen, dass sein anfänglicher Optimismus völlig unangebracht war: «Wenn der Fall Eulenburg tatsächlich zur baldigen Abänderung des § 175 beitragen sollte, dann ist die Erfüllung dieser seit Jahren verlangten Kulturforderung nicht zu teuer erkauft durch die Bloßstellung Einzelner, denen die Genugtuung bleibt, Tausende Gleichfühlender in Zukunft vor der Vernichtung ihrer Existenz gerettet zu haben.»[71] Hier wird also noch ganz auf das «Outing» als Mittel zur Emanzipation gesetzt. Werde die allgemeine Unkenntnis beseitigt, so die große Hoffnung, würden sich die Dinge von allein zum Vorteil der Homosexuellen wenden.

Die Illusionen waren schnell verflogen. Die Berichterstattung über das Unwesen der angeblich homosexuellen Günstlinge bei Hofe hatte breite Schichten der Bevölkerung geradezu fanatisiert. Vor Hirschfelds Institut für Sexualforschung in Berlin-Tiergarten wurden Zettel verteilt mit der Aufschrift: «Dr. Hirschfeld eine öffentliche Gefahr – die Juden sind unser Unglück!» Es wurde im Text des Flugblatts für einen antisemitischen Vortrag geworben. Hirschfeld setzte seine Vortragsreihe über Sexualität und Wissenschaft trotz der aufgeheizten Stimmungslage fort. In Berlin, Breslau und Dresden sprach er vor einem überraschend verständigen Publikum. Lediglich in Danzig musste er einen geplanten Auftritt absagen. Dort war ein Aushang am schwarzen Brett der Universität angebracht worden, der sich an die «unverdorbene» akademische Jugend richtete: «Es gilt, dem Protest gegen heuchlerisch verschleierte oder beschönigte, also beförderte widernatürliche Unzucht von vornherein nicht misszuverstehenden Ausdruck zu geben.» Ein «Jugendfreund» hatte diesen Appell unterzeichnet. Das ließ einen lautstarken Protest erwarten, womöglich sogar Handgreiflichkeiten. Hirschfeld zog es vor, ein Telegramm aufzugeben und in Berlin zu bleiben.[72]

Tiefe Depression legte sich über das gerade zehn Jahre alte Wissenschaftlich-humanitäre Komitee. Von der «schwersten Krisis» war die Rede. Die Einnahmen sanken auf die Hälfte. Boshaftigkeiten und Streit schwächten die eigenen Reihen: «Da fühlte einer sich zurückgesetzt, seine Vorschläge nicht genügend beachtet, ein anderer seine Spezialinteressen nicht ausreichend vertreten, seine Artikel nicht gedruckt, (...) da wurde genörgelt und entstellt, da wurden Schmähschriften verfasst und verschickt, kurz, es wurde durch innere Zersetzung mehr vernichtet, als durch äußere Angriffe je möglich gewesen wäre.»[73] Zwar machte sich Hirschfeld Mut – die Fundamente der Arbeit seien unzerstörbar. Alles, was auch nur geringfügig über den Boden ragte, also irgendwie sichtbar war, geriet jedoch mächtig ins Rutschen. Die Aufklärungsarbeit drohte zum Erliegen zu kommen. «Darüber wollen wir uns keinen Täuschungen hingeben: Die Zeiten für die Homosexuellen sind trübe, düsterer denn je zuvor. Verzweifelt aber nicht!» Hirschfeld bedankte sich ausdrücklich bei der Presse der «Arbeiterklasse», die ihn nicht persönlich attackiert hatte.[74] Ansonsten wurde Hirschfeld von allen Seiten unter Beschuss genommen. Erst in der Weimarer Zeit fand das WHK wieder zur alten Stärke zurück.

Die Sexualwissenschaft war in der deutschen Öffentlichkeit einstweilen nicht mehr gefragt. Stattdessen druckte man Pamphlete voller Gedankenmüll. So heißt es in einer Streitschrift allen Ernstes, vielleicht sei Philipp Eulenburg durch die «uralten orientalischen Vorstellungen von der Unreinheit des Weibes» in die Homosexualität gerutscht. «Der frische, kräftige Bursch, der in seiner Gesundheit und der Harmonie von Leib und Seele so recht ein Gegenstück zum kranken Zärtler bildet, reizt mehr. Ihn zum schmutzigen Tun zu verführen, seine Proletarierhände am Aristokratenleib zu spüren, schafft raffinierteren Kitzel.»[75] Der schwule Fürst wurde zum Schänder von Arbeitern und Soldaten gestempelt, als Überwinder der Standesschranken gebrandmarkt. Eulenburg als Gefahr für die Gesellschaftsordnung – wer wollte noch unterscheiden zwischen oben und unten?

Übrigens dürfte auch der junge Adolf Hitler solchen und ähnlichen Unsinn zuhauf gelesen haben. Mit missionarischem Eifer klärte er damals seinen Freund August Kubizek über das Wesen der Homosexuellen auf. Mit «Ekel und Abscheu» soll Hitler in Wien gegen die Männerliebe gewettert haben – für ihn eine von den vielen «sexuellen Abirrungen der Großstadt»[76]. Der ziemlich naive Kubizek war ganz baff über Hitlers vermeintliches Expertenwissen zum Thema Homosexualität: «Natürlich war auch daraus schon längst für ihn ein Problem geworden, das er ebenso als eine widernatürliche Erscheinung mit allen Mitteln bekämpft sehen wollte, wie er sich persönlich solche Menschen mit geradezu ängstlicher Gewissenhaftigkeit vom Leibe hielt.» Dabei durfte sich der «Architekturstudent» Hitler von den meisten Zeitungen bestätigt fühlen. Sie nährten nach Kräften solche hasserfüllten Affekte. Hitler selbst wurde 1908 übrigens auf der Straße von einem homosexuellen Industriellen angesprochen und zum Tortenessen in ein Hotel eingeladen. Die zugesteckte Visitenkarte verbrannte der spätere Nazi-Führer empört im Kamin.

Ob in Österreich, Frankreich, England oder Italien – quer durch Europa war die Eulenburg-Affäre in aller Munde. Magnus Hirschfeld will von Bekannten in Rom erfahren haben, dass die Deutschen dort nun generell im Verdacht der Homosexualität standen. Die römischen Adelskreise unterhielten sich mit Vorliebe über den Sittenskandal in Berlin. Es reichte künftig eine pikante Umschreibung, um ganz diskret auf die Homosexualität eines Herrn hinzuweisen. «É della tavola rotonda» hieß es nur noch, er gehört zur Tafelrunde. Unter den römischen Zeitungslesern wusste man damit genau, was gemeint war: Der damit gekennzeichnete Mann war genauso veranlagt wie die «Liebenberger».[77] Nichtsdestotrotz wurde Italien nach den Berliner Prozessen natürlich erst recht das Sehnsuchtsland der deutschen Homosexuellen. Wer es sich leisten konnte, suchte sein Glück in Rom, Neapel oder auf Capri. Gelegentlich näherte man sich schon im Nachtzug von München nach Verona an: Sobald die italienische Grenze überwunden war, durfte im Abteil straffrei hantiert werden.

Der anständige Mann kaufte sich natürlich keine solche Fahrkarte ins Glück, sondern hatte eventuelle homosexuelle Anwandlungen gefälligst zu unterdrücken – so sah man es in den nationalen und ganz besonders in den militärischen Kreisen. Wer gegen diesen Kodex verstieß, versündigte sich am Kern der wilhelminischen Gesellschaftsordnung, war ein gefährlicher Staatsfeind – diesen Zusammenhang hat Nicolaus Sombart eingehend beschrieben.[78] Die deutschen Männer dieser Epoche führten demnach einen «Vernichtungskampf» gegen das Weibliche schlechthin, waren auf der verbissenen Suche nach dem absolut «reinen» Männerideal. Nichts sollte vom großen Ziel ablenken und die Virilität schwächen. Je besser die gesellschaftliche Position, desto mehr seelische Selbstkontrolle wurde verlangt.

Der Münchener Journalist Georg Hirth brachte den alltäglichen Wahnsinn der Klein- und Großbürger auf den Punkt. Homosexuelle frönten einem «Phalluskult», der vernünftigerweise den Frauen vorbehalten sei. Gerate ein Mann auf diesen Irrweg, schaufele er das «sicherste Grab» für den männlichen Freiheitssinn, für Gerechtigkeit und Achtung unter Männern, vor allem aber «können wir Deutsche, mit unserer allgemeinen Wehrpflicht, in fortwährender Kampfbereitschaft gegen eine Welt voll Scheelsucht, ein solches Luxuslaster nicht brauchen!»[79] Im Kern war also die Aggression gefährdet, die Bereitschaft, auf den anderen loszugehen, die militärische Grundvoraussetzung. Trieb-Unterdrückung war notwendig, um allzeit kriegsbereit zu sein. Die Tiefenpsychologie findet in Autoren wie Georg Hirth ein dankbares Forschungsfeld. Er versteigt sich zur Behauptung, Homosexuelle seien gefährliche Beischläfer für Frauen, denn: «Wie kann ein Mann kräftige Kinder zeugen, wenn in den entscheidenden Momenten seine Phantasie in den Lustgärten des eigenen Geschlechtes schweift!»[80] Der deutsche Mann ist in den Augen dieser wilhelminischen Autoren offenbar immer in Gefahr, durch ein Leck seine Antriebskräfte zu verlieren. Der steil aufgezwirbelte Kaiser-Wilhelm-Bart hat das Vorbild für alle Lebenslagen zu sein: Wehe, wenn «weibische» Affekte Oberhand gewinnen.

Zu den wenigen, die mit der plötzlich so populären Jagd auf Homosexuelle wenig anfangen konnten, gehörte der Wiener Karl Kraus: «Der Zusammenhang von Päderastie und Diplomatie ist nicht stärker als der Einfluss des normalen Geschlechtsverkehrs auf die Entschließungen der Männer, die unsere Geschicke lenken. Wer ihn stärker betont, enthüllt bloß eine Gesinnung, der das Geschäft mit der Moral wichtiger ist als der Kampf gegen die Korruption. Ein schlimmeres Ärgernis war nicht zu enthüllen.» Kraus vermutet, dass die Politik den guten Ruf mindestens so ruinieren könne wie die Homosexualität. «Die Natur schert sich auch unter dem Joch eines Strafgesetzbuchparagraphen nicht um die sozialen Lebensverhältnisse und wie jedes Sexualverbot erogen wirkt, so ist auch dieses ein besserer Kuppler als Wächter und bringt in heimlicher Anziehung zur Genüge herein, was es durch öffentliche Abschreckung verhindert. Es könnte allerdings auch - schlimmere Gefahr - ein besserer Erpresser als Kuppler sein. Dass in einigen Regimentern strenge Unzucht gehalten wird, ist eine betrübliche Offenbarung. Aber eine Gesellschaft, die sich die Sexualität abbindet, darf sich damit nicht beklagen, dass diese an der verkehrten Stelle einen Ausgang sucht, oder gar zu Geschwüren sich vereitert.»[81]

«*Klar und rein wie die Sonne*»
Kuno zetert, Philipp zittert

Der Oktober 1907 war außerordentlich mild, der wärmste und trockenste Oktober seit zweihundert Jahren. Herrliches Wetter! Trotzdem lag Philipp Eulenburg röchelnd auf seinen Kissen und zitterte. Er kämpfte mit einer fiebrigen Bronchitis. Seine Nervenentzündung hatte ihm die Sommermonate zur Qual werden lassen. Eulenburg wälzte düstere Gedanken, hatte Angst vor dem bevorstehenden Prozess seines Freundes Kuno. Der gesamte Freundeskreis des Generals würde im Gerichtsaal grell ausgeleuchtet. Harden würde seine Lampe auch noch in die intimsten Schubladen halten. Mit bangen Erwartungen notiert Philipp: «Tatsächliches habe ich nicht zu befürchten (...), aber die Verdrehung von Tatsachen, falsche Zeugen, Meineide und dergleichen Kleinigkeiten. Die Leute, die mich bekämpfen, sind Verbrechernaturen. Das vergesse ich nicht, und das regt mich auf.»[82]

Kein Zweifel: Eulenburg hatte psychosomatische Beschwerden. Er quälte sich mit Schuldgefühlen und schrecklichen Zukunftsphantasien, wollte zum Schaden nicht auch noch den

Aus «Lustige Blätter»:
Harden hält die Presse-Fliege in seinem Bannkreis,
mit einem magischen Zirkel aus Eulenburg,
Lecomte, Kamarilla und schwulen Generälen.
Derweilen hangelt sich Eulenburg von Prozess zu Prozess.

Spott haben. Von seinem Arzt ließ sich Philipp ein Attest schreiben. Dort hieß es, der Weg in den Gerichtssaal nach Moabit sei für Eulenburg zu beschwerlich. Er leide seit vielen Jahren an Gicht und Nervenentzündung. Eine größere Aufregung könne schwere Folgen haben, «ja selbst den Tod herbeiführen». Starke Worte als Schutzwall gegen die Justiz. Eulenburgs Hausarzt Dr. Genrich versucht nach Kräften, seinem Patienten den schweren Gang zu Kunos Verhandlung zu ersparen: «Das Leiden des Fürsten ist so erheblich, dass er sich nur an zwei Stöcken vorwärts bewegen und ohne menschliche Hilfe keine Treppen ersteigen kann. Außerdem leidet Fürst Eulenburg an Arteriosklerose, die ebenfalls sehr ungünstig auf den Körperzustand des Fürsten einwirkt. Ein Erscheinen vor Gericht erscheint deshalb unter keinen Umständen ratsam.»

Kunos erster Auftritt vor Gericht wurde dagegen zum Fest für die Massen. Bei milden Temperaturen macht es natürlich doppelt Spaß, zu flanieren und Sehenswürdigkeiten zu besichtigen oder dabei zu sein, wenn sich unter freiem Himmel Sensationen abspielten. «Der Andrang des Publikums ist ein ganz ungeheurer, ein ganzes Heer von Journalisten hat an den sonst für die Geschworenen bestimmten Tischen und an dem Verteidigungstische Platz genommen. Auch zahlreiche jüngere und ältere Juristen wohnen der Verhandlung als Zuhörer bei.»[83] Mittwoch, der 23. Oktober, zehn Uhr vormittags. Vor der 148. Abteilung des Amtsgerichts Berlin-Mitte wird erstmals die Beleidigungsklage Moltke gegen Harden verhandelt.

Durch die Milchglasscheiben sickert das Oberlicht trübe in den Raum. Der Tag hatte herbstlich mit Frühnebel begonnen. Das Publikum ist überwiegend aus politischem Interesse gekommen. Viele Offiziere in Zivil, viele Intellektuelle, viel Presse aus dem In- und Ausland. Noch verhältnismäßig wenig Schaulustige aus dem goldenen Westen von Berlin, also wenig Gesellschaftslöwen, wenig halbseidene Prominenz. Noch ist es mehr eine Staats-, als eine Society- und Sexaffäre. Auf der Straße einige Pressefotografen, die sich besonders für Lily von Elbe und ihren zwanzigjährigen Sohn aus erster Ehe, Wolf von Kruse, interessieren. Der junge Mann reagiert harsch auf die Wegelagerer und zwingt einen der Fotojournalisten mit Hilfe eines Polizisten, die bereits gemachten Aufnahmen herauszugeben.

Die Drehbuchautoren von TV-Gerichtsshows hätten ihre Freude am folgenden Prozess gehabt. Ein General, der sich reinwaschen will. Eine Lebedame. Ein Wadenbeißer vom Format eines Harden. Vornehme und weniger vornehme Zeugen. Viel Spannung, viel Neugier auf den «perversen» General Kuno von Moltke. Staranwälte zupfen sich die Roben zurecht. Moltke hat sich für den bärtigen und ziemlich gravitätischen Justizrat Adolf von Gordon entschieden, Harden den mit allen Wassern gewaschenen Max Bernstein.

Niemand verstand sich besser auf Publicity als dieser. Bernstein schäkerte mit den Reportern, war gierig auf jede Zeile. Nebenbei war er juristischer Berater der «Münchener Neuesten Nachrichten», kannte das Zeitungs-Geschäft also von innen und außen. Ein Vollprofi. In Berlin gab es wenige Juristen, die so professionell mit der Presse umgehen konnten. So modern im Umgang mit der öffentlichen Meinung waren Paragraphenreiter damals selten. Zu Hause in München führte Bernstein mit seiner Frau Elsa einen literarischen Salon, in dem so illustre Gäste wie Theodor Fontane, Ludwig Ganghofer, Richard Strauss, Thomas Mann und Rainer Maria Rilke zu Gast waren. Bernstein war ein Wort-Akrobat. Gern verbrachte er langweilige Prozesse damit, an seinen Dramen und Erzählungen zu arbeiten. Sonderlich hochwertig waren diese Werke nicht, aber sie machten dem Anwalt Freude und sorgten für Entspannung. Er verulkte am liebsten das Leben der einfachen Leute. Ein Bajuware aus dem Bilderbuch.

Da hatten sich also zwei Selbstdarsteller gefunden. Bernstein und Harden trommelten für ihren Ruhm, aus Eitelkeit und weil sie geschäftstüchtig waren. Vor zu viel Pathos hatten sie keine Angst. Gern garnierte Bernstein seine Plädoyers mit berühmten literarischen Zitaten wie «Mehr Licht!» oder «Geben Sie Gedankenfreiheit!» Goethe und Schiller, das war die Preisklasse, mit der sich Eindruck schinden ließ. Wer sich aufplusterte wie Bernstein hatte viele Gegner, sogar ein paar Feinde. Zeit seines Lebens musste er antisemitische Gehässigkeiten ertragen. Man beschimpfte ihn als prinzipienlos: «Da er keinen Charakter besaß, nahm er jeweils den an, den man von ihm erwartete.»[84] Die Berliner verstörte Bernstein mit seinem breiten bayerischen Dialekt. Er bediente Klischees. Genau so stellte man sich an der Spree einen Münchener vor: ein «Urviech» in jeder Beziehung. Bei Bernstein konkurrierte die «Fülle rhetorischer Schlagfertigkeit» mit der «Fülle des Leibes». Kurz nach den Sensationsprozessen magerte er übrigens ab, wurde mit ärztlicher Hilfe zum «Leichtgewicht» degradiert.[85]

Der Richter in diesem Verfahren war arm dran. Doktor Kern

ist noch relativ jung und entsprechend unsicher. Ihm fehlte das Format, um die raumgreifenden Selbstdarsteller Bernstein und Harden zu zähmen. Äußerlich gibt sich Kern als Paradebeamter. Ein dunkelblonder Herr mit scharfem Assessorenblick hinter dem Kneifer und dickem Schnurrbart. Die VIP-Schaukel macht ihn schwindlig. Von Stunde zu Stunde wird er hilfloser. Er ist insbesondere der aggressiven Verteidigungsstrategie von Bernstein nicht gewachsen. Als Schöffen amtieren ein Fleischermeister und ein Milchhändler. Sie hätten sich «ruhig und würdig» verhalten, lobt Harden hinterhältig. Andere hielten die Schöffen in diesem Film für ahnungslose, überforderte Statisten.[86] Sie seien mit Dingen konfrontiert worden, «von denen sie wahrscheinlich in ihrem ganzen Leben noch nichts gehört hatten», vermutet der Kriminalist Hans von Tresckow.[87] Er ist nicht nur Zeuge, sondern im kaiserlichen Auftrag auch als Beobachter am Prozess beteiligt, muss die politische Spitze über die Vorgänge auf dem Laufenden halten. Ein Stenograph des Deutschen Reichstags fertigt ein Wortprotokoll für den Kaiser an. Es muss jeweils sofort nach Eingang bei Hofe Wilhelm II. vorgelegt werden. Angeblich nahm sich der Kaiser die Zeit, das umfangreiche Material persönlich zu lesen.[88] Bei seiner notorischen Faulheit ist das allerdings eher unwahrscheinlich. Außerdem ist bekannt, dass Wilhelm grundsätzlich keine unangenehmen Schriftstücke las.

«Ich werde beweisen, dass Graf Moltke sexual abnorm ist», tönt Harden zum Auftakt. Es fällt heutzutage schwer, die markerschütternde Wirkung dieser Kampfansage nachzuempfinden. Ein preußischer General stand in Unterwäsche da. Wer weiß, welche geheimen Freuden Harden in diesem Moment auskostete. Der Journalist versucht es mit einer Blendgranate. Er will verunsichern. Er wisse alles, kenne die ganze trübe Geschichte von Moltkes Scheidung seit fünf Jahren in allen Details. All seine Informanten seien felsenfest überzeugt: Der General habe «absonderliche Gefühlsempfindungen».

Gleichzeitig beeilt sich Harden, eine wichtige Einschränkung zu machen: «Ich habe niemals behauptet, dass Graf Moltke sich geschlechtlich strafbarer Handlungen schuldig gemacht hat.»[89]

Aus «Lustige Blätter»:
Kuno von Moltke steht vor seinem Jugendbild und erlebt einen Schwächeanfall, ganz wie die Romanfigur «Dorian Gray» von Oscar Wilde.
Als der Vorhang aufgezogen wird, sorgt der Blick auf die frivole Vergangenheit für allgemeine Bestürzung.

Von mann-männlichem Beischlaf, von konkreten homosexuellen Lustbarkeiten sollte vorsorglich keine Rede sein. Bernstein machte aus dem Verfahren vielmehr einen Gesinnungstest. Es sollte nicht um körperliche Genüsse, sondern um seelische Befindlichkeiten gehen. Da konnte man naturgemäß nichts beweisen und alles behaupten. Moltke gehöre einem Freundeskreis an, in dem «verschiedene Stufen der Homosexualität vertreten» seien, erläuterte Bernstein. Man werde Indizien vorlegen, wonach der General «in geschlechtlichen Dingen nicht so fühlt, wie die Mehrzahl der deutschen Männer denn doch noch fühlt».

Richter Kern will der Sache auf den Grund gehen, traut sich aber nicht. Er schleicht um das entscheidende Wort herum und fragt Moltke, ob er eine «Abneigung gegen das weibliche Geschlecht» habe. Die Antwort fällt ausweichend aus: «Dann hätte ich wohl nie geheiratet.» Adolf von Gordon ergänzt geschwind: «Ein Mann kann gewiss für Frauen schwärmen und doch aus ganz bestimmten Gründen und Veranlassungen gegen eine Frau, die seine Ehefrau geworden, Abneigung empfinden.» Der General fährt mit der Hand durch seinen dünnen Schnurrbart, runzelt die Stirn. «Bisweilen bedient er sich des Kneifers. Dann richten sich die verschatteten Augen beobachtend auf den Beklagten. Das dramatische Moment dieses Termins verrät sich.»[90]

Moltke verteidigt seine Freundschaft zu Eulenburg. Sie sei «klar und rein wie die Sonne» und habe «mit perversen Dingen absolut nichts zu tun». Harden ist anderer Meinung: «Ich bin der Überzeugung, dass die beiden Herren keine Geschlechtshandlungen vorgenommen haben, bin aber auch der Meinung, dass die Freundschaft eine erotische Bedeutung hat.» Nebenbei kramt Harden ein beliebtes Vorurteil über Homosexuelle aus seinem Anekdotenschatz. Kuno von Moltke lege hin und wieder etwas Rouge auf seine Wangen. Rotbäckchen als preußischer Offizier? Der General dementiert den Gebrauch von Puder.

Der Prozess wird bis zum Nachmittag unterbrochen. Amtsrichter Kern will sich in Ruhe überlegen, ob der intensive Blick in Moltkes Schlafzimmer wirklich nötig ist. Spielvorteil für Harden, urteilt der «Vorwärts»: «Graf Kuno Moltke ist in die

Defensive gedrängt und seine Verteidigung ist schwach und gequält.» Demgegenüber seien Harden und Bernstein scharf und treffsicher. Es sei bezeichnend, dass Anwalt Gordon für die»Unterdrückung des Wahrheitsbeweises» gekämpft habe, nämlich die Befragung der Zeugin Lily vermeiden wollte.[91] Natürlich umsonst: Tablettensucht hin oder her, die Frau darf auspacken.

Um sechzehn Uhr, nach dem Mittagessen, ist Lily dran. Sie trägt einen Veilchenstrauß am Jackett und sieht aus wie eine Offiziersdame. «Meine persönliche Ansicht ist, dass Graf Moltke dem weiblichen Geschlecht sehr abgeneigt ist», gibt seine Ex-Frau zu Protokoll. Anschließend lässt sie sich in allen Einzelheiten über ihr Eheleben aus, taktisch geschickt befragt von Max Bernstein und Maximilian Harden. Es riecht nach einer schweren Niederlage für Moltke. Der General sieht sich gezwungen, seiner Frau teilweise Recht zu geben. Er ist in der Defensive. Seine Frau habe zwar nicht gerade die Unwahrheit gesagt, aber «das Bild der Ehe werde von ihr verzerrt». Das klingt wenig überzeugend. Adolf von Gordon versucht den Gegenangriff. «Kein Mann der Welt» habe mit Lily glücklich werden können. Er will das halbe Hauspersonal von Moltke aufmarschieren lassen, um die Aussagen von Lily zu entkräften. Kammerzofe, Lakai, Gesellschafterin und Koch sollen die «hässlichen Lärm- und Streitszenen» der Ehe eingehend beschreiben. Das Gericht lehnt diese Beweisanträge ab und vertagt sich auf Donnerstag.

Kuno, der Schmerzensmann. Die Presse verdrückt ein paar Krokodilstränen. «Der Kläger machte von Beginn der Verhandlung an auf seinem Sessel keinen übermäßig sympathischen Eindruck. Seine Erscheinung erinnert an die Gestalten aus dem alten Preußen von 1806, jene Mischung von äußerster Rücksichtslosigkeit und verlegener Ungewandtheit, die sich unter den Soldatenfiguren der Friedrich-Wilhelm-Zeit so häufig findet. Wie nicht selten bei Hofsoldaten scheint auch an diesem Manne die Uniform das Beste getan zu haben – seit er sie ausgezogen, wirkt die Figur gleichgültig, ja, zum Teil abstoßend.» Die «Berliner Morgenpost» ist also schon mit Bestattungsarbeiten beschäftigt. Sie wirft ein paar Hand voll Erde auf Moltke: «Die Schlacht von gestern hat er verloren, und er selbst zählt heute zu den gesellschaftlich Toten von Berlin.»[92]

Wohlig begaffen die Zuschauer die Society-Leiche, erregen sich an der Demontage eines Hochdekorierten. Ein ehrwürdiges Moralgebäude stürzt donnernd in sich zusammen. Die Menge ist elektrisiert. «Gemütsrohheit, Unbildung, Widernatürlichkeit, Leiden und Hass» gibt es offenkundig in der gesellschaftlichen Elite, jener Schicht, die «sonst das Vorrecht des Besitzes alles Hohen, Schönen und Wahren» in Anspruch nehme. Alle scheidungsgeplagten Berliner der weniger vornehmen Stände könnten jetzt aufatmen, denn so schlimm wie bei Moltkes werde es schon nicht sein, tröstete die «Morgenpost». Ein wichtiges Fundstück aus dem Zitatenschatz, denn es zeigt, dass die Eulenburg-Affäre bei breiten Schichten der Berliner Bevölkerung für seelische Entlastung sorgte. Man musste nicht mehr so anständig sein wie vorher. Wo höchste Kreise ihren verbotenen Genüssen hinterher jagten, brauchte das Bürgertum nicht nachstehen. Dieser Prozess hatte demnach geradezu symbolische Bedeutung. Er warf ein paar Lichtstrahlen auf das wahre Berlin. Karl Scheffler: «Keiner wollte zurückbleiben, darum kamen alle in ein eiliges Stolpern. Die Ehemoral war lax, Scheidungen waren an der Tagesordnung. Gesellschaftsprostitution breitete sich aus.»[93] Es war ein wildes, ungestümes, geldgeiles, rücksichtsloses Berlin, und der Moltke-Prozess zeigte der ganzen Stadt, dass man genau die passende Elite zum Zeitgeist hatte. Ab sofort brauchte niemand mehr falsche Rücksichten nehmen. Sogar die Generäle warfen sich anscheinend in den schrankenlosen Sinnentaumel. Die Sensationsberichte sorgten in der Berliner Presse für Rekordumsätze, die Zeitungen «gingen weg wie warme Semmel».[94] Witzblätter und Postkarten hatten ein gewinnträchtiges Thema.

Am nächsten Tag tuckern die Automobile der Zeugen erneut durch die Hofjägerallee im Tiergarten Richtung Moabit. Vor dem Gerichtsgebäude ist die Menge noch größer als am Vortag. Einzeln bahnen sich die Zeugen den Weg über die breite Treppe, werden bedrängt von Blicken und Fragen. Harden ist als erster im Saal. «Eine geraume Zeit später ging Graf Moltke durch die Reihen, mit dem schleppenden Schritt des alten Militärs, der nach Ablegung der Uniform auch die gewaltsam bewahrte physische Spannkraft verloren hat.»[95]

Adolf von Gordon will mit Hilfe von etlichen Zeugen beweisen, «dass Graf von Moltke den Verkehr mit edlen Frauen durchaus gesucht hat und er im Verkehr mit diesen Frauen sich in jeder Beziehung ritterlich benommen hat, dass er namentlich über Ehe und Familie eine tief ethische und hohe Auffassung bekundet hat. Bei seiner vornehmen, idealen Gesinnung sei es völlig unmöglich, dass er sich in Bezug auf Ehe und Familie in so unglaublicher, zynischer, herabwürdigender Weise geäußert haben könnte», wie es Lily ausgesagt habe. All das ging natürlich am Kern des Problems völlig vorbei, nämlich an der Frage, ob Moltke homosexuell veranlagt war oder nicht. Max Bernstein legt nach. Moltke sei Mitglied einer politisch gefährlichen Gruppe gewesen. «Päderastie» habe man dort getrieben und dem Deutschen Reich geschadet. Eine Reihe von ehemaligen Soldaten aus Potsdam steht bereit, um den Beweis anzutreten. Schon freut sich alles auf die Geschichten aus der «Villa Adler» mitten im Potsdamer Militärbezirk, wo sich allerlei Verwerfliches abgespielt haben soll.

Es wird gefährlich für Kuno. Kommt erst mal die hohe Politik ins Spiel, will jeder Satz gut überlegt sein. «Mein Mandant steht politischen Dingen vollständig fern, und die Ansichten darüber, was dem Deutschen Reiche zuträglich ist oder nicht, sind ja auch verschieden. Politische Dinge sind doch wohl auch nicht vor dem Schöffengericht zu entscheiden», entgegnet Anwalt Gordon matt. Moltke nimmt all seine Kraft zusammen und versucht, mit einigen persönlichen Bemerkungen Punkte zu machen. Der Saal hält den Atem an. «Tiefe Stille herrscht während seiner leisen Rede. Von einer verschlossenen Seele fällt auf kurze Minuten die Hülle», notiert der Berichterstatter der «Berliner Morgenpost».[96]

Kuno versucht eine Offensive: «Ich weise es wiederholt mit aller Energie zurück, dass in der Nähe Seiner Majestät ein Kreis von Personen existiert hat, welcher politisch zusammengewirkt hat und verderblich gewesen ist. Dies ist lediglich eine Verdunkelung der Tatsachen, denn zur Bildung eines solchen Kreises sind die Ressorts bei uns viel zu streng geschieden. Ich habe die Überzeugung, dass ich gestern nicht genügend energisch den Dingen gegenübertreten bin, die hier von der Frau von Elbe gesagt worden sind. Es wird mir niemand verdenken können, wenn es mir unendlich schwer wird, noch einmal die dunkelsten Tage meines Lebens mir in die Erinnerung zurückzurufen. Es ist mir außerordentlich peinlich gewesen, diese Dinge nochmals aufzurollen. Ich schätze als alter Soldat ein frisches Wort in der Front, wenn man aber, trotzdem ich Kläger bin, doch als Verdächtiger hier steht, so erstirbt einem das Wort. In einem sechsjährigen Prozess sind alle diese Anklagen gegen mich von acht Richtern geprüft worden und nicht ein Schatten ist aufrecht erhalten worden.» Moltke setzt sich und wird von einem heftigen Zittern erfasst. Kurz danach begibt sich das Gericht in die Mittagspause. Im Publikum bilden sich Grüppchen von Staatsanwälten und Strafverteidigern, die sich die Zeit mit ersten Einschätzungen und Fachsimpeleien vertreiben.

Moltke gibt also zu, dass er die versteckten Seitenhiebe in der «Zukunft» nur zu gut verstanden hat. Er war sich demnach von Anfang an über die Folgen im Klaren. Niemals hatte er jedoch gelernt, mit solchen Situationen umzugehen, sich mit feindseligen Zivilisten auseinander zu setzen. Sicher, ein quälender, sechsjähriger Scheidungsprozess lag hinter ihm - aber der war immerhin unter Ausschluss der Öffentlichkeit geführt worden.

«Er hatte aber mehr Haare»
Kesselflicker in der Seestrasse

Eulenburgs böse Ahnungen vor dem Prozess waren berechtigt. Tatsächlich stochern Harden und Bernstein kräftig im Unterholz aus Halbwahrheiten, Gerüchten und Hörensagen. Ihnen kommt es darauf an, auf der Uniform von Kuno zumindest ein paar unschöne Flecken zu entdecken. Soldaten waren schließlich keine moralischen Musterknaben. Moltke und Eulenburg mussten also nach menschlichem Ermessen irgendwann mal in zweifelhafte erotische Abenteuer verwickelt gewesen sein. Man musste nur die Zeugen dafür aufstöbern. Man musste sie zum Reden bringen. Fündig wurden Harden und Bernstein beim Potsdamer Garderegiment. Es war allgemein bekannt, dass es dort viele Homosexuelle gab. Einige davon waren inzwischen enttarnt und durch die Schlagzeilen geschleift worden.

Eulenburg hatte dieser Elite-Einheit allerdings nur kurze Zeit, in seiner Jugend, angehört. Das war vierzig Jahre her. Im Übrigen hatte sich Philipp dort keineswegs wohl gefühlt. Ziemlich reserviert hatte er über seine Erfahrungen mit dem Regiment im Winter 1868/69 geschrieben: «Ich lernte sattsam den Dienst und – die eleganteste der eleganten Garden kennen; auch alle Vorurteile, alle Fehler, allen Mangel an Bildung, aber, um gerecht zu sein, auch alle Schneidigkeit, Ritterlichkeit und militärische Tugend. Ich kam mir jedoch mit meinen weitabliegenden Kenntnissen, Interessen und, ich kann wohl sagen, meiner Bildung wie eine rechte Hand vor, die verurteilt war, einen linken Handschuh zu tragen, und das war nichts für meinen unabhängigen Geist.»[97] Der sensible Eulenburg kam also nicht klar mit dem forschen Männerbund bei der Garde. Sie war ihm zu unkultiviert. Wieweit er dort mit Homosexualität zu tun hatte, verschweigt er natürlich.

Der prominenteste unter den Homosexuellen der Garde war im Sommer 1907 zweifellos der Bilderbuchgeneral Wilhelm von Hohenau. Eine imposante Erscheinung, «Hohenzollerntypus», stattlich, elegant, durch und durch männlich, was im Nachhinein viele irritierte. Dieser Hohenau drohte Eulenburg und Moltke gefährlich zu werden, denn man war persönlich miteinander bekannt. Wie weit die Vertraulichkeiten gingen, darüber gab es natürlich höchst unterschiedliche Auffassungen. Harden stempelte Hohenau zum sündigen Hohenpriester. Philipp und Kuno seien zum Kreis seiner verworfenen Jünger zu rechnen. Bis

Anfang Mai 1907 hatte Hohenau eine glänzende Militärkarriere hingelegt. Er hatte in der «feudalsten Einheit» der Armee kommandiert, war zeitweise Generaladjutant des Kaisers gewesen. «Willy, du bist mein Fleisch und Blut», soll Wilhelm bei einem Kasinofest ausgerufen und seinen Vetter Hohenau umarmt haben. Man stand also auf vertrautestem Fuße.[98] Unmittelbar nach dem Sturz von Eulenburg setzte sich Hohenau mit gutem Grund ins Ausland ab. Im Juni meldete er sich aus England und reichte seinen Abschied ein, der mit Pension gewährt wurde.

Hohenau hatte sich anders als Philipp und Kuno nicht die Mühe gemacht, seine Homosexualität zu leugnen: «Er hatte einen so ungeheuren Hochmut und ein arrogantes Wesen, das ihm wenig Freunde verschaffte. Er glaubte aber so hoch zu stehen, dass er nicht fallen könne.» In Potsdam hatte er ein ausschweifendes und diesbezüglich ziemlich offenes Leben geführt. Angeblich wusste man bis nach England über seine Veranlagung Bescheid. Auf der Reitbahn von Potsdam wurde Hohenau gemeinsam mit dem ebenfalls ziemlich «unvorsichtigen» Major Johannes von Lynar in Graffitis gewürdigt: «Willy und Hannes» waren ein Begriff. «Das Allerschlimmste war, dass er seine dienstliche Stellung als Regimentskommandeur dazu missbrauchte, um mit seinen Untergebenen seiner Leidenschaft zu frönen», bemerkt Hans von Tresckow über Hohenau. Leichtsinnig sei er gewesen, und obendrein unbelehrbar. Tresckow will den General ausdrücklich gewarnt haben vor weiteren homosexuellen «Verfehlungen»: «Er tat aber so, als ob er mich nicht verstände und ließ von seinem Treiben nicht ab (...)»[99] Unvorsichtig wie er war, hatte Graf Wilhelm Hohenau Bekanntschaft mit einem Erpresser gemacht. Das war übrigens Familienrisiko: Sein älterer Bruder Friedrich war nach schwulem Sex in einer fahrenden Droschke bereits 1901 Opfer eine Erpressung geworden, musste daraufhin den diplomatischen Dienst verlassen und ging nach Italien.

Wilhelm ließ sich von solchen abschreckenden Beispielen nicht einschüchtern. Am Heiligen See in Potsdam lag für ihn ein ganz besonderes preußisches Arkadien. Ein homoerotischer Paradiesgarten mit Blick aufs Marmorpalais am Seeufer gegenüber, wo

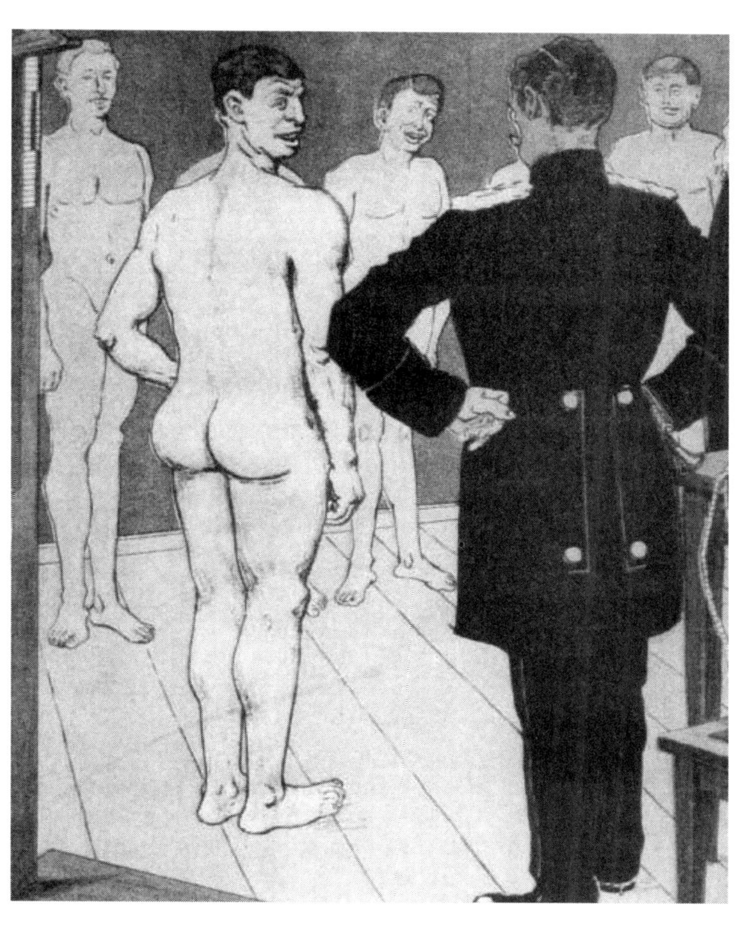

Aus «Der wahre Jacob»:
Bei der Rekrutenausbildung – Der Stabsarzt jubelt:
«Famoser Kerl! Tauglich für die Garde du Corps!»
Jochen: «Nein, ich habe einen innerlichen Fehler.»
«Welchen?»
«Hämorrhoiden!»

häufig die kaiserliche Standarte flatterte und die Anwesenheit der «First Family» signalisierte. In diesem Ambiente wurde gezecht, feierte man wollüstige Orgien. Der Sekt floss in Strömen. Die Villa Adler in der Seestraße 44 wurde zum Tempel der verbotenen Lüste. Dort wohnte der unbekümmerte Männerfreund und Major Johannes von Lynar. Auch er hatte übrigens einen nahen Verwandten, Guido mit Vornamen, der wegen eines homosexuellen «Unfalls» seine Karriere als Gesandtschaftsattaché in London an den Nagel hängen musste. Solche Zusammenhänge wurden damals gern als Beweis für die genetischen Ursachen der Homosexualität genommen.[100] Lynars Einladungen zu erotischem Spaß und Spiel wurden quer durch das Potsdamer Edel-Regiment gern angenommen - auch von den ehemaligen Garde-Kameraden Philipp und Kuno?

Für Harden war das keine Frage, sondern Gewissheit, und im Prozess wollte er unbedingt die Beweise dafür vorlegen. Er rechnete Lynar, Hohenau, Eulenburg und Moltke allesamt zur «Liebenberger Tafelrunde» - ein Kampfbegriff mit weitreichenden Folgen. Für Eulenburg und Moltke kam es natürlich darauf an, auf möglichst großen Abstand zu «Willy» Hohenau zu gehen. Man kannte sich, daran gab es nichts zu deuteln. Aber für Eulenburg war der Kontakt selbstredend «nur oberflächlich».[101] So hatte er den General in Karlsbad bei einer Wasserkur getroffen. Mit der Potsdamer See-Villa wollten Eulenburg und Moltke absolut nichts zu tun haben. Immerhin: Kuno war eine Zeit Nachbar der sündigen Behausung gewesen, war in seiner privaten Wohnung sogar direkter Nachmieter des lüsternen Johannes von Lynar. Solche Details ließ sich Harden natürlich nicht entgehen. Es wurde eng für Kuno, und Philipp musste bänglich zusehen.

Hardens Kronzeuge für die Vorkommnisse am Heiligen See war der Gardekürassier Johannes Bollhardt. Der einzige Augenzeuge, der auch reden wollte. Bollhardt meldete sich freiwillig bei Harden, was einen kritischen Journalisten wie ihn erst mal misstrauisch machte. Nach anfänglichen Zweifeln war Harden jedoch vollkommen überzeugt vom Wahrheitsgehalt der pikan-

Die ehemalige Villa Adler, jetzt Villa Disqué, am Heiligen See in Potsdam. In diesem Garten feierten die schwulen Gardeoffiziere Champagnerorgien.

ten Aussage. Bollhardt beteuerte, er sei zusammen mit Kameraden seit 1896 von Hohenau und Lynar sexuell belästigt worden. Mit seinen erotischen Abenteuern in der Villa Adler will der Gardekürassier sogar ganz offen in der Kantine geprahlt, will sich ohne Scheu als Luxus-Stricher wichtig gemacht haben. Er warf mit dem verdienten Geld um sich und versuchte, Kameraden anzuwerben für die «haltlosen» Offiziere. General Hohenau soll seinem Liebling Bollhardt zärtliche Briefe geschickt haben, und zwar auf offiziellem Papier, mit «Königskrone und, in Goldlettern, die Worte ‹Schloss Wilhelmshöhe›».[102] Man trank im Park ganz ungeniert zusammen Schaumwein, duzte sich und ließ allen Standesdünkel beiseite. Hohenau ließ Bollhardt ein Foto mit Widmung zukommen. Bis zuletzt scheint der General verliebt gewesen zu sein. Anfang Juni 1907 teilte «Willy» seinem

Freund betrübt mit, er werde «in absehbarer Zeit» nicht aus dem Ausland zurückkehren.[103]

Der Zeuge war da, nun war seine Glaubwürdigkeit zu klären. Hatte man auch anderswo im Garderegiment etwas mitbekommen von dem Treiben in der Seestraße? Der Kommandeur der Elitetruppe, General Gustav von Kessel, konnte dem Gericht dazu wenig Erhellendes mitteilen. Kein Wunder: Er war selbst Gegenstand von allerlei Gerüchten über seine vermutete Homosexualität, herrschte väterlich über die «Kesselflicker», wie seine Truppe gern genannt wurde.[104] Der General soll sich einst mit einem Kneipier eingelassen haben. Zum Dank für sexuelle Wohltaten soll der Wirt zum Hoflieferanten für die Bierabende des Kaisers aufgerückt sein. Dafür bekam der Zapfkünstler später den «Kronen-Orden» - was sonst? Weitere Geschäfte machte der angebliche Liebhaber des Generals Kessel als Kantinenpächter des Gardekorps und auf dem Truppenübungsplatz Döberitz. Es war ein reizvolles Geben und Nehmen. Der General war also ausreichend mit seinen eigenen amourösen Angelegenheiten beschäftigt. Warum hätte er in der Villa Adler persönlich nach dem Rechten sehen sollen? Der schöne Schein zählte in dieser Elite-Einheit mehr als anderswo. Kessel selbst war äußerlich ein «Paradegeneral», aber keine sonderliche Leuchte in militärischen Angelegenheiten. Hauptsache stramme Haltung. Das täuschte über sexuelle Eigenheiten hinweg, nicht allerdings die Berliner Polizei. Sie führte den General auf einer ihrer Homosexuellenlisten.[105]

Die Garde lässt sich nicht in die Karten schauen. Schon gar nicht von Zivilisten. Das Gericht bleibt auf Bollhardt angewiesen, der mit Hingabe über die Orgien am Heiligen See plaudert und Moltke dort erkannt haben will: «Er hatte aber mehr Haare.» Kuno belässt es bei dem Satz: «Ich habe von diesen traurigen Affären absolut nichts gewusst.» Bollhardt will auch Eulenburg als «besonders aktiven» Gast an der Tafel der sexuellen Genüsse identifiziert haben. Das Gericht lässt einen Gothaer Adels-Almanach von 1902 herbeischaffen, wo ein Foto von Eulenburg abgedruckt ist. Bollhardt betrachtet es und bleibt bei seiner Aussage.

Auge in Auge mit Eulenburg könnte der redselige, ehemalige Militär-Lustknabe vielleicht doch wankend werden, sagt sich das Gericht. Eine Gegenüberstellung wird angepeilt. Bollhardt soll dem Fürsten ins Gesicht sagen, dass er ihn wieder erkennt.

Leichtfertigerweise hatte sich Eulenburg zwischenzeitlich in seine Berliner Stadt-Wohnung bringen lassen. Von seinem City-Domizil wollte Philipp wohl aus nächster Nähe verfolgen, wie man mit seinem Freund Kuno drüben in Moabit umsprang. Das war ehrenwert gedacht, aber taktisch falsch. Eulenburg hatte nämlich mit seiner Reise von Liebenberg nach Berlin den Nachweis erbracht, durchaus transportfähig zu sein, ärztliche Atteste hin oder her. Harden weiß das auszunutzen. Er will wissen, warum Eulenburg bei seiner angeblich schweren Krankheit quer durch Brandenburg fahren konnte, aber den kurzen Weg von Tiergarten bis Moabit nicht schaffen soll.

Diesen Zweifeln schließt sich Richter Dr. Kern an. Eulenburgs Attest sei nicht ausreichend. Kern sorgt für hämische Lacher mit dem Satz: «Eine seelische Aufregung ist ja doch nicht zu befürchten, da der Fürst sich selbst für unschuldig hält.»[106] Für den nächsten Tag wurde Philipp ins Gericht geladen. Bis dahin konnte man sich wieder Kuno zuwenden. Was wusste er eigentlich über den haltlosen Grafen Hohenau? Irgendwas musste er als Nachbar doch gehört haben von den Gerüchten in der Seestraße. Harden behauptet, dass der «größte Teil der deutschen Offiziere» im Bilde war. Und ausgerechnet um den allzeit gut informierten Kuno sollte das Getratsche einen Bogen gemacht haben? Das nagte an der Glaubwürdigkeit des Generals.

Kuno, der Ahnungslose – das reizt Max Bernstein zu einer ironischen Frage: «Will der Herr Kläger die Güte haben, uns zu sagen, weshalb er nicht mehr Stadtkommandant von Berlin ist?» Der Saal reagiert mit «verhaltener Heiterkeit». Moltke wird zur Witzfigur. Gegen Ende des Verhandlungstages versucht sein viel zu bedächtiger Anwalt Adolf von Gordon einen Entlastungsangriff und brandmarkt Lily von Elbe als «sexuell anormal». Zeugen sollen den Beweis dafür liefern. Der Prozess droht endgültig zum Psychodrama zu werden. «Die Gemüter sind revolutioniert» notieren sich die Berichterstatter. Im Saal herrscht größte Aufregung – alles scheint möglich! Was hatte man sich unter einer «anormalen» Ehefrau vorzustellen? Romane konnten nicht aufwühlender sein. Graf Moltke spricht an seiner früheren Frau vorbei. Lily stützt sich auf ihren Sohn, spielt die tränenreiche Madonna und drängt sich «bebend an den Gerichtstisch».

Das Spektakel im Gerichtssaal geht vor dem Gebäude weiter. Heutzutage würden dort zehn Fernsehkameras stehen, damals balgten sich die Fotografen mit ihren unhandlichen Apparaten: «Draußen begleiten dichte Trupps Frau von Elbe und ihren Gatten, der sie erwartet hat, einen Mann von fünfunddreißig Jahren mit stahlblauen Augen. Herr von Kruse holt ihn ein. Um den Wagen des Beklagten erschallen Ovationen. Bei Graf Moltkes Droschke hört man einige Straßenschreier, Stammgäste des Kriminalgerichtes. Aber der General hat nur ein kaltes, starres Lächeln und wendet sich zu zwei Damen, die in seiner Droschke sitzen. Rings fällt die Dämmerung nieder.»[107]

Mit dem zweiten Tag war allen Beobachtern klar, dass es bei diesem Prozess nicht um den unscheinbaren Moltke ging, sondern um den gefallenen Götterliebling Eulenburg. Er trug den viel prominenteren Namen, er war schwer belastet worden. «An Eulenburgs völliger Vernichtung, so dass ihm niemals die kaiserliche Gnadensonne wieder scheinen kann, haben alle jene in Preußen-Deutschland Interesse, die nach dem ‹Ohr des Kaisers› streben, die durch das Staatsoberhaupt ihre Politik durchsetzen wollen», vermutet der «Vorwärts». Das Blatt hat fast schon Mitleid mit dem Nebendarsteller Moltke, dessen «erzwungene Ruhe» immer unglaubwürdiger werde. Zum Reden kam der General selten, er war zu scheu, zu schuldbeladen oder zu schlecht beraten, um in den Gang der Geschehnisse energischer einzugreifen. «Mehrmals reicht seine Energie nicht einmal, sich das Wort zu verschaffen – resigniert nimmt er wieder Platz, um düster vor sich hin zu starren.»[108]

Am Freitag, dem 25. Oktober 1907, ist der Zugang zum Moabiter Kriminalgericht von Hunderten von Neugierigen belagert. Die Journalisten können sich nur mühsam durch die Menge

Aus «Lustige Blätter»:
Harden als Comic-Held. Bernstein (Mitte, mit gereckter Faust) als Prediger. Seine Erlebnisse zwischen Berlin und München sorgen für viele Lacher, und Eulenburg wird unten rechts ein Platz auf der Anklagebank – wohlgemerkt mit Kissen – angewiesen

quetschen. Ein starkes Polizeiaufgebot müht sich nach Kräften, den Eingang frei zu halten, was im Laufe des Tages immer schwerer wird. Sogar auf der Treppe herrscht Gedränge. Der Zutritt ist nur mit Eintrittskarten möglich. Einige Rechtsreferendare versuchen diese Regel zu umgehen und haben ihre Dienstkleidung, also die Robe, angezogen, um ohne Karten in den Saal zu kommen. Sogar Harden hat Probleme, die Absperrungen zu überwinden. Auf seinem Tisch im Gerichtssaal stapeln sich die Briefe. Im Publikum viele Schriftsteller, sogar ein Liedermacher - auf der Suche nach einem prickelnden Stoff? Alles wartet auf den Zeugen Philipp zu Eulenburg-Hertefeld.

Allein, es erscheint nur dessen Arzt und teilt mit, er habe Eulenburg verboten, das Bett zu verlassen. Das Gericht will den Zeugen Bollhardt dennoch mit Eulenburg konfrontieren. Also wird Bollhardt in Begleitung des Kriminalkommissars Hans von Tresckow in die Kaiserin-Augusta-Straße geschickt, um dort den bettlägerigen Eulenburg in Augenschein zu nehmen. Zuvor bittet der Richter darum, alle Zwiegespräche zwischen Eulenburg und Bollhardt zu unterbinden, denn nach der Prozessordnung sollen sich die Zeugen möglichst wenig untereinander absprechen. Die Befürchtung ist unbegründet. Der Fürst weigert sich, den redseligen Soldaten auch nur ins Zimmer zu lassen. Eulenburg will sich öffentlich wehren können. Eine Gegenüberstellung kommt für ihn nur im Gerichtssaal in Frage.

Der Schauspieler Harden findet sich langsam in seine Rolle. Er merkt: Hier ist Pathos gefragt. Das ist kein Kammerspiel, sondern eine Staatsaktion. Also muss er aufdrehen. Je lauter, desto besser. Die Dramaturgie verlangt Fassungslosigkeit, Schreien, Brüllen, den flammenden Appell. «Ich bin überzeugt, dass Graf von Moltke gewusst hat, dass Fürst Eulenburg homosexuell veranlagt ist. (...) Ich habe es gewusst, ich wohne in Grunewald und bin Schriftsteller und ich weiß es seit Jahren! Es würde ein merkwürdiges Maß Naivität verraten, wenn der Privatkläger es nicht gewusst haben sollte. Anreden wie ‹Mein Geliebter! Meine Seele! Ich halte mich verpflichtet, meinen Freunden zu leben! Ich kann auch nach meiner Veranlagung nur meinen Freunden leben!› und so weiter und so weiter, legen doch mindestens den Verdacht nahe, dass seine Freundschaft ‹erotisch betont› war. Es schreien ja doch die Spatzen von den Dächern! Drängen Sie mich nicht noch weiter, dann würde ich Ihnen Mitglieder von Herrscherhäusern vorführen, die da sagen: Ist es denn möglich, dass das überhaupt noch bestritten wird?» Harden deutet auf Moltke und ruft ihm zu: «Dieser Mann hat sich ja doch den Rock nur zu erhalten gewusst durch eine Unwahrheit!»[109]

Kanonier Harden hatte gut gezielt: Nach dieser Breitseite hatte der Dampfer Moltke Schlagseite. Richter Kern fürchtete um die Waffengleichheit. Er bat Harden dringend, künftig kleinere Projektile zu verwenden. Moltke versucht, seinen löchrigen Kahn zu reparieren: «Es ist im Allgemeinen nicht Sitte, dass man über militärische Intimitäten spricht. Ich äußere mich darüber nur so weit, als es zulässig ist. Ich habe meinen Abschied eingereicht unter der Motivierung, dass ich unter einem Verdacht stehe, dessen Beseitigung zunächst nicht sofort möglich war, der es aber nicht angängig erscheinen ließ, dass ich unter der Wucht solcher Verleumdungen in meiner Stellung bleibe. Ich habe wegen dieser Anschuldigung meinen Dienst aufgeben müssen, meine zweiundvierzigjährige Karriere, die ich lieb gehabt habe, beendigt, meinen Rock, den ich in Ehren getragen, ausgezogen. Ich war Kommandant der Leibkürassiere und kann wohl kaum in solcher Stellung das süßliche Wesen gezeigt haben, wie es kaum einem Leutnant zuzumuten wäre. Da ich durch den Angeklagten um mein Amt und meine Ehre gekommen bin, so hoffe ich, dass der Gerichtshof dies bei der Abmessung der Strafe bemessen wird.» Der Richter: «Sind Sie also lediglich wegen dieser Artikel aus dem Dienst geschieden?» Moltke: «Ja.»

Seit Prozessbeginn war der General vom psychiatrischen Sachverständigen Magnus Hirschfeld beobachtet worden. Jetzt soll der Sexualforscher seine Einschätzung abgeben, und die fällt überraschend eindeutig aus: «Ich muss sagen, dass ich aus der Beweisaufnahme die wissenschaftliche Überzeugung gewonnen habe, dass objektiv eine Abweichung von der Norm beziehungsweise von dem Gefühl der Mehrheit im Empfindungsleben des

Grafen Kuno Moltke vorliegt, und zwar um eine zweifellos unverschuldete angeborene und nach meiner Überzeugung ihm selbst auch nicht bewusste Anlage, die man als homosexuell zu bezeichnen pflegt. Wir verstehen unter homosexuell jemanden, der sich in Liebe zu Angehörigen des gleichen Geschlechts hingezogen fühlt, ob er sich dabei homosexuell betätigt, das ist vom naturwissenschaftlichen Standpunkt aus nebensächlich.»

Hirschfeld verweist auf die Aussage der Lily von Elbe und ihres Sohnes. «Nach meiner Überzeugung ist der Beweis hier erbracht worden, dass hier ein von der Norm abweichendes Empfinden vorliegt. Wider die Norm ist aber nicht gleichbedeutend mit wider die Natur. Ich bin nach meinen Beobachtungen zu der Überzeugung gekommen, dass die Homosexualität keine Krankheit ist, sondern im Plane der Natur liegt. Ich will wünschen, dass man deshalb von diesem Prozess auch sagen kann, dass er aus der Dunkelheit über diese Frage zum Licht führt.»

Doch der Zug der Aufklärung blieb mitten im Tunnel stecken. Nicht der kleinste Schimmer Licht drang in die Finsternis aus Ignoranz und Vorurteilen. Hirschfeld, die Leuchte der Sexualforschung, wedelte völlig umsonst mit seiner Laterne. Richter Kern bemüht sich immerhin nach Kräften, ein paar Lichtstrahlen aufzufangen und fragt nach: «Gibt es auch Homosexuelle, die allein darin schon ihre Befriedigung finden, dass sie sich in den Kreisen homosexuell veranlagter Männer bewegen?» Hirschfeld lässt sich von solchen Einwänden nicht aus der Fassung bringen. «Vielen gewährt dies allerdings eine rein äußerliche Befriedigung. Ich bin jedoch zu der Überzeugung gekommen, dass die übrigen hier genannten Herren des Kreises es vielleicht verstanden haben, ihre Neigungen zu verbergen. Gerade ein Homosexueller ist immer gewillt, seine Neigung zu kaschieren. Es kommt häufig vor, dass ein homosexuell veranlagter Mann sich so bewegt, dass seine nächste Umgebung nichts von seiner Veranlagung bemerkt. Wenn dann plötzlich diese zur Kenntnis gelangt, hört man häufig, das hätte niemand geglaubt, dass der auch ‹so› ist.» Harden will von Hirschfeld ohne Umschweife wissen, ob Moltke ein «normaler preußischer General» sei. Der

Aus «Lustige Blätter»:
«Seid wann kommandiert man denn
bei Besichtigungen ‹Das Ganze kehrt›?»

Sachverständige weicht aus, er könne sich darüber noch kein Urteil bilden. Moltke selbst hat wohl nur Bahnhof verstanden, aber als plötzlich wieder von seinem angeblichen Rouge die Rede ist, wacht er auf: «Man will mir hier einen weibischen Anstrich geben, den ich nicht habe.»

Hirschfeld versucht, den Anwesenden einen Nachhilfekurs in Homosexualität zu geben. Rund fünftausend Schwule habe er zu Gesicht bekommen, so der europaweit berühmte Arzt. Dabei habe sich erwiesen, dass die gleichgeschlechtliche Veranlagung keineswegs häufiger geworden sei als früher. In Deutschland gebe es nicht mehr Homosexuelle als in Frankreich oder England.[110] Das Gutachten wurde heftig kritisiert, weil die meisten Pressebeobachter mit den Fachwörtern und den Schlussfolgerungen wenig anfangen konnten. Der Internationale Anwaltsverband in Wien bezeichnete Hirschfelds Gutachten als «Leichensektion bei lebendigem Leibe».[111] Die Berliner Presse machte sich lustig über den merkwürdigen Nervenarzt: «Künstler und namentlich Musiker werden gut tun, um Herrn Dr. Hirschfeld immer einen weiten Bogen zu machen», meint hämisch die «Deutsche Tageszeitung» . Der «Börsenzeitung» ist der Appetit vergangen. Ein «Laster, das man früher nicht anzudeuten wagte», sei leider «zu einem Gesprächsthema am Familientisch» geworden.[112]

Ärzte trauen ihren Kollegen bekanntlich alles zu – außer Kompetenz. Entsprechend zerstritten zeigte sich die Mediziner-Zunft im Moltke-Prozess. Der zweite Sachverständige war der Berliner Hautarzt Georg Merzbach. Er war dem wissenschaftlich-humanitären Komitee von Hirschfeld durchaus eng verbunden. Im Fall Moltke kam Merzbach jedoch zu einem völlig anderen Urteil. Er habe festgestellt, «dass Graf von Moltke ein durchaus korrektes, unantastbares Geschlechtsleben geführt hat und dann eine psychische Impotenz eingetreten ist. Was die Homosexualität betrifft, so hat der Privatkläger keine krankhaften Züge dem anderen Geschlecht gegenüber aufgewiesen. Was die Homosexualität angeht, so liegt kein Anhaltspunkt vor, dass aufgrund seines Verhaltens dem Fürsten Eulenburg gegenüber irgendwelche Rückschlüsse gestattet sind. Graf von Moltke ist eine ideale überschwängliche Natur.» An dieser Stelle wird Merzbach lautstark durch Harden und dessen Anwalt unterbrochen. Sie bezweifeln die Fähigkeiten des Sachverständigen grundsätzlich, kritisieren aber auch, dass Merzbach offenbar Erkundigungen bei Freunden von Moltke eingezogen hatte. Der Richter hält diese Art der einseitigen Informationsbeschaffung auch nicht für die feine Art. Auf die weitere Befragung von Merzbach wird deshalb verzichtet.

Am folgenden Samstag werden die Plädoyers erwartet, vielleicht noch am gleichen Abend soll das Urteil gesprochen werden. Zaungast Eulenburg ist mit seinen Nerven völlig runter und schreibt: «Leider lebe ich noch. Ich mache Furchtbares durch! Diejenigen, die mich verurteilen, dass ich im Sommer nicht Harden verklagte, sondern nur den Staatsanwalt anrief, werden nun wohl verstehen, weshalb ich so handelte. Auf diesen Skandal, der uns alle trifft, die wir monarchisch fühlen, war die ganze Aktion Hardens gemünzt. So und nicht anders habe ich es kommen sehen - und ich wusste auch, für wen ich so furchtbar bluten würde. So furchtbar, dass ich kaum weiß, wie ich wieder auf die Beine kommen kann, wenn ich auch tausendmal vor Gott erkläre, dass mein Gewissen rein ist. Nun, es haben noch andere als ich vor mir härter gelitten!»[113]

«Merkwürdig, er ist immer todkrank»
Harden ringt mit einer Leiche

Eine Wagner-Oper ist nichts dagegen: Harden und Bernstein sind laut und leidenschaftlich. Fortissimo ist Trumpf. Eine geschlagene Stunde dauert das Plädoyer von Adolf Gordon, zwei Stunden spricht Max Bernstein, noch etwas länger Maximilian Harden und dazwischen, wesentlich kürzer, äußert sich Kuno von Moltke. Die Verhandlung dauerte von morgens zehn bis abends halb acht. Verwunderlich, dass die Zuschauer dennoch keinerlei Ermüdungserscheinungen zeigten. Gebannt verfolgten sie das große Duell, einen packenden, teils lautstarken Schlagabtausch, ein Kräftemessen, das die Entscheidung bringen musste. Der «Vorwärts» störte sich am hohen Ton der Veranstaltung, es sei «kübelweise Patriotismus» vergossen worden. Für Harden lohnte sich die nationale Raserei jedenfalls. Am Ende des Tages bekam er «stürmische Hochrufe», wurde auf der Straße begeistert empfangen. Das «Lied vom braven Mann, der das Vaterland aus schwerer Gefahr errettet» fand dankbare Hörer. Hardens größte Stunde als Schauspieler. Er rückt ganz nah heran an den Kaiser, stellt sich als Erfüllungsgehilfe der allerhöchsten Wünsche dar.

Adolf von Gordon wirft an diesem Samstagmorgen erst mal einen Blick auf den Abreißkalender. Dort ist der hundertsiebente Geburtstag des Feldmarschalls Hellmuth von Moltke vermerkt. Mit Kuno war der heldenhafte Hellmuth nur über tausend Ecken verwandt, aber was soll's: Daraus lässt sich was machen, denkt Gordon, und beschwört den großen Namen aus Preußens Glanz und Gloria. Kuno habe sich seines großen Geschlechts voll und ganz würdig erwiesen. Zum Eheleben der Moltkes bemerkt Gordon: «Wenn ein Junggeselle von fünfzig Jahren eine temperamentvolle Dame von dreißig Jahren heiratet, da mögen ja mancherlei Dissonanzen vorkommen.» Seine Anklage gipfelt im Vorwurf, Harden habe die guten Sitten vermissen lassen. Was damit gemeint war, war im zügellosen Berlin allerdings nicht mehr ohne Weiteres verständlich. Gordon versuchte es trotzdem. «Wenn jemand so dargestellt wird als weibisch und es sich noch um einen Offizier, um den Kommandanten von Berlin handelt, so ist das beleidigend. Wir kranken jetzt daran, dass die Intellektuellen sich immer weniger beteiligen am öffentlichen politischen Leben. Das liegt daran, dass nicht jeder Lust hat, sich nach Belieben eines jeden beliebigen Dritten an den Pranger stellen zu lassen. Aber die Intellektuellen haben die Pflicht, dass sie im politischen Kampfe immer anständig bleiben und kom-

Aus «Der wahre Jacob»:
Harden als Herausgeber der «Militär-Wochenschau»
der Zukunft – er macht sich verdient um die Reinlichkeit
in der Armee, und die Generäle lächeln dazu.

mentmäßig sind! Ich erkläre, dass die Waffen des Herrn Harden unkommentmäßig sind (...)».[114]

Als Max Bernstein seinen massigen Leib in Stellung bringt für seine Zwei-Stunden-Rede, verkrampft sich Kuno von Moltke auf seinem Platz augenscheinlich mehr und mehr, zeigt eine auffällige Körpersprache. Aufmerksame Journalisten meinen «ein Frösteln, ein sich Ducken vor diesem schmerzlichen Anprall, wie ein Erzittern bis zum letzten Nerv» beobachtet zu haben. Bernstein bereichert seine juristischen Ausführungen mit satten Pointen, bajuwarischem Timbre, Pathos, Witz und unterhaltsamen Zwischentönen. Vor allem aber spricht Bernstein dem deutschen Mann aus dem Herzen. «Ja, stärken sie den deutschen Männern den Mut, stärken Sie den deutschen Bürgern, die Schriftsteller sind, den Mut, die Wahrheit zu sagen. Stärken Sie auch den anderen Männern den Mut, indem Sie ihnen die Zuversicht geben, dass, wenn sie in den Raum des Deutschen Reiches eintreten, in einen reinlichen und sauberen Raum eintreten! Geben Sie durch ihr Urteil Ausdruck, dass Sie Leute, die den Anschauungen und Betätigungen des Klägers huldigen, nicht als führende Männer für das deutsche Volk anerkennen wollen. Wenn Sie Herrn Harden verurteilen, werden Sie deutsche Männer nicht ermutigen, sich mit Politik zu beschäftigen (...).»

Kuno von Moltke erhebt sich, äußerst aufgeregt, und klammert sich an seine Aufzeichnungen. Er schafft es mit seiner gefühligen Verteidigungsrede immerhin, ein wiederholtes «Bravo!» von den Zuschauern zu erhalten. Verbittert zeigt sich Moltke über die so häufig und aggressiv gestellte Frage, warum er nicht mehr Stadtkommandant sei. «Denken Sie denn, ich kann als Kommandant in Uniform hier sitzen und mir seit zwei Stunden Lügenhaftigkeit und andere Beschuldigungen vorwerfen lassen? Dann soll ich hinausgehen und soll verlangen, dass ein Mann auf der Straße mich grüßt, mir mit Achtung und Respekt begegnet? Nein! Das geht nicht, und das ist die ganz einfache Lösung dieser Frage. Jeder Soldat weiß, dass es nicht geht.» Mit bebender Stimme setzt er fort: «Ich bin selbst nur ein einfacher Soldat, ich bin nicht gewöhnt, mich vor einem Forum gegen Verdächtigungen und dem Vorwurf der Lügenhaftigkeit zu wehren.» Er sei in Ehren entlassen worden, betont Moltke. Er weiß, dass sich viele fragen, warum ihm dann Vater Staat nicht hilfreich zur Seite gesprungen ist. Warum hat sich der Staatsanwalt nicht eingeschaltet? Warum hat er sich nicht schützend von Moltke gestellt?

Der General ist überzeugt: Die Regierung wollte mit ihrer demonstrativen Zurückhaltung einen Skandal vermeiden, der bis «an die Stufen zum Thron» herangereicht hätte. Äußerst bewegt, kaum in der Lage, weiter zu sprechen, zeigt sich Moltke als trauriger Soldat, dem die Ehre der Uniform wichtiger ist als der eigene Gefühlshaushalt. Heiser vor Aufregung und Beschämung sagt er: «Das Geflüstere, das Geraune, das nun entstanden ist, das heimliche Tuscheln, das entsteht, wenn man mich sieht, das gibt mir Recht. Das durfte ein Offizier in Uniform sich nicht bieten lassen. Heute, am Geburtstage des seligen Feldmarschalls Moltke, sollte ich in Uniform die Linden entlang gehen, wo es mir von den Zeitungshändlern gellend entgegengerufen wird, wie man den Namen Moltke in den Schmutz zieht.»[115] Seine Freundschaft zu Eulenburg, wiederholt Moltke, habe niemals einen «erotischen Zug» gehabt.

Alles freut sich schon auf das schaurige Ende, als Harden «längere Ausführungen» ankündigt. Für die hungrigen Anwesenden eine Drohung, der man gern mit einer vorzeitigen Mittagspause ausweicht. Mit vollem Magen konnte man sich danach wohlig zurechtrücken und Hardens «Schlussvortrag» zur Verdauung nutzen. Der Journalist versucht Moltke zu entmutigen und zielt erneut auf Eulenburg: «Ich glaube, der Herr Privatkläger sollte nicht eine Leiche zu retten versuchen; er sollte nicht eine Leiche auf seinen Rücken laden bloß deshalb, weil er, vielleicht selbst in gutem Glauben, den ich nicht angezweifelt habe, Jahrzehnte lang in seinem Leben mit dieser Leiche, die ich jetzt als solche ansehe, befreundet war.» Harden hält Eulenburg also inzwischen für eine Art Gespenst. Es sei bedauerlich, dass der Hauptzeuge unpässlich sei: «Merkwürdig, er ist immer todkrank, wenn es sich um heikle Dinge handelt.» Mit einem flammenden Appell zur Wahrhaftigkeit endet Harden. Das Urteil wird für Dienstag, 29. Oktober, vormittags um zehn Uhr dreißig angekündigt.

Kreuz und quer durch die Zeitungslandschaft zeigte man sich verstört über die aggressive Tonlage in diesem Verfahren. So sehr die Schaulustigen Harden in den Himmel hoben – der wenig redselige Kuno rührte immerhin ein paar empfindsame Seelen. «Der Privatkläger, Generalleutnant Graf Kuno von Moltke, spielt in dem Prozess eine Rolle, wegen der man ihm einen leisen Hauch menschlichen Mitleids nicht versagen kann. Gleichviel, ob aus eigenem Antrieb oder ob auf Drängen anderer, ist er in eine Bresche gesprungen, die er eigentlich gar nicht zu verteidigen hatte. Er ist nahezu der Einzige aus der Liebenberger Clique, gegen den der Vorwurf der widernatürlichen Unzucht im Sinne des § 175 nicht erhoben werden konnte», las man in der Harden-freundlichen «Berliner Morgenpost».[116]

Der ansonsten beißwütige Erich Mühsam fühlt mit Moltke, schiebt dem General aber gleichzeitig die volle Verantwortung für seinen gesellschaftlichen Untergang zu: «Dass es zur bodenlosen Schweinerei dieser Prozessenthüllungen kam, ist ausschließlich zurückzuführen auf die mir ewig unverständlich bleibenden Ehrbegriffe des Grafen Moltke, die es als schändlicher ansehen, vor Hofleuten als zartbesaitet - meinetwegen als erotisch pervertiert - zu gelten, als von der Masse radaulustiger Sexual-Demokraten im Besten beschmutzt zu werden. Hätte sich der Herr still den Generalsrock ausgezogen (...) wären ihm und seinem Freunde die alten Tage nicht durch eine so gemeine Besudelung der jungen Tage vergrämt worden.»[117]

Der schöne Oktober war rechtzeitig zur Urteilsverkündung zu Ende. Strömender Regen erschwert den Neugierigen das Warten in Moabit. Man drängt sich unter die aufgespannten Regenschirme und tuschelt über die nach und nach eintreffenden Zeugen. Harden trotzt der Nässe und wird von den Neugierigen lebhaft begrüßt. Die Polizei hat die Freitreppe sorgfältig abgesperrt. Achtzig Schutzleute stehen bereit, zwanzig davon unmittelbar auf dem Gehsteig. Laute Kommandos gehen hin und her. In der Pförtnerloge des Gerichts wurde die Einsatzleitung einquartiert. Polizeihauptmann Golz hat alles im Griff. Dennoch ist der Andrang in den Saal beängstigend groß. Erneut wurden Eintrittskarten ausgegeben.

Schon um zehn Uhr war der Gerichtssaal besetzt, doch die Anwesenden müssen sich geschlagene neunzig Minuten gedulden. Dann erscheint Amtsrichter Kern. Bevor er sein Urteil sprechen kann, interveniert noch einmal Adolf von Gordon. Er hat allerlei dubiose Informationen über den Zeugen Bollhardt zusammengetragen, doch der Amtsrichter hält das für nebensächlich. Jetzt endlich soll das Urteil öffentlich gemacht werden. Dr. Kern verunsichert zunächst Harden. Es sieht nach einem Sieg von Moltke aus, denn die diversen Artikel in der «Zukunft» haben nach Meinung des Gerichts allesamt eine klare Aussage beinhaltet: Moltke sei homosexuell. Genau dies hatte Harden energisch bestritten, hatte lediglich von einer «abnormen Sexualität» geredet.

Er musste sich also in diesem Punkt geschlagen geben, hatte das Gericht nicht überzeugen können.

Doch wenig später ist der wichtigste Satz im Urteilsspruch zu hören: «Das Gericht hat angenommen, dass der Beweis der Wahrheit dem Angeklagten geglückt ist.»[118] Ausdrücklich wird auf das Gutachten von Magnus Hirschfeld verwiesen. Kuno ist erledigt. «Die Voraussetzung trifft zu: Er ist dem weiblichen Geschlecht abgeneigt, hat eine Zuneigung zum männlichen Geschlecht und hat gewisse feminine Eigenschaften. Alles Merkmale der Homosexualität. (...) Es muss hier ausdrücklich darauf hingewiesen werden, dass nicht etwa hier festgestellt ist, der Graf Moltke habe strafbare Betätigung der Homosexualität an den Tag gelegt. Es ist lediglich als festgestellt erachtet: Er ist homosexuell und hat diesen Trieb andern gegenüber nicht unterdrücken können.» Freispruch für Harden!

Noch während der Urteilsverkündung stürzt ein Teil der Zuhörer zur Tür. Harden wird von seinen Freunden umringt, bekommt Glückwünsche. Im Saal herrscht größte Aufregung. Draußen gelingt es den berittenen Polizisten nicht mehr, die Menge zurückzuhalten. Ovationen für Harden donnern über den Vorplatz. Neugierige recken die Hälse, um den gedemütigten General Moltke zu sehen. Doch der wählt den Nebenausgang. Wildeste Gerüchte machen die Runde. Jetzt, wo Moltke als notorischer Homosexueller entlarvt war, werde auch Eulenburg von der Staatsanwaltschaft wegen Homosexualität verfolgt. Philipp habe fluchtartig seine Koffer gepackt, werde nach Afrika gehen. Alles frei erfunden. Allerdings stand Eulenburg jetzt als Anstifter erotischer Verirrungen da, hatte sich ganz offensichtlich in eine ehrbare Generals-Ehe eingemischt, hatte Hinweise nicht entkräften können, wonach er sogar an Soldaten-Orgien teilgenommen haben sollte.

Dr. Kern hat die Nase voll von derartigen Sensationsprozessen. Sein Bedarf an Glamour ist gedeckt. Er wird kurze Zeit später auf einen weniger anstrengenden Posten versetzt, auf eigenen Wunsch – so die offizielle Version. Er kümmert sich fortan nur noch um weniger aufreibende Zivilsachen. Kein Wunder, hatte der Kaiser höchstpersönlich doch gegen Kern gestänkert: «Der Kerl muss suspendiert werden, er hat geradezu das Vaterland und uns alle verraten.»[119] Außerdem war Kern den Attacken der konservativen Zeitungen ausgesetzt. Sie fanden nämlich all das furchtbar, was die liberalen und linken Blätter der Hauptstadt feierten – die Blamage des Hochadels. Zerknirscht soll der junge Richter folgenden Brief geschrieben haben: «Nachdem ich von der Presse nahezu einmütig auf gröblichste Weise angefeindet war, hatte ich trotz meiner sonst starken Nerven das dringendste Bedürfnis, aus der Öffentlichkeit in ein Verwaltungsdezernat zu kommen, und ging zum Amtsgerichtspräsidenten Herzog, dem ich meine Bitte vortrug.» Der Vorgesetzte wollte angeblich sogar Strafanzeige erstatten, damit sich Dr. Kern gegen die kritischen Zeitungen verteidigen konnte.[120] Das wäre wohl kaum im Sinne des angeschlagenen Richters gewesen. Er wollte nur noch seine Ruhe.

Das gleiche Bedürfnis scheint der bayerische Dichter Ludwig Thoma gehabt zu haben. Unter dem Pseudonym «Peter Schlemihl» schrieb der augenscheinlich vom Eulenburg-Rummel genervte Thoma für den «Simplicissimus» ein «Ergebenstes Ersuchen an die Berliner»:

Nun, Kinder, schließt auch wieder mal!
Denn bloß Skandal, und nur Skandal
Und Hundertfünfundsiebenzich,
Das wird am Schlusse ärgerlich.

Beruhigt euch, seid wieder brav!
Was zwickt euch denn der Paragraph?
Und sprecht nicht immer vom Popo!
Versucht es nur, es geht auch so.

Es gibt doch eine Damenwelt,
Wovon der Mensch sich unterhält!
Seid meinetwegen hier intim
Und recht pikant – doch schweigt von «ihm».[121]

Aus Wien kommt die Aufsehen erregende Meldung, Eulenburg habe dort vor einigen Jahren ein höchst befremdliches Buch zum Thema zwischenmännliche Beziehungen herausgegeben. Unter dem Titel «Fünf Jahre der Freundschaft» hatte der Schlossherr von Liebenberg seinen Briefwechsel mit dem ostpreußischen Gutsbesitzer Fritz von Farenheid-Beynuhnen (1815 - 1888) in einem Privatdruck von hundert nummerierten Exemplaren veröffentlicht. Einer Wiener Zeitung war das Exemplar Nummer vierundachtzig in die Hände gefallen. Dort fanden sich in der Tat allerlei bizarre und übersteigerte Lobpreisungen der Freundschaft unter Männern. Was früher unverfänglich war, niemanden interessiert hatte, das war jetzt natürlich brisante Nachrichtenware.

Philipp war mit Farenheid seit Januar 1883 eng befreundet gewesen. Es war schwerlich eine erotische Beziehung, schließlich war Farenheid damals schon achtundsechzig Jahre alt und ziemlich gebrechlich. Eulenburg bezeichnete sein Verhältnis zu Farenheid als «unverstanden von dem Kreise nicht Eingeweihter».[122] Kein Wunder, dass nun alle versuchten, den Schleier des Geheimnisvollen wegzuziehen. Man erhoffte sich die Aufdeckung von allerlei Lasterhaftigkeiten. Maximilian Harden behauptete, Eulenburg habe das Buch mit dem verfänglichen Briefwechsel 1907 eilig aus dem Handel entfernt. Angesichts der ohnehin winzigen Auflage wohl eine völlig überflüssige Maßnahme.[123]

Große Teile der Presse ereifern sich nicht nur über die vermeintlichen Umtriebe der «Tafelrunde», sondern auch über den Jagdeifer von Harden und seinen Helfern. Der bajuwarisch-derbe Max Bernstein sah sich mit wüstem Antisemitismus konfrontiert. Die angesehene «Post» zum Beispiel schlägt sich auf die Seite von Kuno als einem «Mann aus den ersten Gesellschaftskreisen des Germanentums», der ruhig, schlicht und vornehm aufgetreten sei, aber leider, leider mit «jüdischer Rabulistik» konfrontiert worden sei. Die «Post» spinnt ihre judenfeindliche Legende weiter: «Niemals ist die Seelenverwandtschaft Hardens mit seinem Stammesgenossen Heine so scharf hervorgetreten wie dieses Mal, die Hochschätzung der eigenen Persönlichkeit und Leistungen, und die Verkennung der sittlichen Werte in der festgegründeten, durchsichtigen Persönlichkeit seines innerlich vornehmen Gegners. In Bernstein aber vereinigte sich mit einer unverkennbaren, gewandten Dialektik, die in ihrer Ausdeutungskunst stark talmudisch anmutete, die von dem bayerischen Milieu erlernte und angewöhnte Geringschätzung der Gesellschaftsformen.»[124] Bernstein wird also als jüdischer Winkeladvokat hingestellt, dem jeder Respekt fehlt für die vornehmen Stände.

Wilhelm II. urteilt kurz und bündig: «Die Justizbehörde hat total versagt und die Krone schwer geschädigt.» Er unterstreicht wutentbrannt eine Stelle aus der «Täglichen Rundschau»: «Was sich der jüdische Rechtsanwalt Bernstein mit einer geradezu Ekel erregenden Ausnutzung seiner advokatorischen Überlegenheit in Anwürfen an einen preußischen General leisten konnte, ist unerhört selbst in deutschen Beleidigungsprozessen.»[125] Der Kaiser spart nicht mit Seitenbemerkungen wie «Richtig!», «Unglaublich, geradezu empörend!» und «Gründlich faul.» Nach dem «Jammerprozess» werde das Duell wieder in Mode kommen, denn es sei «ausgeschlossen, dass Gentlemen sich vor das Forum so erbärmlicher Jammerlappen von Preußischem Amtsrichter begeben»[126]. Das nationale Lager sieht sich verfolgt von raffinierten jüdischen Wortverdrehern und flüchtet sich ins Gebet: «Die Herzen hoch, zum Himmel hinan, zu Gott!» fleht die «Deutsche Tageszeitung». Es gebe noch «Mannhaftigkeit im deutschen Volke» und mit düsterer Prophetie behauptet das Blatt: «Wenn uns aber der Lenker des Geschicks (...) in blutige Kämpfe hinein führen sollte, so würde die deutsche Jugend, so würden auch die Kreise, auf die jetzt in böswilliger Verallgemeinerung Giftpfeile geschleudert und Steine geworfen werden, wiederum beweisen, dass sie für das Vaterland zu sterben gelernt haben; (...).»[127] Bekanntlich erfüllte sich dieser «fromme» Wunsch sieben Jahre später millionenfach. Die Männergesellschaft funktionierte und legte sich bereitwillig auf die Schlachtbank.

Mit Erleichterung blätterte man in Deutschland in den britischen Zeitungen, die den Moltke-Prozess sehr verständnisvoll begleitet hatten. Die französische Presse dagegen sparte nicht mit bissigen Bemerkungen. Im Großen und Ganzen gehe daraus hervor, «dass man in Frankreich froh ist, nach diesem Prozess behaupten zu können, Deutschland stehe in Sachen der sexuellen Moral auf demselben Niveau wie Frankreich», wird das Zeitungsecho in der «Deutschen Tageszeitung» zerknirscht zusammengefasst. Gut, dass mit Raymond Lecomte wenigstens ein Franzose in die Angelegenheit verwickelt war. Das bremste die Schadenfreude der Pariser Presse, vermutete man in den deutschen Redaktionen. Wie hatte sich Lecomte in seinem jüngsten Zeitungsinterview ausgedrückt? «Ich will sagen, dass ich nicht zu denen gehöre, welche ihre politischen Gegner bekämpfen, indem sie ihr Privatleben beschmutzen. Das wäre nicht französisch.»[128]

Moltke musste als Unterlegener die Kosten des Verfahrens begleichen, die sich allerdings in Grenzen hielten. Er dürfte alles in allem nicht einmal 200 Mark bezahlt haben, davon 24 Mark für den Rechtsanwalt von Maximilian Harden und 20 Mark Gerichtskosten. Schon einen Tag nach dem Urteil teilte Adolf von Gordon mit, man werde in Berufung gehen. Das erwies sich als unnötig. Der preußische Justizminister hebt das Urteil aus formalen Gründen auf. Die Regierung ist entschlossen, die Sache schärfer anzugehen. Der Kaiser ist außer Rand und Band: «Moabit zeigt, dass wir Oberen und Monarchen heute vogelfrei sind und in der Justiz nicht den leisesten Schutz haben! Die preußische Justiz ist stolz, unabhängig zu sein! Das ist sie! Aber nur gegen die Krone und die Regierung und ihre Beamten; vor dem Plebs und dem Mob macht sie Cotau! (...) Wir werden in Zukunft zum Degen und zur Kugel greifen!»[129] Harden musste in die Schranken gewiesen werden. Eine zweite Blamage des preußischen Establishments soll es auf keinen Fall geben. Auf das Drängen der höchsten Kreise klettert Oberstaatsanwalt Hugo von Isenbiel auf die Kommandobrücke. Ein kerniger Ostpreuße mit breitem Dialekt und voller Pflichtgefühl. Mit ihm ist nicht zu spaßen. Allerdings hapert es bei ihm an festen Prinzipien: «Er ist wandlungsfähig wie ein Chamäleon.»[130] Isenbiel redet mal rechts und mal links. Er weiß sich geschmeidig den jeweiligen Notwendigkeiten anzupassen. Was gestern falsch war, kann heute richtig sein. Das galt auch für die Affäre Moltke.

Isenbiel will dem General nun doch zur Seite stehen. Eine Wendung um 180 Grad. Fünf Monate zuvor hatte der Staatsanwalt noch keinen Grund gesehen, sich in diese Angelegenheit einzumischen. Begründung: Es gebe kein öffentliches Interesse daran. Doch der spektakuläre Prozess gegen Moltke hatte Justiz, Politik und Hof gehörig schockiert. Es herrschte blankes Entsetzen über den Urteilsspruch. Kanzler Bülow nannte das ganze Verfahren «unerhört» und war stocksauer über die Verhandlungsführung des jungen Amtsrichters.[131] Der Kaiser wird in der Presse mit den Worten zitiert, man werde nicht eher zurückweichen, bis Harden hinter Gitter gebracht sei. Der Journalist selbst stürzt sich geradezu mit Todesverachtung in die zweite Runde: «Möglich, wahrscheinlich, dass ich dran zugrunde gehe. Aber wohl nicht allein. Das Wort Rücksicht ist aus meinem Wörterbuch gestrichen. Wer erlebt hat, was ich seit Monaten erlebe, wird's begreifen.»[132] Während Harden sich in gewohnter Weise als Schmerzensmann inszenierte, kam der Wiener Satiriker Karl Kraus zu einem anderen Fazit. Er kritisierte die bis dahin nicht gekannte Mischung aus Schnüffelei und politischem Sendungsbewusstsein: «Der Prozess Harden – Moltke ist ein Sieg der Information über die Kultur. Um in solchen Schlachten zu bestehen, muss die Menschheit lernen, sich über den Journalismus zu informieren.»[133]

Zwischen Reinigung und Steinigung

«*Eulenburg – das bin ich*»
Ein Outing geht schief

Kuno hatte in seinem Elend erst mal Ruhe, konnte sich im heimischen Breslau unsichtbar machen. Philipp wäre wohl auch gern nach Liebenberg verschwunden, um die medialen Gewitterfronten im Gefolge der Affäre vorüberziehen zu lassen. Doch er blieb in den Klauen der Berliner Justiz, ganz ohne sein Zutun und natürlich gegen seinen Willen. Würde man die ganze Affäre als großes Theaterstück in Szene setzen, folgte an dieser Stelle eine Art Dramolett, ein Pausenfüller voller Narrenfiguren.

Das Stück im Stück beginnt mit einem Flugblatt des homosexuellen Schriftstellers Adolf Brand. Unter der Überschrift «Fürst Bülow und die Abschaffung des § 175» behauptete er, der Reichskanzler persönlich vergnüge sich in seiner Sommerresidenz auf der Nordsee-Insel Norderney gern mit seinem Sekretär, dem Geheimen Regierungsrat Scheefer. Bülow sei also selbst homosexuell und damit ein Verräter an seinen ureigensten Instinkten. Ein durchtriebener Mann, der dem aufrechten Eulenburg in der Stunde der größten Not nicht zu Hilfe eilte! Philipp wurde bei Adolf Brand zur Ikone: Er musste stellvertretend leiden für alle Schwulen. Der Liebenberger hatte ein Recht auf Mitleid! Wie gern hätte Eulenburg auf diese Art von Solidarität verzichtet.

Natürlich landete die Schrift bei der Polizei. «Mir ist von all den perversen Geschichten schon ganz übel zumute; ich muss mich aber leider von Amtswegen weiter damit befassen», seufzt Kriminalinspektor Hans von Tresckow, als er im September 1907 die Broschüre in die Hände bekommt. Sie ist ganz witzig, findet

Tresckow. Er trägt das Druckerzeugnis am nächsten Tag zum Berliner Polizeipräsidenten. Dort hatte man das folgenschwere Werk von Adolf Brand noch nicht begutachtet: «Die politische Polizei, deren Aufgabe es ist, die Druckschriften zu kontrollieren und Bemerkenswertes vorzulegen, hatte wieder einmal nicht aufgepasst.»[1] Der Autor Adolf Brand aus der abgelegenen Wohnkolonie Berlin-Wilhelmshagen war allerdings polizeilich bestens bekannt.

Er war ein Raubein, ein Choleriker. Gern regte er sich auf, wurde handgreiflich, verzehrte sich ganz und gar für seine Sache, die Befreiung der Schwulen von Unterdrückung und Verfolgung. Vornehme Zurückhaltung war seine Sache nicht. Entsprechend viele Vorstrafen sammelten sich auf seinem Konto. In Leipzig bekam er zwei Monate Gefängnis wegen Verbreitung unzüchtiger Schriften. In Tilsit wurde er wegen Beleidigung zu weiteren zwei Monaten verurteilt. In Berlin hatte Brand einen Reichstagsabgeordneten tätlich angegriffen und musste ein Jahr in den Knast. Außerdem hatte er sich gegen die öffentliche Ordnung vergangen - drei Monate Gefängnis - und zweihundert Mark Geldstrafe bezahlt wegen wiederholter Verbreitung von unsittlichem Material. Man sieht: Der Mann ließ sich von der Justiz nicht klein kriegen, nicht abbringen von seinem missionarischen Feuereifer.

Magnus Hirschfeld hielt Adolf Brand für einen Wolkenschieber. Leichtgläubig sei er gewesen, ungebildet, brennend ehrgeizig. Der Rummel um Harden habe Brand keine Ruhe gelassen. So viel Publicity machte ihn eifersüchtig. Er wollte auch im Rampenlicht stehen. Das war in der aufgeheizten Atmosphäre dieser Monate nicht weiter schwer. Wer auch immer was zu sagen hatte über Homosexualität und Homosexuelle wurde gern quer durch alle Blätter gereicht. Was hätte dieser Brand im Zeitalter der täglichen Talkshows für einen durchschlagenden Erfolg gehabt! Zeitbedingt musste Brand zur Feder greifen, um sich bemerkbar zu machen. Für seine kleine Zeitschrift «Der Eigene» verfasste er die flammende Anklage, die bis ins Schlafzimmer von Reichskanzler Bülow reichte. Damals eine Ungeheuerlichkeit. Das Privatleben hoch gestellter Persönlichkeiten war tabu. Der Berserker Adolf Brand erreichte immerhin sein Ziel. Er bekam seine Schlagzeilen. Und er bekam ebenso wie Harden einen Sensationsprozess, allerdings ohne Happy End.

Woher hatte Adolf Brand seine Informationen? Wie kam er auf den wirren Gedanken, ausgerechnet Bernhard von Bülow sei homosexuell? War das alles frei erfunden, gab es in der Szene entsprechende Gerüchte? Auch damals gab es schließlich Freunde, die von Freunden gehört hatten, dass deren Freunde von irgendjemandem dies und das aufgeschnappt hätten. An Society-Klatsch und Ballgeflüster war kein Mangel. Offenbar war Brand jedoch auf eine bewusste Täuschung hereingefallen. Man hatte den Heißsporn gezielt missbraucht. Die liebe Verwandtschaft des Reichskanzlers steckte hinter dieser Intrige. Der Dunkelmann hieß Graf Günther von der Schulenburg.

Ein vermögender Herr mit einem Kennerblick. Kein attraktiver Mann entging seiner Aufmerksamkeit. Schulenburg hatte sich 1898 im Hohenstaufenbad in Köln in flagranti bei einer «Handlung normwidriger Natur» erwischen lassen. Es kam zur gerichtlichen Untersuchung, aber zur großen Erleichterung des Landedelmanns nicht zur Verhandlung. Nur eine Beleidigung konnte ermittelt werden. Dazu gehörten schwule Zärtlichkeiten mit Volljährigen. Beweise für strafbaren homosexuellen Verkehr lagen nicht vor. Dennoch litt das Ansehen des Grafen von der Schulenburg beträchtlich. Seine Verwandten gingen auf Sicherheitsabstand. Der bis dahin politisch engagierte Graf musste seine Hoffnungen auf ein Reichstagsmandat begraben. Die Kandidatur wurde ihm nach den Vorkommnissen im Hohenstaufenbad unmöglich gemacht. Fortan sann der entehrte und gekränkte Schulenburg auf Rache. Dazu gehörte das Outing von wirklichen und vermeintlichen Homosexuellen.

Auf der Suche nach Opfern wurde Schulenburg in seiner unmittelbaren Nachbarschaft fündig. Dort bereitete sich der junge Freiherr Joseph von Fürstenberg auf seine Hochzeit vor. Schulenburg machte aus dem festlichen Tag einen Alptraum. Kurz vor dem feierlichen Tausch der Ringe erhielt der Brautvater, der preußische Landwirtschaftsminister Freiherr Clemens von Schorlemer-Lieser, von Schulenburg einen Brief, wonach der künftige Schwiegersohn homosexuelle Neigungen habe. Dieser Verdacht wurde zwar durch ein Gespräch zunächst ausgeräumt, die Hochzeit geschlossen, doch unmittelbar nach den Flitterwochen kam der Verdacht erneut auf. Der sensible Gemahl von Fürstenberg musste sich einer lautstarken Auseinandersetzung mit seinem argwöhnischen Schwiegervater stellen. Das war zu viel für die Nerven des jungen Mannes. Noch in der Nacht flüchtete der Hochzeiter aus dem Haus und wurde am nächsten Tag tot, nur mit einem Nachthemd bekleidet, aus dem Schlossteich vom Familiensitz Hugenpoet (altertümlich für «Krötenpfuhl», heute ein Schlosshotel) bei Essen gezogen.[2] Der offenkundige Selbstmord wurde damals offiziell als «Blutsturz» ausgegeben. Ein herzergreifendes Drama, das einen völlig Unschuldigen um sein Lebensglück gebracht hatte. Graf Günter von der Schulenburg hatte sein Ziel erreicht. Die böse Tat entsetzte allerdings seine Verwandten. Sie wollten mit so einem Amokläufer absolut nichts mehr zu tun haben. Schulenburg war gesellschaftlich unmöglich geworden.

Der Graf schickte fortan wehleidige Briefe an den bekannten homosexuellen Vorkämpfer und überzeugten Outing-Fanatiker Adolf Brand. Schulenburg gab sich als Opfer von missgünstigen und verlogenen Neidern aus. Darüber sollte man doch mal berichten! Niederträchtig sei seine gesamte Familie, schrieb der aufgebrachte Schulenburg. Man verfolge ihn wegen seiner Liebe zu Männern, und das, obwohl es in der eigenen Verwandtschaft noch andere Homosexuelle gebe. Immerhin gehöre sogar der Kanzler zu seinen Angehörigen, und der sei selbst nicht frei von solchen Neigungen. Brand war von diesem sensationellen Hinweis schwer beeindruckt, zumal er im Juni 1907 schon einmal gerüchteweise von der Homosexualität des Reichskanzlers gelesen hatte. Es schien also doch zu stimmen, was man hier und da tuschelte. Bülow höchstpersönlich trieb es mit Männern. Unglaublich!

Zweifel brauchte man nicht mehr zu haben, wird sich Brand

beruhigt haben. Schließlich hatte er in einem Berliner Revolverblättchen auch schon entsprechende Andeutungen gelesen. Er vertraute der «Stadtlaterne» des windigen Journalisten Joachim Gehlsen. Im Oktober 1904 hatte Gehlsen an Magnus Hirschfeld geschrieben: «Wenn also nicht von Zeit zu Zeit an schonungsloser Preisgebung der Erpressten Exempel statuiert werden in gerichtlicher Verfolgung oder öffentlicher Bloßstellung, so wird die Straflosigkeit immer für den Erpresser eine sichere Aussicht bleiben für ferneres strafloses Tun.»[3] Gehlsen verlangte also öffentliche «Fälle». Er selbst versuchte nach Kräften, diesem Anspruch zu genügen und setzte über Bülow wilde Gerüchte in die Welt, sprach von «Scheeferstunden» auf Norderney.

Was Gehlsen kann, kann ich schon lange, sagte sich Adolf Brand und verschärfte die Vorwürfe an Bülow in seiner eigenen Zeitschrift, die am 10. September 1907 mit dem verhängnisvollen Artikel erschien. Brand wähnte sich auf der sicheren Seite, er konnte ja auf zwei Zeugen bauen. Leider erwiesen sich beide als Attrappen. Missionare aber fragen nicht nach Beweisen, sie wollen mit aller Kraft glauben. Er sah sich als Kämpfer für die gerechte Sache. In seinem Flugblatt stellte Brand die provokante Frage, ob es Bülow vielleicht peinlich sei, einen Prozess gegen ihn zu führen. Brand wollte offenbar unbedingt so bekannt werden wie Harden, und sei es mit Hilfe der Justiz. Bernhard von Bülow hatte bis dahin seinen Lebtag noch keinen Prozess angestrengt. Diesmal entschied er anders.[4] In der aufgeheizten Stimmung der Eulenburg-Affäre durfte man solche Vorwürfe auf gar keinen Fall unwidersprochen hinnehmen. Am Ende hätten sich doch noch ein paar Zeitungen gefunden, die Adolf Brands Behauptungen verbreiteten. Unkontrollierbare Folgen waren nicht auszuschließen. Also musste man diesen bis dahin völlig unbekannten Schriftsteller schnell und hart bestrafen. Bülow verklagte Brand wegen Beleidigung.

Erneut wurde das Justizgebäude in Moabit zu einem Rummelplatz. Am Mittwoch, dem 6. November 1907 wird die Sache vor der zweiten Strafkammer des Landgerichts Berlin II verhandelt. Die eigentliche Sensation des Tages sind nicht die streitenden

Parteien Adolf Brand und Bernhard von Bülow, sondern ein alter Herr mit kurz geschnittenem, grauen Vollbart. Er braucht eine geschlagene Viertelstunde, um die steile Treppe im neuen Kriminalgerichtsgebäude hoch zu steigen, wird gestützt von seinem Kammerdiener und einem seiner Söhne. Der kränkliche Mann gehört zu den Zeugen und wird ins Besprechungszimmer geleitet. Das zahlreich anwesende Publikum wird für seine Ausdauer redlich belohnt. Es ist Fürst Philipp zu Eulenburg-Hertefeld, der da mühselig den Weg zur Verhandlung hinter sich brachte und sich bereit hält für seine Zeugenaussage. Er will endlich heraus aus dem Sumpf von abträglichen Gerüchten. Er will sich rein waschen vom aufgewühlten Dreck der letzten Wochen und Monate.

Fast wäre Eulenburg im Wartezimmer mit Bernhard von Bülow zusammengetroffen. In letzter Minute verhindert die besorgte Staatsanwaltschaft, dass beide unmittelbar vor der Verhandlung aufeinander treffen und sich möglicherweise absprechen können. Bülow bekommt ein separates Zimmer. Damit kam eine wahrhaft theatralische Situation leider nicht zustande. Was hätten sich der tief gestürzte Eulenburg und der im vollen Glanz der Macht stehende Bülow nicht alles zu sagen gehabt. Jahrzehnte waren sie befreundet gewesen, hatten sich gegenseitig gefördert, getröstet, geschmeichelt. Und nun saßen sie Tür an Tür im Gericht.

Auf der Tribüne drängen sich die juristischen Fachbeobachter: Staatsanwälte, Strafverteidiger, Journalisten. Unten im Saal jede Menge erwartungsvolles Publikum. Bleich sitzt Adolf Brand auf der Anklagebank. Sein tief ausgeschnittener Hemdkragen ist von einer «Künstlerkrawatte» umschlossen. Seine Gesichtsfarbe wechselt von zunächst gelbblasser Tönung bis ins Grünlich-Weiße. Tags zuvor hatte er noch Ohnmachtsanfälle erlitten. Sein Anwalt versucht vergeblich, das Verfahren mit Hinweis auf Brands Gesundheitszustand zu verschieben. Das Gericht ruft die Zeugen auf. Nicht erschienen sind die schwulen Potsdamer Skandalnudeln Graf Wilhelm von Hohenau, der sich auf Auslandsreisen befindet, und Graf Johannes von Lynar, der «unbekannt verzogen» ist: Seine Anschrift in der Untersuchungshaft war anscheinend Geheimsache. Es recken sich die Hälse, als Philipp Eulenburg den Saal betritt: «Der Fürst zu Eulenburg – das bin ich», sagt er mit rauer Stimme. Mehr nicht. Atemlose Spannung, als er schlurfend den Saal wieder verlässt.[5]

Der dreiunddreißigjährige Adolf Brand erläutert zunächst seinen Lebenslauf: Seminarist, Buchhändler, dann Mitarbeiter der «Lichtstrahlen», einer Hamburger Zeitschrift, später hauptberuflicher Kämpfer für die Rechte der Homosexuellen. Gleichgeschlechtliche Liebe, das ist für ihn die «große, ideale, seelische Zuneigung des Freundes zu dem Freunde».[6] Brand bekennt sich zum Anarchismus, denn die einzelne Persönlichkeit stehe höher als der Staat. «Ich habe in meinem Artikel den Reichskanzler als homosexuell bezeichnet. Damit habe ich ihm keineswegs einen Vorwurf machen wollen. Am allerwenigsten wollte ich, der ich für die Abschaffung des § 175 und für die soziale Wiedergeburt der Freundesliebe wirke, den Fürsten Bülow mit der Feststellung seiner homosexuellen Veranlagung beleidigen. Es lag mir daran, eine Tatsache zu konstatieren, eine Veranlagung, die allgemein verbreitet und so natürlich ist, dass sie bei allen Völkern vorkommt und auch bei den Tieren.»[7]

Das ist dem Staatsanwalt schon zu viel: Er verlangt den Ausschluss der Öffentlichkeit, falls Brand weiter so «schamlos» daherredet. Brand breitet seine Verschwörungstheorie aus. Harden, Hirschfeld und Bülow steckten alle unter einer Decke, wollten den gutherzigen Philipp Eulenburg zur Strecke bringen. Als erster Zeuge wird der Reichskanzler aufgerufen. Bülow ekelt sich, mit Brand in einem Raum sitzen zu müssen. Das widerspricht dem aristokratischen Ehrgefühl des Kanzlers. Mit Grausen erinnert sich Bülow: «Der Angeklagte, ein verkommenes Subjekt, saß neben der Bank, wo ich als Kläger Platz zu nehmen hatte.»[8]

Der Kanzler macht keine langen Vorreden. «Ich erkläre unter meinem Eide, dass homosexuelle, perverse, normwidrige Neigungen und Gelüste mir seit jeher nicht nur im höchsten Grade widerwärtig, sondern auch vollkommen unbegreiflich gewesen und erschienen sind. Diese meine eidliche Erklärung bezieht sich nicht nur auf Zuwiderhandlungen gegen § 175, sondern auf all und jede homosexuelle Neigung, Anlage und Empfindungen in jeder Form und in jedem Grade.»[9] Der Geheimrat Scheefer wohne zwar in einem Flügel der Reichskanzlei, damit er schnell erreichbar sei, wenn eilige Vorlagen zu bearbeiten seien; besonders familiäre Umgangsformen habe es mit ihm jedoch nie gegeben. «Ich bin nie mit ihm spazieren gegangen oder geritten oder gefahren, weder hier noch in Norderney, noch in Rom, noch irgendwo anders.» Es sei auch keineswegs besonders ungewöhnlich, dass ein ehemaliger Eisenbahnbeamter wie Scheefer eine Blitzkarriere mache. Die Beförderung sei nicht etwa der Lohn für Liebesdienste, sondern habe lediglich mit der hohen Arbeitsbelastung von morgens neun Uhr bis spät abends zu tun. Am Ende von Bülows Vernehmung erheben sich die Richter und verbeugen sich.

Für Bülow ist der Fall erledigt. Erhobenen Hauptes schreitet er aus dem Saal. Sein Auftritt war sowieso nur Vorspeise. Alles freut sich jetzt auf das Hauptgericht. Hungrig nach Sensation erwartet man Eulenburg. Zum ersten Mal würde er sein Schweigen brechen, würde öffentlich Stellung nehmen zu den Vorwürfen. Was Philipp nicht ahnen konnte: Harden und Bernstein hatten eine Falle ausgelegt, gut getarnt und raffiniert erdacht. Sie würden später jedes Wort aus dem Mund von Eulenburg auf die Goldwaage legen. Sie waren entschlossen, aus dieser Aussage einen Strick zu drehen, der dem Fürsten endgültig die Luft abschnürte. Mit ein paar Sätzen brachte sich Eulenburg um seine letzte Chance, aus der ganzen Sache doch noch herauszukommen. Harden hatte sein bewährtes Gift dabei: Wie gesagt, es genügte ein winziger Tropfen. Es kitzelte nur. Und lähmte dann zuverlässig.

Eulenburg weiß natürlich, warum er in diesem Prozess als Zeuge geladen ist: «(...) weil ich für homosexuell veranlagt ausgegeben werde.» Daher bittet er um ein paar Worte in eigener Sache. Er widerspricht zunächst energisch der Behauptung, er habe mit Bülow über homosexuelle Dinge auch nur gesprochen.

«Ich erkläre auf das Bestimmteste, dass ich mir in meinem Leben nie strafbare Handlungen in Bezug auf § 175 habe zuschulden kommen lassen. Was das Übrige betrifft, lasse ich mich nicht aus. Denn sonst fühlt sich kein Mensch mehr sicher, als homosexuell angesehen zu werden», sagt Eulenburg unter Eid.[10] Das war bereits unklug. Allerdings hielt er sich im Prozess gegen Brand mit diesen Worten noch ein letztes Hintertürchen offen: Eine strafbare Handlung «in Bezug auf § 175», das war nach damaliger juristischer Auslegung nur ein nachgewiesener Oral- oder Analverkehr. Gegenseitige Onanie gehörte nicht dazu. Ob Eulenburg diesen wichtigen Unterschied bereits bedacht hatte, bleibt natürlich für alle Zeiten offen. Fest steht, diese Aussage war mit viel gutem Willen noch interpretationsfähig.

Eulenburg singt ein Loblied auf die Freundschaft im Allgemeinen und in seinem speziellen Fall. «Ich habe enthusiastische Freundschaft gehalten, ich habe Briefe geschrieben, die überschwellen in freundschaftlichen Empfindungen, und ich mache mir absolut keinen Vorwurf daraus. (...) etwas Böses, Schlechtes, Schmutziges hat doch aber nicht darin gelegen.» Eulenburg kann sich nicht verkneifen, mit einigen Worten auf das Gerede von der «Kamarilla» einzugehen, doch er wird sofort vom Vorsitzenden Richter unterbrochen. Bloß keine Politik! Das Gericht fürchtet unkontrollierbare Debatten, will Kanzler und Kaiser auf jeden Fall aus diesem Verfahren heraushalten.

Der Sohn des Reichskanzlers und der Haushofmeister versichern übereinstimmend, dass Bernhard von Bülow niemals homosexuelle Anwandlungen hatte. Es wird eng für Adolf Brand. Sein Urteil steht fest, als der Zeuge Joachim Gehlsen aufgerufen wird. Schließlich wollte Brand seine Informationen von diesem «ehrenwerten» Herrn erhalten haben. Doch Gehlsen hatte natürlich auch keine handfesten eigenen Beweise für eine Homosexualität Bülows. Stattdessen nennt er Magnus Hirschfeld und Günther von der Schulenburg als seine beiden Quellen. Zwar hätten sie nichts «Tatsächliches» mitzuteilen gewusst, aber doch Andeutungen gemacht. Schulenburg habe Briefe geschrieben, Hirschfeld habe entsprechende mündliche Bemerkungen gemacht. Gehlsen war selbstverständlich eifrig bemüht, jede persönliche Beteiligung an dem umstrittenen Artikel von Adolf Brand abzuleugnen. Hier war sich jeder selbst der Nächste. Möglichst schnell weg vom Strudel, in dem Brand zu verschwinden drohte. Ein Abenteurer wie Gehlsen wusste sich aus bedrohlichen Lagen zu befreien. Im Gegenteil zu Brand war er glitschig wie ein Fisch, wenn ihn die Justiz greifen wollte.

Gehlsens Aussage rückt Magnus Hirschfeld in ein ausgesprochen trübes Licht, denn tatsächlich sind beide seit längerem miteinander bekannt. Der zwielichtige Journalist gehörte sogar zu Hirschfelds Patienten. Wochenlang behandelte der Arzt den schwächlichen, sozial heruntergekommenen Gehlsen, versuchte, dessen Lungenleiden und Herzschwäche zu kurieren. Dabei wurde auch immer wieder über die Lage der Homosexuellen geplaudert, über neue Erpressungsfälle, Selbstmorde, aktuelle Schlagzeilen. Gehlsens Behauptung, er habe von Hirschfeld dies und das über Bülow erfahren, war also nicht von vorneherein absurd.[11] Der Gründer des wissenschaftlich-humanitären Komitees versichert dem Gericht jedoch, er habe über Bülow «nichts Authentisches» gehört.

Auf Nachfrage des Richters, ob es etwa einschlägige Gerüchte um den Kanzler gegeben habe, antwortet Hirschfeld: «Es ist in homosexuellen Kreisen allerdings außerordentlich verbreitet und gewöhnlich, über die Homosexualität aller möglichen Personen zu sprechen und Vermutungen anzustellen. Man muss unterscheiden zwischen einfachen, vagen Gerüchten und Konjekturen und Gerüchten mit fester Unterlage. Letztere sind bezüglich des Fürsten Bülow nicht vorhanden.»[12] Es kommt zu einem tragikomischen Streit zwischen Gehlsen, Brand und Hirschfeld. Jeder will vom anderen seine Informationen bekommen haben. Für Hirschfeld ein ruinöser Auftritt. Gerade war er noch der kundige Gutachter im Harden-Prozess, hatte medizinische Autorität, jetzt steht er als Plaudertasche und Propagandist da. Ihm platzt der Kragen: «Wir wollen nur wissenschaftlich, nicht aggressiv wirken. Nun geht uns aber viel Material zu, welches wir statistisch verarbeiten. Dabei haben wir aber den

Grundsatz, nur dasjenige der Presse zu geben, was schon im Allgemeinen der Presse bekannt ist, wobei aber eine richtige Information wünschenswert erscheint.»

Der Zeuge Günther von der Schulenburg ist nicht erschienen. Adolf Brand hat keinen einzigen glaubwürdigen Verbündeten. Die Anklage verlangt für ihn die Höchststrafe, zwei Jahre Gefängnis, und sofortige Verhaftung. Der Angeklagte verteidigt im Schlusswort sein Vorgehen. Skurril wirkt dagegen sein Lob für Eulenburg. «Die einzige Freude, die ich bei diesem Prozesse erlebte, war, dass Fürst Eulenburg den Mut hatte, hier zu erklären: Gewiss, er habe stets seine Freunde schwärmerisch geliebt, aber diese Freundschaft habe nichts mit den schmutzigen Angelegenheiten zu tun, die sonst allgemein untergeschoben werden. Sonst haben leider meine sämtlichen Zeugen versagt. Es war für mich entsetzlich! Ich bereue es sehr, auf derartige Aussagen etwas gegeben zu haben. (...) Ich habe mich jetzt nur in der Wahl der Mittel vergriffen.» Am Ende verweist Brand auf seine armen, alten Eltern, denen das Verfahren sehr nahe gehe. Um sechzehn Uhr fünfzehn ist die Verhandlung beendet, das Gericht zieht sich zur Beratung zurück.

Eine Stunde später wird das Urteil verkündet. Adolf Brand bekommt achtzehn Monate Gefängnis und wird sofort abgeführt. «Es ist dabei berücksichtigt worden, dass der Angeklagte ohne Familie, und daher leicht in der Lage ist, seinen Wohnort zu wechseln, dass ferner dem Bund der Homosexuellen notorisch große Mittel zu Gebote stehen, die es dem Angeklagten ermöglichen könnten, sich der Strafverbüßung durch die Flucht zu entziehen», begründet das Gericht das harte Vorgehen.

Für die Homosexuellen war der Prozess Bülow gegen Brand eine Katastrophe. Hirschfeld wurde als «öffentliche Gefahr» bezeichnet. Seine Wissenschaft sei mehr Wahnsinn als Methode, behauptet die «Deutsche Zeitung». Sein Vorgehen sei «gemeingefährlich»: «Nach dem System des Dr. Hirschfeld kann schließlich jeder für abnorm erklärt werden, während in Wirklichkeit nur das System des Herrn Hirschfeld oder gar er selbst abnorm sind. Das Verhalten des Dr. Hirschfeld ist eine ständige Quelle allgemeinster Beunruhigung. Es ist nicht erwiesen worden, wie weit die Geschichten über den Grafen Kuno Moltke auf Herrn Hirschfeld zurückzuführen sind.»

Unruhestifter Günther von der Schulenburg bekam später doch noch sein Fett weg. Er war in einer Münchener Halbmonats-Zeitschrift als «dunkler Ehrenmann» bezeichnet worden, dessen Treiben gemeingefährlich sei. Schulenburg klagte wegen Beleidigung. Der verantwortliche Redakteur musste auch tatsächlich fünfzig Mark Strafe bezahlen. Der eigentliche Verlierer des Prozesses war aber Schulenburg, denn seine intriganten Briefe an Adolf Brand und Joachim Gehlsen wurden noch einmal hervorgeholt und laut verlesen - von Staranwalt Max Bernstein. Statt seinen lädierten Ruf aufzupolieren, verlor Schulenburg jeden Rest von Reputation. Übrigens hatte er sich voller Selbsthass über die Schwulen geäußert. So vermutete Schulenburg, dass Wilhelm II. die Homosexuellen wegen deren vollendeter Begabung zur Speichelleckerei lieb gewonnen hatte. «Seine Majestät ist noch immer von warmen Brüdern umgeben. Wenn er auch die Veranlagung als solche nicht schätzt, so ist er von den Leuten dieser Art desto mehr eingenommen, denn er ist schon so verwöhnt, dass er die Wahrheit nicht mehr hören mag.»[13] Schwule als schmierige Lobhudler, diese Ansicht war weit verbreitet. Man sieht: Es war der Hass auf erfolgreiche Günstlinge, der das Feuer der Empörung am Lodern hielt. Wer allzu erfolgreich Komplimente machte und sich verstand auf die hohe Schule der Schmeichelei wurde als weibisch gebrandmarkt. Das hatte bekanntlich schon die wütende Zeus-Ehefrau Hera vorgemacht.

«Ganymed» Eulenburg wusste sehr genau, dass man bei Hofe unter ständiger Beobachtung stand. Jedes Wort war sorgsam abzuwägen. Jeder Satz wurde garantiert von Mund zu Mund weitergetratscht. Da empfahl sich äußerste Vorsicht. Man musste sich mit glitzernden Schmeicheleien panzern, um von keiner Seite angreifbar zu sein. Das war nicht Lust an der Übertreibung, sondern reine Vorsichtsmaßnahme, Überlebenstechnik. Wer an der Tafel des Herrschers saß, musste jederzeit mit dem Absturz rechnen. Im Übrigen war es oft sinnvoll, Komplimente nicht direkt zu machen, sondern über zwei, drei Ecken loszuwerden. Das erforderte Talent und Einfühlungsvermögen. Weil vielen Männern beides fehlte, versuchten sie, diese Fähigkeiten als Untugenden und Laster hinzustellen. Gutes Benehmen als Risikofaktor.[14]

«*Verschickung in die Kolonien*»
Dem Reichstag fehlen die Worte

Zwei sensationelle Prozesse waren vorüber. Tabus waren gebrochen. Zeitungen hatten offen und ohne Umschweife über Homosexualität berichtet. Die Schwulen in der Armee waren nicht länger Staatsgeheimnis. Der Vorhang war aufgezogen worden, dem Publikum öffnete sich der Blick auf eine bis dahin sorgfältig verborgene Kulisse. Alles redete über Eulenburg. Nur im Parlament dauerte es seine Zeit, bis man sich mit der Affäre beschäftigte. Erst in der Haushaltsdebatte vom 28. November bis zum 2. Dezember 1907 überwanden sich ein paar Abgeordnete und machten den Skandal zum Thema der Aussprache. Das war keine leichte Übung, denn den Politikern der Zeit fehlten die Worte.

Wundern braucht man sich darüber nicht, denn schließlich taten sich deutsche Abgeordnete sogar achtzig Jahre später äußerst schwer mit vermeintlich anrüchigen Vokabeln. Noch 1989 hieß es im Deutschen Bundestag: Bloß keine Schwulitäten! Damals fürchtete ein Vertreter der Unionsparteien einen «militanten Kreuzzug» der Grünen für die Verbreitung der Homosexualität. Außerdem warnte er davor, von «Lesben» und «Schwulen» zu sprechen. Diese Begriffe seien nämlich für die meisten Bürger «negativ besetzt». In den parlamentarischen Drucksachen war ausschließlich von «Homosexuellen» die Rede. Wer sich weniger vornehm ausdrückte, wurde zwangsweise korrigiert.[15] Erst in den letzten Jahren hat sich das geändert. Mit den Turnschuhen, offenen Hemden und Jeans zogen auch lockere Sprachsitten ins Parlament ein. Für viele Altgediente immer noch ein Ärgernis. Insofern sollte man die parlamentarischen Verklemmtheiten zur Zeit der Eulenburg-Affäre nicht als völlig museale Erscheinungen abtun. Vor wenigen Jahren steckten wir noch mitten drin im Muff der spätbürgerlichen Wohlanständigkeit. «Nicht einer meiner schwulen Kollegen bei den anderen drei Fraktionen wagt ein öffentliches Coming-out – obwohl es doch die Spatzen von den Dächern des Bundeshauses pfeifen», sagte die damalige Grünen-Politikerin Jutta Oesterle-Schwerin, später Geschäftsführerin der feministischen Partei «Die Frauen». Inzwischen haben einige den Schritt in die Öffentlichkeit gewagt, mal zaudernd, mal mit großem Getöse. Bravo, würde man rufen, wenn man nicht wüsste: Dafür waren hundert Jahre Anlauf nötig.

Der Zentrums-Politiker Peter Spahn vergriff sich Herbst 1907 als Erster an dem Thema, das in den Salons und auf den Straßen für Furore sorgte. «Es sind in diesem Prozess (...) Tatsachen enthüllt worden, von denen man nur sagen kann, dass sie einem Sittenbild aus dem heidnischen Rom entsprechen», klagte der Kieler Oberlandesgerichts-Präsident im Plenum des Reichstags.[16] Worum es eigentlich ging, das blieb im Reichstag überwiegend unausgesprochen: «Auf die Sache, die uns in den letzten Tagen so viel beschäftigt hat, auf diese widernatürlichen Scheußlichkeiten an sich gehe ich nicht ein», erklärte etwa der Antisemit Max Liebermann von Sonneberg.[17]

Einmal mehr deutsche Kontinuitäten: Dieselbe Sprache bestimmte die Bundestagsdebatte vom 20. Januar 1984 über den General Günther Kießling, der fälschlicherweise verdächtigt wurde, homosexuell zu sein und daraufhin vom Verteidigungsminister «unehrenhaft» entlassen wurde. Man redete 1984 von «schlüpfrigen Anwürfen aus der Szene», einem «Umfeld, das mit Sicherheit nicht nur für Erpressungen die beste Voraussetzung bietet», «widerwärtigen Details aus einem bestimmten Milieu», «bestimmten Veranlagungen», sowie einem «unappetitlichen Verdacht»[18]. Außerdem behaupteten konservative

Politiker damals übereinstimmend, bei einem Soldat, der in einem homosexuellen Lokal gesichtet worden sei, müsse man von einem «eindeutigen Sicherheitsrisiko» sprechen. Es gebe «begründete Zweifel an der Zuverlässigkeit» Kießlings, hatte Verteidigungsminister Manfred Wörner behauptet. Außerdem legte er Wert darauf, dass er und seine Mitarbeiter «sich bemüht haben, diese Dinge nicht in dieser Weise an die Öffentlichkeit kommen zu lassen».

So etwas hätte siebenundsiebzig Jahre zuvor auch der deutsche Kriegsminister und Generalleutnant Karl von Einem sagen können. Der wilhelminische Militärchef war nach Kräften bemüht, die Dinge herunterzuspielen. Immerhin: Er bemühte sich redlich, dem Phänomen Homosexualität auf die Spur zu kommen: «Meine Herren, ich habe bisher niemals über diese Dinge gelesen; sie waren mir fremd, und sie waren mir ekelhaft.»[19] Für unfreiwillige Komik hatte der Reichstag damals offenkundig wenig Sinn, denn sonst hätte das Protokoll Heiterkeit verzeichnen müssen bei der Klage des Ministers: «(...) die Tatsache steht allerdings fest, dass unsere Soldaten sich nur mit Mühe der Angriffe erwehren, die von den Buben aus Zivilkreisen auf sie gemacht werden.» Es findet sich als Reaktion nur ein doppeltes «Hört!» aus den Reihen der Sozialdemokraten.

Der Kriegsminister glänzte mit seinen Kenntnissen aus «Broschüren und wissenschaftlichen Schriften». Welche er genau überflogen hat, ist leider nicht überliefert. Es scheint sich jedoch um durchaus erotische Werke gehandelt zu haben: «(...) daraus geht denn allerdings eindeutig hervor, dass die Männer, die mit dieser Leidenschaft behaftet sind, sich diejenigen Männer aussuchen, die ihnen die starken, die vollkommenen an Manneskraft erscheinen. Zum Beispiel sollen Lastträger, Rollkutscher, Bierkutscher ganz besonders Objekte ihrer Lust sein (...).» Soldaten seien mit ihrer Uniform aber nun leider die besonders reizvollen Zielpersonen, nämlich Sinnbilder von Tapferkeit und Kraft. Eine Sofortmaßnahme gegen diesen Fetischismus war ein Ausgehverbot für Soldaten. Sie durften in «weißen Hosen und langen Stiefeln in der Dunkelheit nicht ausgehen». Damit hoffte man die «Angriffe der pervers veranlagten Teile des Zivilpublikums» abzuwehren. Maximilian Harden amüsierte sich in der «Zukunft» über diese Verteidigungsstrategie und schrieb: «Mit Gewalt kann man einen Kürassier doch wohl nicht zu Sexualhandlungen zwingen. Der wüsste sich seiner Geschlechtsfreiheit schließlich zu wehren.»[20]

Der nationalliberale Ernst Bassermann seufzte, man könne «gar keine Zeitung mehr in einem Hause, in dem sich Kinder befinden, auf dem Tische liegen lassen».[21] Friedrich Payer von der Fortschrittlichen Volkspartei witterte sogar größte gesellschaftliche Schäden durch die breite Berichterstattung. Das «Allerschmerzlichste» an den Prozessen sei die «unerwünschte Bereicherung des Unterhaltungs- und Belehrungsstoffes nicht bloß auf der Bierbank, sondern bis in die Familienkreise hinein. Der Schaden, der durch diese Form von Aufklärung über Dinge, welche Gott sei Dank der großen Menge der Bevölkerung bisher fern gelegen sind, angestellt worden ist, ist ein viel größerer, als man übersehen kann; er wird ein dauernder sein und Schuld an diesem Schaden sind nicht nur die Vertreter des Lasters allein, sondern mindestens eben so sehr ein Teil der Akteure in jenen Verhandlungen und auch ein großer Teil der Presse, der (...) sich die Reserve, die man schon den unmündigen Lesern der Zeitung schuldig gewesen wäre, nicht auferlegt hat.»[22]

Natürlich wurde immer wieder der § 175 angesprochen. Liebermann von Sonneberg: «Unter einer Bedingung, meine Herren, bin ich auch für die Aufhebung des § 175, wenn nämlich ein anderer dafür geschaffen wird, der Verfehlungen dieser Art mit Verschickung in eine Kolonie bestraft. Diese Kolonie müsste weit weg in die Südsee verlegt, vorher von allen anderen Einwohnern verlassen werden. Das Aufsichtspersonal könnte man aus gut bezahlten, kräftigen Waschfrauen zusammensetzen, die ab und zu abgelöst würden; gefährdet sind sie ja dort nicht.» Das Protokoll verzeichnet «Heiterkeit»[23]. Magnus Hirschfeld könne «dort seine Studien machen,» ergänzte der konservative Parlamentarier.

August Bebel hatte dagegen mutig bekannt: «Jawohl, der

§ 175 ist nach meiner Ansicht unhaltbar.»[24] Der Sozialdemokrat verwies auf viele «persönlich Unschuldige»: «(...) wenn alle diejenigen, die allein hier in Berlin gegen den § 175 verstießen, zur Verantwortung gezogen werden sollten, reichen zwei neue Gefängnisse von der Größe Plötzensees nicht aus, um sie unterzubringen.» Diesen Hinweis hatte Bebel übrigens schon 1898 gegeben, sehr zur Verwunderung seiner Reichstags-Kollegen. «(...) Sie haben keine Ahnung, wie viel respektable, ehrenwerte und brave Männer selbst in hohen und höchsten Stellungen Jahr für Jahr in den Selbstmord getrieben werden, die einen aus Scham, die andern aus Angst vor dem Erpresser.» Bebel wies als einziger Redner auf die Tatsache hin, dass der § 175 nur homosexuelle Männer betraf, nicht aber «Damenkreise».

Am meisten beunruhigt war der Reichstag nicht über den § 175, sondern über die Zustände in der Armee. Man fürchtete um die sittliche Reinheit des Soldatenstandes. Alles Militärische wurde von den Eliten im wilhelminischen Deutschland überhöht. Mit Uniform, Männerbund und den vermeintlich «preußischen Tugenden» verbanden sich bis tief in die bürgerlichen Schichten hinein Sehnsüchte, Träume von sozialer Ordnung und gesellschaftlichem Aufstieg. All das schien gefährdet. Peter Spahn zeigte sich empört, dass ausgerechnet im Garde-Regiment sittliche Verfehlungen vorgekommen waren und klagte mit einer ihm sicher nicht bewussten komischen Doppeldeutigkeit: «(...) gerade für diese Regimenter kommen ja körperliche Beschaffenheiten in Betracht, nach denen der Einzelne ihnen zugeteilt wird. Nun frage ich mich: Mit welcher Besorgnis werden die Eltern ihre Kinder einem solchen Regimente zugeteilt sehen und welche Besorgnis wird sie erfüllen während der ganzen Zeitdauer, die der Sohn in einem solchen Regimente dient!»[25]

Um die Wogen zu glätten, ging Bernhard von Bülow spontan ans Rednerpult. Er wendete sich «gegen die Auffassung, als ob das deutsche Volk und das deutsche Heer in ihrem innersten Kern nicht vollkommen gesund wären». In der deutschen Armee herrschten keineswegs Zustände «wie im sinkenden römischen Kaiserreich»[26]. Bülow verwahrte sich dagegen, von einer

«Korruption des Adels, von einer Verseuchung der Armee» zu sprechen. Es ging um die Grundpfeiler der Gesellschaft. Immer wieder sprachen Redner von einer notwendigen Therapie mit «Feuer und Schwert». Der Kanzler: «Nur wenn die Gesellschaft solche Zustände wissentlich duldet, wenn sie nicht sich selbst reinigt, macht sie sich einer Mitschuld schuldig. Gott sei Dank stehen aber unser Adel wie unser Bürgertum, unsere militärischen Kreise wie unsere bürgerlichen Berufe so ehrenwert da, dass Ausschreitungen Einzelner sie nicht beschmutzen können.»

Der Kriegsminister stellte missmutig fest, es gebe «eine Richtung, eine wissenschaftliche, wie sie sich nennt, die darauf ausgeht, dass die Leute mit diesen unglücklichen oder unseligen Eigenschaften als vollständig natürlich angesehen werden, dass sie gleichberechtigt wären». Dies wollte von Einem keinesfalls unkommentiert stehen lassen. Wissenschaft hin oder her: «Mir sind diese Leute ekelhaft und ich verachte sie! (...) eins steht unbedingt fest: Mag dem sein, wie ihm wolle, ein solcher Mann darf nie und nimmer Offizier sein!» Diese Ansicht erfreut sich bekanntlich bis ins 21. Jahrhundert großer Beliebtheit in den Armeen dieser Welt. Die Wissenschaft musste im Reichstag überhaupt herhalten für alle möglichen absurden Behauptungen. So betätigte sich der Sozialdemokrat Eduard David als Forscher und kam zum Schluss, dass «bei langem Heiraten in einem engen Verwandtschaftskreis - Inzucht pflegt man es zu nennen - ganz besonders häufig solche Rückschläge, solche mangelhaften sexuellen Differenzierungen vorkommen. (...) man muss verhindern, dass diese in so hohen, einflussreichen Stellungen stehenden Leute durch ihren Einfluss, ihre Stellung, ihre Macht, ihr Geld das sexuelle Leben gesunder junger Leute korrumpieren dürfen.»[27]

Harden kommentierte die Bemühungen der Politiker, die homosexuellen «Verfehlungen» zu absoluten Ausnahmeerscheinungen herunterzuspielen, mit einem Zitat aus der «Potsdamer Korrespondenz» vom 1. Dezember 1907. Danach seien siebzehn Soldaten eines Gardekavallerie-Regimentes «aus Gründen, die mit dem § 175 zusammenhängen» entlassen oder von der Beför-

*Philipp zu Eulenburg-Hertefeld im reifen Mannesalter.
Die Augen blicken ins Leere – oder in eine weit entfernte Kunstwelt, wo die moralischen Gesetze der Zeit außer Kraft gesetzt sind?*

derung ausgeschlossen worden.[28] Harden ergänzt: «Verseucht ist ein Haus schon, wenn zwei Bewohner infiziert sind. Verseucht sind die Regimenter ganz selten durch Offiziere, meist durch Zivilisten. Fragt die Fachleute, wie weit die Schmach gediehen war; was in der Berliner Zeltengegend vorging.» Ein Zivilist soll sich sogar «erdreistet» haben, einem Sergeanten in der Potsdamer Kaserne ein eigenes Zimmer einzurichten für die täglichen Besuche.

Für den Kanzler war das wegen seiner engen Verbindungen zu Philipp Eulenburg naturgemäß ein hochbrisantes, heikles Thema. Bülow ruderte kräftig, um von den gefährlichen Strudeln wegzukommen. Ihm sei «etwas Tatsächliches oder auch nur Greifbares erst im Frühjahr dieses Jahres zur Kenntnis gebracht worden». Das dürfte nach Lage der Dinge hart an der Grenze zur glatten Lüge gewesen sein. Bülow mühte sich eifrig, seine offenkundigen Unterlassungen und Ausflüchte als staatsmännische Pflicht hinzustellen. «Ein verantwortlicher Minister kann so schwerwiegende Anschuldigungen nur erheben, wenn er auch in der Lage ist, für solche Beschuldigungen gleichzeitig Beweise vorzulegen. Was wird in unserer Zeit nicht alles geklatscht und getratscht!»[29]

Der Kaiser war «not amused» über die Debatte im Reichstag. Er weilte gerade auf Besuch in England und hatte dort ohnehin Angst vor peinlichen Fragen nach dem Verbleib seines langjährigen Busenfreundes Eulenburg. Schließlich hatten auch die englischen Zeitungen ausführlich darüber berichtet. Entsprechend gereizt reagierte Wilhelm II., als beim Abendessen auf dem Landsitz Highcliffe ein Reuters-Telegramm über die Aussprache im Reichstag herumgereicht wurde. Wilhelm tobte. Es sei unerhört vom Kanzler gewesen, die Affäre Moltke-Harden überhaupt im Plenum anzusprechen. Der Kaiser meinte allen Ernstes, man hätte dem Parlament verbieten können, über das Thema zu debattieren: «Von Kamarilla, höfischen Intrigen, überhaupt vom Hofe dürfe im Reichstag nicht gesprochen werden.»[30] Insbesondere über die öffentliche Erwähnung des «Privat-Zwiegesprächs» im Garten des Marmorpalais zwischen ihm und seinem

Sohn war Wilhelm II. erbost. Das gehöre in keiner Weise vor den Reichstag. «Privat war das Gespräch und bleibt es auch und Niemanden geht es etwas an.» Andernfalls könne Kuno von Moltke gar noch den Kronprinzen wegen Verleumdung anzeigen und vor Gericht zerren. In seinem Zorn verfasste der Kaiser sofort ein entsprechendes Telegramm an den Kanzler.[31] Der anwesende deutsche Botschafter in England, Paul von Wolff-Metternich, überredete Wilhelm II. allerdings, das Papier nicht an die Post zu geben. Andernfalls werde Kanzler Bülow wohl seinen Abschied einreichen. Der Kaiser zerknüllte daraufhin seinen schriftlichen Wutausbruch und warf ihn in die Ecke. Am nächsten Morgen ging ein abgemildertes Telegramm nach Berlin.

«Nennen Sie das keine Schmutzerei?»
Die Falle schnappt zu

Alles freut sich auf Weihnachten, auf ein paar freie Tage. Wenige werden vor dem Fest so gezittert haben wie Philipp Eulenburg. Kurz vor Heiligabend würde das Berufungsverfahren Moltke gegen Harden beginnen – mit ungewissen Folgen. Am 12. Dezember 1907 schreibt Philipp: «Ich habe alle geladenen Zeugen nicht zu fürchten, aber es scheint wieder schweres Geschütz gegen mich aufgefahren zu werden. Ich glaube nicht an einen ‹sanften Verlauf›! Man will mich langsam zum Selbstmord treiben aus Verzweiflung – und die Taktik ist ganz richtig. Lange halte ich dieses Leben trotz meines Glaubens und aller Freunde nicht mehr aus.»[32] Eulenburg war zu einem spektakulären Zeugenauftritt entschlossen. Ein erbitterter Kampf der Siechen und Leidenden stand bevor. Philipp selbst laborierte weiter an seiner Nervenentzündung. Geheimrat Holstein klagte über Krampfadern und besorgte sich einen schmerzlindernden Gummistrumpf. Harden lag mit entzündetem Rippenfell im Bett, konnte nur schwer atmen, kaum reden, war schwächlich.

In der «Zukunft» hatte er sich empört: «Der ganze Aufwand des erstens Verfahrens, Zeit, Mühe, Kosten, Nervenkapital ist nutzlos vertan. Ein im Namen des Königs gesprochenes Urteil mit einem Federstrich aus der Welt geschafft und ein neues Verfahren eröffnet.»[33] Harden gibt sich schon auf. Es habe keinen Zweck mehr, das Gehirn anzustrengen, die «Zukunft» werde womöglich schon Anfang Dezember eingehen. Sein Anwalt Max Bernstein sei durch einen anderweitigen Prozess abgelenkt und derzeit unabkömmlich: «Die Sache ist ja ‹oben› abgemacht. Man müsste schon Eiswasser in den Adern haben, um bei solcher Büberei ruhig zu bleiben.»[34] Es sei lächerlich, gegen die Mauern anzurennen.

Sogar Friedrich von Holstein, der Harden eigentlich aufmuntern und trösten will, kann nur eine verhalten pessimistische Prognose abgeben: «Im Allgemeinen ist man auf eine größere Geldstrafe gefasst, hält diese, wie die Dinge einmal liegen, für wahrscheinlicher als Freisprechung.»[35] Harden lässt jeden kämpferischen Elan vermissen, ergibt sich in sein Schicksal. «Ich hätte nicht geglaubt, durch diese kleine, jämmerliche Sache achtzehn Jahre asketischen, atemlosen Mühens zu verlieren, an einer mir gleichgültigen Sache meine ganze Existenz scheitern zu sehen. Nun ist's doch so geworden.»[36]

Es ist ein Auftakt nach dem Geschmack der Herz- und Schmerzblätter. Am Montag, dem 16. Dezember um neun Uhr dreißig wird das zweite Verfahren Moltke gegen Harden eröffnet. Landgerichtsdirektor Lehmann, «ein Mann mit einem ruhigen, bedeckten Tenor» sitzt leicht vornüber gebeugt an seinem Tisch: «Ein breiter, roter Streifen lief vertikal die leicht fliehende Stirn hinab nach der Nasenwurzel. Nervöse Hände blättern unablässig. Der Mann weiß, was er will, er ist der zackige Fels unbeugsamen Rechts.»[37] Der Angeklagte fehlt jedoch. Harden hatte in der Nacht zuvor einen Ohnmachtsanfall und heftige Fieberschübe erlitten. Sein Bruder, Geheimrat Witting, war angereist, um seelischen Beistand zu leisten und hatte gegen Mitternacht einen Gerichtsarzt kommen lassen. Die Diagnose war ernst. Harden werde mindestens acht Tage das Bett nicht verlassen können. Frau Harden informiert morgens um sieben Uhr telefonisch seine Anwälte. Draußen in Moabit, vor dem Gerichtsgebäude, stehen zwar wieder jede Menge Polizisten, es sind auch rund fünfzig Journalisten gekommen, aber die Öffentlichkeit scheint an der Sache Moltke-Eulenburg das Interesse weitgehend verloren zu haben. Vielleicht liegt es auch nur an der Winterkälte oder am Vorweihnachtsstress, jedenfalls sind kaum Zuschauer da.

Kuno von Moltke hat seinen Anwalt ausgewechselt. Er lässt sich nicht mehr vom biederen Adolf Gordon vertreten, sondern von Starverteidiger Erich Sello, der auch sein Scheidungsverfahren durchgezogen hatte. Sello ist eine markige Erscheinung. «Cicero-Mund» und «Cäsarenaugen» will der Boulevardreporter erkennen. Eine Stirn wie «polierter Marmor», auf der es bisweilen «zuckt und wettert». Der Anwalt hatte sehr fortschrittliche Auffassungen. Sello war gegen die Todesstrafe, gegen die Geschworenengerichte mit ihrer oft launischen Jury. Er hatte ein feines psychologisches Gespür, sprach leise und in gemessenem Tempo. Über die Folgen von Sensationsprozessen schrieb er später kluge Werke, worin er auch die Massensuggestion, die Rolle der Presse und andere Aspekte behandelte.[38] Er bedauerte, dass man im wilhelminischen Reich alle Bedenken gegen eine rabiate Strafverfolgung als «Humanitätsdusel» brandmarkte.

Sello war ein Intellektueller, Max Bernstein ein Volkstribun. Er wirkte gemütlich und robust in seiner eigenartigen Robe mit Samtbesatz auf den Schultern. Ein etwas altmodischer Schnitt wie zu Martin Luthers seligen Zeiten. Müde und abgespannt, zerfurcht vom Alter, sitzt Moltke auf seinem Platz. Ein scharfer Kontrast zu Lily von Elbe, die in jugendlicher Frische neben ihrem zackigen Sohn Wolf Platz genommen hat. Die vielen Tabletten merkt man der Dame nicht an. Eulenburg wird von seinem Sohn und seinem Kammerdiener hereingeleitet. Er zeigt auch im Alter noch Stilempfinden, kommt in schlichtes, tadelloses Schwarz gekleidet. Der schmierige Joachim Gehlsen läuft durch den Saal. Er hat eine Halbglatze. Am Hinterkopf hängen lange, schlohweiße, ungeordnete Locken bis in den Nacken.

Der «Reichsglöckner» ist auch diesmal als Zeuge geladen, und verteilt seine rotfarbene «Stadtlaterne», die auf «elendem Papier giftsprühende Bosheiten enthält».[39] Die Journalisten streiten sich um die wenigen Stühle. Einige Berliner müssen auf eine Sitzgelegenheit verzichten, weil die ausländischen Berichterstatter Vorrang haben.

Als bekannt wird, dass Maximilian Harden krankheitsbedingt nicht erscheinen wird, beantragt Oberstaatsanwalt Hugo Isenbiel, den Prozess zu verschieben. Zwar sei es grundsätzlich möglich, ohne den Angeklagten zu verhandeln, nicht jedoch in diesem Falle. Mit verbindlichem Ton verspricht Isenbiel, er werde «weitestgehende Rücksicht» auf die Nerven von Harden nehmen. Man denkt dabei an einen lächelnden Zahnarzt, der schon den kreischenden Bohrer in der Hand hält. Erich Sello schließt sich dem Wunsch nach baldiger Fortsetzung der Verhandlung an: «Herr Graf Moltke ist ebenfalls schwer leidend und total erschöpft. Ich hatte ihn zuletzt als aktiven General gesehen. Als ich ihn dann nach der Schöffengerichtsverhandlung wiedersah, habe ich ihn gar nicht mehr wiedererkannt. Die Schöffengerichtsverhandlung hat ihn fast ruiniert. Ich habe eine Zeit lang ernstlich für sein Leben gefürchtet und riet ihm, ein Sanatorium aufzusuchen. Er widersprach, da er unter allen Umständen verhandeln wollte.»[40] Ein Arzt und Max Bernstein werden in den Grunewald geschickt, um Harden zu untersuchen und mit ihm zu klären, ob er am Donnerstag anwesend sein könnte. Das Gericht macht zwei Stunden Pause. Der Gerichtsarzt schlägt nach der Untersuchung vor, erst nach Weihnachten weiter zu verhandeln. Harden fühlt sich aber wohl in seiner Eitelkeit getroffen, will auf keinen Fall den Eindruck aufkommen lassen, er drücke sich vor dem Verfahren, und erklärt, er werde am 19. Dezember anwesend sein.

Er hält sein Versprechen. Ein nebliger, regnerischer Tag. Mattgelbes elektrisches Licht erhellt den Saal. Harden trägt einen Pelz, muss sich zunächst auf die enge Anklagebank setzen, bekommt später aber einen bequemeren Sessel hingestellt. Er spricht schleppend, muss immer wieder husten. Hinter den polierten Tintenfässern stehen jede Menge Vierteljahresbände der «Zukunft». Das Gericht will jederzeit Zugriff haben auf alle angesprochenen Stellen. Der Tag geht dahin mit einer länglichen Debatte über die Einstellung des Verfahrens. Mittags um zwölf begibt sich das Gericht in die Pause.

Am nächsten Morgen beginnt die eigentliche Verhandlung. Erster Zeuge ist der Klosterpropst und Oberstleutnant Otto von Moltke, der Kuno im Mai als Emissär gedient hatte. Sie kennen sich seit fünfundzwanzig Jahren, weil sie beide in Breslau bei den Leibkürassieren ihre militärische Karriere begonnen hatten. Otto von Moltke ist ziemlich nervös, hat sich alles aufgeschrieben und liest seine Aussage größtenteils ab. Er berichtet, Kuno von Moltke sei vor lauter Angst ständiger Leser der «Zukunft» geworden, weil er wöchentlich neue Anspielungen befürchtet habe. Gegen halb eins mittags erscheint Fürst Eulenburg im Saal. Er sei noch kränker als tags zuvor und müsse daher sofort vernommen werden, allerdings unter Ausschluss der Öffentlichkeit, erklärt die Staatsanwaltschaft. Nicht einmal die Söhne Eulenburgs dürfen im Saal bleiben.

Im Kreuzverhör mit Bernstein sagt Eulenburg die verhängnisvollen Sätze, die ihn vier Monate später in größte Schwierigkeiten bringen. Während seiner Aussage wird er ohnmächtig, so dass die Verhandlung für eine halbe Stunde unterbrochen werden muss. Magnus Hirschfeld sitzt nur wenige Schritte von Eulenburg entfernt. Er will im Gesicht von Eulenburg bereits die Lüge erkannt, will den schweren inneren Kampf geahnt haben. Eulenburg wiederholt zunächst nur seine Aussage aus dem Brand-Prozess, er habe keine strafbaren homosexuellen Handlungen begangen. Max Bernstein hakt nach. Er will wissen, ob Eulenburg vielleicht andere, nicht strafbewehrte Dinge getan habe, die aus einem krankhaften Sinnestrieb hervorgingen. Eulenburg sagt wörtlich: «Schmutzereien habe ich nie getrieben. Ich bin stets ein warmer Freund meiner Freunde gewesen. Die Freundschaft ist das Edelste, was wir Deutsche haben.» Bernstein treibt ihn weiter in die Enge: «Ich habe eine präzise Frage gestellt und möchte eine präzise Antwort.» Er hatte damals nämlich schon geheimes Beweismaterial für Eulenburgs sexuelle «Fehltritte».

Seit November 1907 wusste Bernstein Bescheid. Am Biertisch in Starnberg hatte er Zeugen gefunden. Sie wussten von alten Geschichten zu erzählen. Die achtziger Jahre! Damals, in der wilden Zeit, als Eulenburg in München als preußischer Diplomat tätig war, habe er durchaus merkwürdige Männerbekanntschaften gehabt. Viel wurde gemunkelt, wenig allerdings bewiesen.[41] Der Anwalt wusste noch nicht, ob diese Zeugen auch standhaft blieben, aber er konnte aufgrund seiner streng vertraulichen Ermittlungen den Fürsten zielgerichtet in den Meineid hineintreiben oder ihn solange ins Kreuzverhör nehmen, bis Eulenburg seine Starnberger Erlebnisse zugab. Bernstein war kein Mann der vornehmen Zurückhaltung. Er fragte ohne Umschweife, ob Eulenburg jemals mit einem Mann gegenseitige Onanie getrieben habe. Damit gelang dem Staranwalt ein Volltreffer. «Nennen Sie das keine Schmutzerei?» sagte Eulenburg in völliger Hilflosigkeit. Die Falle schnappte zu. Das war der Meineid! Entweder hatte der Liebenberger tatsächlich alle diesbezüglichen Lustbarkeiten total verdrängt – «Wer sich an die Achtziger erinnern kann, ist nicht dabei gewesen» – oder er glaubte sich gefeit vor gegenteiligen Aussagen. Er war so überrumpelt, dass er verzweifelt zur Notlüge griff. Bernstein ließ den genauen Wortlaut natürlich stenografieren. Im Gerichtsprotokoll wurde die Aussage allerdings nicht wörtlich aufgenommen, obwohl Bernstein einen entsprechenden Antrag stellte. Staatsanwalt Hugo Isenbiel winkte ab: «Wir haben alle gehört, was der Zeuge gesagt hat.» Außer Bernstein wusste damals natürlich niemand, die Brisanz der vermeintlich nebensächlichen Worte einzuschätzen.[42]

Auch Eulenburg war ahnungslos. Ihm war der Ernst seiner Lage in keiner Weise klar. «Es ging wirklich recht gut. Ich konnte doch frei von der Leber weg sprechen», schreibt er seinem Vertrauten und Rechtsbeistand Karl Laemmel. «Ich konnte präzis, sicher und nach meinem Gefühl recht geschickt antworten.»[43] Mit diesem Gefühl stimmte etwas nicht, könnte man frei nach Loriot anfügen. Überschwänglich bedankt sich Eulenburg auch noch bei Oberstaatsanwalt Hugo Isenbiel für dessen Energie und dessen Einsatz, die «Atmosphäre zu reinigen». Völlig geschafft kehrt der Fürst noch vor Weihnachten nach Liebenberg zurück, im festen Glauben, sich selbst und Moltke aus dem Gröbsten herausgeholt zu haben.

Die Presse hatte von alldem natürlich nur gerüchteweise erfahren. Der Prozess wurde streng abgeschirmt. Die Journalisten waren nicht einmal bis zur Saaltür vor gelassen worden. Es kam zu Rangeleien, und sogar Kriminalkommissar von Tresckow wurde abgewiesen. So sind die Zeitungen auf Indizien, auf Hörensagen angewiesen. Man sieht einen offenbar erleichterten Kuno von Moltke Arm in Arm mit einem Freund den Gang auf und ab laufen. Es geht das Gerücht, Lily von Elbe habe ihre ursprüngliche Aussage widerrufen und behauptet, sie habe keinerlei Hinweise für homosexuelles Verhalten ihres Ex-Gatten. Ein Berichterstatter der «BZ am Mittag» drängt sich vor bis ins Zeugenzimmer, wo Frau von Elbe wartet. Er wird empfangen und schreibt über die Begegnung: «Sie sei umgefallen, sagte ich. Mit einem äußerst liebenswürdigen Lächeln entgegnete sie, dass sie gar nichts über ihr Zeugnis sagen könne. Es scheint also, dass das Gerücht nicht allzu weit von der Wahrheit entfernt ist, sonst hätte die Dame doch wohl ein Wort der Berichtigung gehabt.»[44]

Am Samstag, dem 21. Dezember, machen die Parteien vormittags einen letzten, hektischen Versuch, sich außergerichtlich zu einigen. Auf dem Gang ein großes Durcheinander, ein Kommen und Gehen. Immer wieder kommt Erich Sello aus dem Verhandlungszimmer, um sich mit Kuno von Moltke zu beraten. Der General will eine öffentliche Entschuldigung von Harden. Der Journalist soll zugeben, er sei «falsch informiert» gewesen. Die Suche nach einem Kompromiss wird am nächsten Tag fortgesetzt, scheitert jedoch. Das Verfahren geht weiter, nicht öffentlich. Das bevorstehende Weihnachtsfest lenkt die Aufmerksamkeit des breiten Publikums auf andere Dinge. Die tägliche Absperrung des Gerichtsgebäudes hat viel von ihrer früheren Schärfe verloren: «Polizei und Journalisten sind still übereingekommen, sich vornehm zu ignorieren, nur wenn einer allzu weit vordringt, wird er mit einem wohl wollenden Wink zurückgehalten.» Das klingt nach Alltag. Die Sensation scheint verflogen.

Graf Moltke scheint sichtbar gesundet, der Prozess wirkt auf ihn kräftigend. «Sein Aussehen hat sich bedeutend gebessert, seine Füße, die in grauen Gamaschen stecken, treten fester als seither auf, die Augen haben wieder den Charakter des aufrechten Soldaten, den er im Laufe der Prozesse ganz verloren hatte.»[45] Das Verhältnis zu seiner Ex-Frau hat sich anscheinend grundlegend entspannt. Rührende Szenen sollen sich abgespielt haben, man nimmt Rücksicht aufeinander, geht wieder geradezu liebenswürdig miteinander um. Das eheliche Kriegsbeil wird begraben, zum Schaden von Maximilian Harden.

Harden trägt täglich seine große, gelbe Aktentasche ins Gericht, bleibt kränklich und müde. Seine Anwälte wollen zumindest die Plädoyers öffentlich vortragen, wollen weg von der Heimlichtuerei. Auch die Presse wird unruhig. «Die Zeitungen sind nicht für Kinder und auch nicht für die unreife Jugend bestimmt, sie wenden sich an Erwachsene, und Erwachsenen kann es nicht das Geringste schaden, wenn sie die Nachtseiten des Lebens kennen lernen», schreibt die «BZ am Mittag». Man ist genervt, weil viele gute Schlagzeilen verloren gehen, weil man sich die spärlichen Informationen mühselig auf dem Flur zusammensuchen muss. Nichts bekannt wird zum Beispiel über Hardens Bemühungen, den Reichskanzler als Promi-Zeugen für seine guten Absichten zu laden. Doch welcher Politiker will seinen Ruf für einen Angeklagten in aussichtsloser Position aufs Spiel setzen?

Eine Stille Nacht dürften die Prozessgegner über die Weihnachtstage 1907 wohl kaum gehabt haben. Die Verhandlung würde zwischen den Jahren weitergehen. Das Urteil stand unmittelbar bevor. Die Spannung zehrte an den Nerven. Holstein tröstet Harden in seinem Festtagsbrief: «Aus dem Konservationslexikon ersehe ich, dass Sie erst sechsundvierzig Jahre alt sind – um ein Menschenalter jünger als ich. Was können Sie noch erleben und leisten!»[46] Die Presse interpretiere Hardens Hinfälligkeit und dünne Stimme als Mutlosigkeit, das sei jedoch gezielte Meinungsmache. Inzwischen gehörte auch die lebenslustige Lily von Moltke in diesem Schauspiel zu den bettlägerigen Akteuren. Ihr Blinddarm ist entzündet, nach den Feiertagen ist sie nicht mehr in der Lage, dem Prozess zu folgen.

Damit entgeht ihr die Aussage des Wiener Arztes Ludwig Frey, der sie 1897, auf dem Höhepunkt ihres Ehedramas, behandelt hatte. Lily sei damals bei ihrem ersten Besuch in der Arztpraxis tief deprimiert und fiebrig gewesen, erinnert sich Dr. Frey. Er habe zunächst auf Blinddarmentzündung getippt. Sie sei äußerst erregt gewesen, er habe bei ihr Blutarmut und Brechreiz festgestellt und Opium verordnet. «Der damalige Botschafter in Wien Graf Eulenburg erkundigte sich am nächsten Tage nach dem Befinden der, wie er sagte, sehr nervösen Dame. Graf Eulenburg sagte: Es ist unnütz, dem Grafen Moltke, der selber sehr nervös sei, zu telegraphieren.» Lily von Moltke habe von dem verschriebenen Rauschmittel zu viel eingenommen, behauptet Dr. Frey. Nicht der Blinddarm sei Auslöser ihrer damaligen Krankheit gewesen, sondern eine schwere psychische Störung.[47] Lily stand plötzlich als Quartalsirre da. Wenn sie damals durchgedreht war – wer wollte wissen, ob sie nicht auch jetzt einen wirren Kopf hatte? Harden ist über diese ärztliche Aussage entsetzt. Er wittert eine Intrige. Eulenburg und Frey hätten sich abgesprochen und gegen Lily verbündet, wollten die Frau gemeinsam um jeden Rest von Glaubwürdigkeit bringen.

Der nächste Schlag lässt nicht lange auf sich warten. Harden muss drei Gutachter anhören, die alle bestätigen, dass Kuno von Moltke sexuell «normal» empfindet. Medizinalrat Hoffmann: «Gegen ein etwaiges Vorhandensein einer ‹unbewussten› Homosexualität müsste man energisch Front machen, denn hier handelt es sich nicht um einen jungen Mann, sondern um einen Mann, der die Liebe selbst genossen hat und wissen muss, ob seine Freundschaft frei von erotischem Beigeschmack ist.» Der Sachverständige Albert Moll schließt sich dem Urteil an: «Ich habe während der ganzen Verhandlung absolut nichts von einem so genannten femininen Einschlag bei dem Grafen Moltke bemerkt, keine Spur von weibischer Richtung, höchstens könnte ein Übelwollender in dieser Beziehung vielleicht geltend machen, dass hier Graf Moltke hin und wieder ein Riechfläschchen benutzte.» Moltke erklärt das umgehend mit seiner Schlaflosigkeit, die ihn seit Oktober plage. Deshalb habe er Zuflucht gesucht zu einem englischen Riechsalz. Magnus Hirschfeld blamiert sich mit einem vollständigen Rückzug von seiner ursprünglichen Position. Zerknirscht muss er zugeben, dass es für Moltkes Homosexualität keinerlei konkrete Anhaltspunkte mehr gebe. Grund dafür sei die erschütterte Glaubwürdigkeit der Frau von Elbe. Die ganzen pikanten Eheanekdoten - womöglich waren sie alle frei erfunden!

Hirschfeld überfordert die Anwesenden mit Aussagen wie: «Männlichkeit und Weiblichkeit sind schwankende Begriffe.» Außerdem muss er sich peinliche Nachfragen gefallen lassen, weil er ganz allgemein dem «stark brutalen Vollmann» keinerlei schöngeistige Begabung zusprechen will, sondern gerade diese Eigenschaften mit bewusster und unbewusster Homosexualität in Verbindung bringt. Der Vorsitzende Richter sieht das völlig anders: «Auf poetisch-musikalischem Gebiet ist doch aber die Minderwertigkeit des weiblichen Geschlechts so groß.» Frauen und Schwule verstehen demnach weder etwas von Dichtung noch von Noten. Das echte Kunstwerk war nur von «echten» Männern denkbar. Bei so viel juristischem Scharfsinn bleibt Hirschfeld nur übrig, seine akademischen Waffen zu strecken. Der Staatsanwalt jubiliert. Hirschfeld habe sein ursprüngliches Gutachten nicht etwa korrigiert, sondern «vollständig beseitigt». Schlussendlich findet sich auch kein Zeuge mehr, der ein heikles Bismarck-Zitat bestätigen könnte. Eulenburg sei ein «Hintermann, auch im körperlichen Sinne», soll Bismarck gesagt haben. Anwalt Max Bernstein hatte sich diesen Satz wörtlich aufgeschrieben, aber sein Zeuge fällt um. Harden ist am Boden zerstört. Seine Kronzeugin eine Verrückte, alle Gutachter gegen ihn, Bismarck als letzte Rettung untauglich gemacht.

Am Tag vor Silvester soll erneut Lilys Glaubhaftigkeit überprüft werden. Im Gericht kommt es zum großen Ladys Day. Damen aller Stände geben ihr Urteil ab. Die frühere Kammerzofe lässt keinen Zweifel aufkommen: «Frau von Elbe war eine ganz unberechenbare Dame. Ich habe viel bei ihr gelitten. Sie vertrug sich mit niemandem und war ohne Grund aufgeregt und zänkisch. Sie sprach auch über ein uns bekanntes sehr anständiges junges Mädchen sehr unmoralische Dinge. Der Graf hatte von seiner Frau viel zu leiden. Ich habe oft gesehen, dass der Graf geduldig und freundlich zu seiner Frau war. Die Gräfin aber war schikanös und hatte einen boshaften Charakter.» Das klang wenig Vertrauen erweckend. Andere Zeuginnen nannten Lily «ungeraten und verlogen» oder gar «kokett» und wenig wahrheitsliebend. Die Sache war für Harden so gut wie verloren. Oder konnte man die entscheidende Zeugin Lily doch noch stabilisieren? Gut, dass Harden mit dem Ehepaar Schweninger Vertrauensleute hatte, die wenigstens den Versuch machten, Lilys Ansehen zu verbessern.

Ernst Schweninger hatte als früherer Arzt von Bismarck immerhin eine gewisse Autorität. Für Harden war das womöglich der rettende Strohhalm. Schließlich hatte Schweninger persönlich miterlebt, wie gehässig Bismarck über Eulenburg schwadroniert hatte, welch starke und eindeutige Worte gefallen waren. Außerdem hielt Schweninger die viel geplagte Lily für eine vollkommen zuverlässige Person. «Auf jeden Fall kann ich sagen, dass ich die Frau Gräfin zu der Zeit, als ich sie kennen lernte, und während der ganzen Zeit unserer Bekanntschaft für eine geistig gesunde Frau gehalten habe.» Als Mensch und Arzt habe er Lily für «durchaus normal, glaubwürdig und nicht zu phantastischen Übertreibungen neigende» Dame erlebt.[48]

Frau Schweninger erklärt, sie habe einfach Mitleid gehabt mit der armen, durch die Scheidung schwer mitgenommenen Lily. Eine tiefere Freundschaft habe sich daraus jedoch nicht entwickelt. Sie kann sich verständlicherweise nicht mehr genau erinnern, wann und wie Lily erstmals mit Harden zusammentraf, wann also dieser wichtige Schritt zum ganz großen Skandal gemacht wurde. Lily hatte angeblich darauf gehofft, ausgerechnet Harden könne ihr einen «Rat» geben. Lena Schweninger orakelt: «Mir ist es so, als wenn Frau von Elbe später den Wunsch ausgesprochen habe, mit Harden bekannt zu werden. Es kann aber auch sein, dass mein Mann oder ich ihr den Namen Hardens zuerst genannt haben. Wir haben dann Frau von Elbe mit Harden bekannt gemacht.» Von da an ging es bekanntlich bergauf: für den Journalisten und für seine Informantin.

Nun war die allzeit hilfsbereite Lena Schweninger ja nicht nur die Freundin in der Not für die schwer gebeutelte Lily, sondern auch die Nichte von General Moltke. Lena war daher hin- und hergerissen zwischen Mitleid und Verantwortungsgefühl. Durfte sie ihrem eigenen Onkel schaden, um einer Bekannten das Leben zu erleichtern? Reichlich Stoff für einen Groschenroman. Lena beteuert, sie sei frei von verwandtschaftlichen Rachegelüsten und empfinde gegenüber ihrem Onkel keinerlei Feindschaft. Das klang wohl sehr salbungsvoll. Kuno wollte sich von dieser Versöhnungssoße jedenfalls nicht unwidersprochen übergießen lassen. Eine Entfremdung, einen Riss habe es durchaus gegeben, sagt er und will Lenas Verklärung als uneigennützige Vermittlerin damit bremsen. Zum Ausgleich schießt Ernst Schweninger zurück: «Ich persönlich habe den Eindruck, dass Graf Moltke ein süßlicher, weibischer Mann war, ein Eindruck, der meines Wissens in Schlesien und in der Bekanntschaft meiner Frau geteilt wurde.»

Silvester 1907. Ganze Stöße von Visitenkarten erreichen den Vorsitzenden Richter: Er muss auswählen, welche Zuschauer in den Saal hineindürfen und welche nicht. Oberstaatsanwalt Hugo Isenbiel hält seine Anklagerede gegen Harden – und spart tückischerweise nicht mit Lob für den Journalisten: «(...) er ist in seiner Art ein Genie, er ist der arbeitsreichste Publizist der Neuzeit, hat Scharfsinn, einen eigenartigen und unnachahmlichen Stil, eine faszinierende Persönlichkeit. Aber diesen glänzenden Eigenschaften stehen doch sehr hässliche Mängel gegenüber. Er ist von einer brutalen Rücksichtslosigkeit, er geht bei Verfolgung eines Zieles über Leichen. (...) Er hat nicht auf eines Mannes, sondern eines kranken, hysterischen Weibes Rede hin gehandelt.»[49] Harden habe einen untadeligen Ehemann zum Lotterbuben abstempeln wollen, das sei «unsühnbar». Isenbiels Fazit: «Graf

Aus «Der wahre Jacob»:
Harden wird vom schneidigen
Oberstaatsanwalt Isenbiel gehörig gestochen –
die Insekten Eulenburg und Moltke
schwirren wieder frei herum.

Moltke geht gereinigt aus diesem Saal. Nicht ein Stäubchen ist auf seinem Ehrenschild haften geblieben. Ein Edelmann vom Kopf bis zum Fuß.» Und auch nach Liebenberg schickt der Oberstaatsanwalt einen milden Gruß. Eulenburg gehe ebenso rein aus der Verhandlung heraus: «Der schwer kranke Mann, der sich hierher geschleppt hat, hat uns versichert, dass er seine Familie stets heiß geliebt hat. Ein Jahrzehnt hat man den Fürsten Eulenburg verdächtigt. Die Quelle ist jetzt entdeckt. Diese Quelle ist Frau von Elbe.»

Isenbiel hatte kurz zuvor einen Drohbrief erhalten. Falls Harden verurteilt werde, so der anonyme Autor, werde Isenbiel aus dem Hinterhalt erschossen. Der plattdeutsche Kommentar des Staatsanwalts: «Da lach ich ewer.»

Moltke geht es vor allem darum, alles «Feminine» energisch von sich zu weisen: «Niemals hat ein süßer, unmännlicher Ton am kaiserlichen Hofe geherrscht. Dafür bürgt schon die frische, ursprüngliche Persönlichkeit des Kaisers.» Der General darf sich wieder Hoffnung machen auf neue Ehren. Hardens Anwalt Bernstein bleibt nur die dunkle Drohung. Er weiß, diese Schlacht ist verloren, aber der Krieg geht weiter. Für die Zuhörer blieben seine Andeutungen schemenhaft, denn sie hatten ja keine Ahnung, dass Bernstein insgeheim längst massive Beweise für Eulenburgs Homosexualität hatte. «Herr Harden hat niemals und auch vor Gericht nie gelogen, und man wird es ihm glauben können, dass er mehr weiß, als er sagt.» Das wurde damals nicht als spektakuläre Ankündigung aufgefasst, sondern als hilfloses Taktieren. Wer genauer hinhörte, hätte es besser wissen können. Bernstein kritisiert bereits offen, dass Eulenburg «sehr juristisch» geschworen habe. An diesem Eid konnte man rütteln. Nicht jetzt, aber im nächsten Anlauf.

Eigentlich sollte Harden am 2. Januar 1908 sein Schlusswort sprechen. Nach einem neuerlichen gesundheitlichen Zusammenbruch war er jedoch nicht in der Lage, überhaupt im Gerichtssaal zu erscheinen. Man musste das Verfahren auf den folgenden Freitag verschieben. Aus Rücksicht auf den angeschlagenen Harden beginnt man die Sitzung erst um elf Uhr

Aus «Lustige Blätter»:
Harden tanzt auf der Elbe, solange sie hält – und fällt dann doch herein. Eine Anspielung auf Lily von Moltkes unzuverlässige Zeugenaussage.

vormittags. Zwar bezeichnet sich Harden als «Invaliden», aber er hat doch die Kraft für einen länglichen Monolog. Die gesamte Affäre wird noch einmal vom Knäuel gewickelt. «Wenn ich heute zurückblicke, so muss ich sagen, dass ein Mann, den ich aus den Schilderungen anderer Leute gekannt habe und der mir als ein ganz charmanter und liebenswürdiger Herr geschildert ist, sehr viel gelitten hat; so muss ich doch sagen, es ist das nicht meine Schuld. Menschenwerk ist immer Stückwerk! Wo ist der Meister, der da nicht einen Fehler macht? (...) Nun soll ich dafür eingesperrt werden, und ich soll eine ganz ungeheure Geldstrafe, nämlich die hohen Prozesskosten, auch der ersten Instanz bekommen? Wenn ich mich prüfe in meinem Bewusstsein, so muss ich sagen, ich habe es nicht verdient! Aber ich appelliere nicht an Ihre Milde. Wenn Sie glauben, dass es notwendig ist und es dem Lande nutzt – dem Grafen Moltke wird es nicht nutzen – dann verurteilen Sie mich!»[50]

Fast drei Stunden berät das Gericht, dann wird verkündet: Maximilian Harden muss vier Monate ins Gefängnis, die Kosten des Verfahrens bezahlen, die auf vier- bis fünftausend Mark geschätzt werden, sowie innerhalb von sechs Wochen auf der ersten Seite der «Zukunft» den Urteilstenor abdrucken und alle Hefte samt Druckvorlagen vernichten, in denen die beanstandeten Artikel über Moltke und Eulenburg zu lesen waren. Eine desaströse Niederlage für Harden. Der kaisertreue Verleger August Scherl lässt auf allen Straßen und Plätzen Berlins Extrablätter verteilen. Das Gericht ist der Meinung, alle Vorwürfe gegen Moltke seien «direkt unwahr». Die Freundschaft zu Eulenburg sei schwärmerisch und idealistisch, aber: «Von Erotik ist dabei keine Spur».[51] Damit sollte die Angelegenheit ihr Bewenden haben. Doch Affären lassen sich nicht auf Kommando abschließen.

Es blieben Zweifel, offene Fragen, ungeklärte Punkte. «Das unbehagliche Gefühl, dass mit den Feststellungen dieses zweiten Prozesses gerade die allgemein wichtigen Dinge, die jedem Patrioten am Herzen liegen, nicht geklärt worden sind, hat jeder, der die Prozessverhandlung mit Aufmerksamkeit verfolgt hat.»[52] In der «Deutschen Zeitung» vermutet man, dass Harden

Berliner Zeitung

B.Z. am Mittag

Nr. 305.
Berliner Zeitung
31. Jahrgang.

5 ₰

1 Uhr
Dienstag
31. Dezember 1907.

Der Prozeß Moltke—Harden.

Staatsanwalt beantragt vier Monate Gefängnis.

Also sprach Isenbiel.

Verhandlungsbericht.

Kurzer Prozess: Isenbiel hat gesprochen, die Boulevardpresse ist platt, und Harden darf sich schon mal die Zahnbürste für die Zelle bereitlegen.

noch neunzig Prozent seines Materials zurückgehalten hat für den nächsten, den klärenden Prozess.[53] Max Bernstein bekommt abermals antisemitische Schmähungen nachgeworfen. In der «Post» ist man erleichtert, dass die vermeintlichen jüdischen Zauberkräfte versagt haben: «Man hat allmählich die talmudistische Kampfweise dieses Mannes, der nun seit mehr als fünfzehn Jahren die Quelle steter Beunruhigung bildet, denn doch zu deutlich erkannt.»[54] In Deutschland dürfe man eben nicht ungestraft lügen! Der aufgebrachte Erich Mühsam kommentierte solche und andere Pressestimmen später so: «Alle Niedertracht, aller Schmutz quoll aus, der in der deutschen Zeitungsseele gelagert war; und jeder Pinscher kam, die gestürzte Säule anzubrunzen.»[55]

Der Kaiser wäre fast weich geworden. Er will Moltke und Eulenburg nach dem Urteilsspruch in der zweiten Instanz am liebsten feierlich rehabilitieren, wieder in die Arme schließen. Das Happy End für «Ganymed» stand unmittelbar bevor. Doch die engeren Berater von Wilhelm sind verständlicherweise dagegen, dass man den geschassten Günstling zurückholt. Erstens fürchten sie um ihren eigenen Einfluss, um ihren Platz an der Tafel, und zweitens kennen die meisten natürlich die wahren Verhältnisse, wissen, dass Moltke und Eulenburg umweht sind vom blumigen Duft der Homosexualität, dass sie vermutlich auch früher oder später «überführt» werden. Vor einer vollständigen Wiederaufnahme in die vornehmen Kreise sei noch ein militärisches Ehrengerichtsverfahren nötig, um die «Reinigung» komplett zu machen. Bis dahin solle sich der Kaiser nicht «exponieren», und der Monarch gehorchte ausnahmsweise. Hofmarschall Zedlitz-Trützschler bedauert zwar die Prozesswelle, aber insgesamt habe sie doch günstig auf Wilhelm II. gewirkt: «Der Kaiser hat endlich einmal einiges Wahre überhaupt zu hören bekommen.»[56] Angenehm fand das der Herrscher keineswegs. Die Reichstagsdebatte über die Prozesse hatte er noch mit den Worten quittiert: «Und ein solches Lumpenpack soll man nun regieren. Sie sind eben absolut nicht reif für eine Verfassung.»

Es laufen sofort Gerüchte um, wonach einige Freunde Hardens versuchen, beim Kaiser eine Begnadigung durchzusetzen. Der Journalist selbst gibt sich nach außen cool wie eh und je: «Ich will heute nicht an dem Urteil Kritik üben, ich behalte mir dies für später vor. Die Affäre ist übrigens mit diesem Richterspruch noch nicht beendet, im Gegenteil, man darf sagen, sie fängt jetzt erst an.»[57]

«Portwein und belegte Brötchen»
Auf Besuch in Liebenberg

Der Fall Moltke war nur die «Sauce zum Braten», das ahnte Eulenburg. Ab jetzt ging es um die Hauptsache, um das Filetstück selbst. Philipp war endgültig vom Rand ins Zentrum des Geschehens gerückt. Leider ließ ihn sein diplomatischer Instinkt jetzt, wo es darauf ankam, im Stich. Er machte sich Illusionen, schätzte seine Lage völlig falsch ein. Er fühlte sich durch Hardens Verurteilung ermutigt, sah sich auf der Siegerstraße. In totaler Verkennung der Kräfteverhältnisse wollte Philipp zum Gegenangriff übergehen. Man könnte auch sagen: Eulenburg wollte nachtreten, wollte den Journalisten fix und fertig machen. Er klagte gegen Harden und Bernstein wegen Verleumdung. Beide sollten büßen, was sie ihm angetan hatten. Philipp folgte seinen Rachegefühlen - das hätte er besser bleiben lassen.

Während Eulenburg im Vollgefühl seiner Überlegenheit schwelgte, mussten sich die Garderegiment-Kameraden Wilhelm von Hohenau und Johannes Lynar vor dem Militärgericht verantworten. Lange hatte es gedauert, bis die Behörden genug Material gegen das unbekümmerte Potsdamer Schwulenpaar «Willy und Hannes» gesammelt hatten. Nun sollte das Treiben in der Adler-Villa endlich geahndet werden. Am 21. Januar 1908 eröffnet das Kriegsgericht der 1. Gardedivision das Strafverfahren. Der spartanisch möblierte Verhandlungssaal liegt auf dem unwirtlichen Moabiter Kasernengelände in der Lehrter Straße 58. Die Geräuschkulisse ist sehr militärisch: Stiefelsporen klirren bei jedem Schritt über den Steinfliesen, Säbelscheiden schlagen mit metallischem Klingen auf den Boden. Die anwesenden Herren begrüßen sich mit knappen Verbeugungen. Der Vorsitzende der Verhandlung, General Kurt von Pfuel «späht mit faltigem Gesicht durch das Fenster in den grauen Nebeltag. In zwei langen, spitz gedrehten Streifen zieht sich der Schnurrbart unter der kühn geschwungenen Hakennase hin, zu deren linker Seite ein Monokel sitzt.»[58]

Starr und bewegungslos sitzen die Angeklagten auf ihrer Bank. «Man sieht das Profil des Grafen Hohenau mit wuchtig vorspringender, kahler Stirn, scharf gewölbter Nase und blassen Augen (...). Keine Spur eines weichlichen, femininen Einschlags bietet diese gardemäßige Erscheinung im langen, prall sitzenden Gehrock. Sie hat eher etwas Ritterliches, und man glaubt ihr den Mann, der sich bisher niemals dauernd vom Militärberuf trennte», informiert ein journalistischer Beobachter seine Leser, die sich womöglich einen weibischen Grafen vorgestellt hatten.[59]

Berliner Zeitung

B.Z. am Mittag

Nr. 18.
Berliner Zeitung
32. Jahrgang.

5 ₰

1 Uhr
Mittwoch
22. Januar 1908.

Der Prozeß gegen die Grafen Hohenau und Lynar.

Die Oeffentlichkeit ausgeschlossen.

Enttäuschte Boulevardreporter:
Die «B.Z. am Mittag» musste draußen bleiben, als gegen Hohenau und Lynar verhandelt wird.

Hohenau ist hager, sein bartloses Gesicht etwas vergrämt. Er trägt einen schwarzen Pelzmantel und einen Filzhut. Dreißig Jahre in der Armee lagen hinter ihm. Lynar brachte es auf sechsundzwanzig Dienstjahre. Auch er wird als «stattlicher» Herr mit langem, rotbraunem Spitzbart beschrieben.

Maximilian Harden kann krankheitsbedingt an diesem Prozess nicht teilnehmen. Er leidet weiter unter einer Rippenfell-Entzündung. Unter den siebenunddreißig Zeugen sind zahlreiche Soldaten: «In einem Augenblick ist der Saal gefüllt. Man sieht eine Schar von Mars-Söhnen, von denen jeder Einzelne erheblichen Platz braucht. Es kommen ehemalige Gardekürassiere, die längst ins Zivilverhältnis zurücktraten, im Winterrock, und aktive Kameraden mit blitzendem Helm und rasselndem Pallasch. Die Szene wird zum Exerzierplatz.» Ein Postbote, ein Masseur, ein Museumsaufseher, ein Forstverwalter, ein Arbeiter, ein Trompeter und viele weitere marschieren auf. Ida Mann ist darunter, eine Köchin, die sich neun Jahre lang um das Wohlbefinden von Lynar gekümmert hatte. Hardens Kronzeuge Johannes Bollhardt ist natürlich auch präsent. Obwohl er gerade in Tegel inhaftiert ist, wird er als «Redakteur» bezeichnet, verweigert aber eine Antwort auf die Frage, welche Redaktion er augenblicklich leitet. Fälschlicherweise waren Gerüchte umgelaufen, wonach gegen Hohenau und Lynar ein monatelanger Stubenarrest verhängt worden sei. Graf Hohenau war jedoch in keiner Weise in seiner Bewegungsfreiheit beeinträchtigt. Lynar allerdings saß im Arrestgebäude an der Lehrter Straße in Untersuchungshaft.

Schon nackte Unterschenkel reichten damals für weitreichende Anklagen. Es waren ausgesprochen harmlose Handgreiflichkeiten, die den beiden Offizieren vorgehalten werden konnten. Für die sexuellen Lustbarkeiten im engeren Sinne fehlten die Beweise. Immerhin: Laut Anklageschrift soll Hohenau im Jahr 1904 mit einem Polizeisekretär «widernatürliche Unzucht» getrieben haben. Lynar muss sich wegen drei «Vergehen» verantworten. Ihm wird «Missbrauch der Dienstgewalt» vorgeworfen, «indem er der Ordonnanz W. in Potsdam befahl, ihm ein Bein zu massieren; Beleidigung eines Untergebenen, indem er seinen Burschen H. unsittlich berührte und ihn ein andermal in leidenschaftlicher Art umarmte; schließlich wird ihm Missbrauch der Amtsgewalt zur Last gelegt, weil er einen Untergebenen zu einem unsittlichen Vergehen, nämlich zum Belügen seines Vorgesetzten, anzustiften versuchte.»[60] Im Saal sind rund fünfzehn Journalisten, auch aus dem Ausland, und einige Zuschauer anwesend. Nach Verlesung der Personalien wird die Öffentlichkeit jedoch ausgeschlossen. Lediglich zwei Offiziere im Auftrag der Regierung dürfen bleiben und ein stenografisches Protokoll aufnehmen.

Zwei Tage werden die Zeugen vernommen, fast drei Stunden beraten die fünf Militärrichter. Am Donnerstag, dem 24. Januar, abends um zweiundzwanzig Uhr wird das Urteil verkündet. Hohenau kommt mit einem Freispruch davon, obwohl ihm «an sich unsittliche Verfehlungen» nachgewiesen wurden. Doch die meisten Fälle waren verjährt, andere nicht strafrelevant, es war also kein Analverkehr nachweisbar, die Voraussetzung für eine Verurteilung nach § 175. Im Juni 1908 wurde Hohenau allerdings von einem militärischen Ehrengericht zur unehrenhaften Entlassung aus dem Dienst verurteilt, durfte seine Pension jedoch behalten. Lynar bekam fünfzehn Monate Gefängnis, wegen sechsmaligem Missbrauchs seiner Dienstgewalt und dem Versuch, einen Untergebenen zu Straftaten zu überreden. Erschwerend kam hinzu, dass der Graf «hartnäckig» geleugnet hatte. Seine Untersuchungshaft wurde daher nicht auf die Strafe angerechnet.[61] Lynar soll bei der Urteilsverkündung geweint haben. «Der Gedanke an das Schicksal der beiden ließ mich manche Nacht im Fieber durchwachen», zeigt sich Harden tief bewegt. Er dachte offenbar besonders an die beiden Töchter des zwei Mal verheirateten Hohenau, Elisabeth und Maria-Rosalie. «Der grause, nie völlig wieder aus dem Hirn zu tilgende Gedanke, Menschenglück getötet, Kindern das Bild des Vaters verleidet zu haben. Doch musste es sein. (...) Nur der verschworene Feind der Dynastie und des Heeres konnte schweigen.»[62] Für ihn ging es um die Bekämpfung von «Kranken, nicht Verbrechern».

Mit Bedauern hört Harden, dass eine Tochter des Grafen Hohenau aufgrund der Affäre ihre Verlobung rückgängig machen musste.[63] Mit einem homosexuellen Vater ließ sich nur schwer ein standesgemäßer Bräutigam finden. Harden seufzt in einem Brief an seinen Rechtsanwalt Max Bernstein, leider sei er kein Sozialist und Demokrat, denn dann wäre seine Lage viel einfacher. «Sie ist kompliziert und kann undankbar scheinen, weil mein Herz in der Diskreditierung historischer Namen und Autorität ein Unglück sieht, namentlich für die internationale Politik. Die Sensationspresse verlangt nach dem Urteil gegen Hohenau und Lynar eiserne Disziplin und mehr Offenheit: «Man hörte nur ein unbestimmtes Tuscheln aus Mannschafts- und Unteroffiziersstuben. Aber das deutsche Volk kann verlangen, dass man über seine Armee nicht tuschelt.»[64]

Oberstaatsanwalt Hugo Isenbiel war unterdessen ganz und gar mit dem Strafantrag Eulenburgs beschäftigt und ermittelte fleißig gegen Harden. Ganz wohl war Isenbiel dabei anscheinend nicht. Er wusste nicht so recht, wie Eulenburg einzuschätzen war. Zweifellos handelte es sich bei dem Liebenberger um eine schillernde Figur. Vieles war denkbar. Man musste sich absichern gegen unliebsame Überraschungen. Am Ende war Eu-

Aus «Lustige Blätter»:
Diejenigen, welche ...
«Schon von dem neuesten Skandal gehört? Wahrscheinlich wird´s da auch wieder heißen: ‹Cherchez la femme›!»
«Da können Sie aber lange suchen!»

lenburg doch homosexuell, und der Staatsanwalt stand blamiert da. Vorsichtig erkundigte sich Isenbiel deshalb bei Kriminalinspektor Hans von Tresckow, ob es irgendwelche Erkenntnisse über Eulenburgs sexuelle Orientierung gab. Tresckow kannte die dubiose Geschichte über eine mögliche Erpressung durch einen Wiener Bademeister. Beweise hatte er nicht.

Manch einer vermutete, dass alle amtlichen Papiere systematisch gesäubert worden waren. Der senile Reichskanzler Chlodwig von Hohenlohe-Schillingsfürst habe ursprünglich allerlei Belastendes über Eulenburg zusammengetragen, die Akten bei seinem Abschied im Jahr 1900 allerdings diskret verschwinden lassen. Wer wollte das überprüfen? Es gab nur Gerüchte und Gemunkel. Hohenlohe war längst gestorben, sein Sohn hatte aus dem Nachlass die «Denkwürdigkeiten» veröffentlicht, aber auch dort fanden sich keine Boshaftigkeiten über Botschafter Eulenburg. Tresckow vermutete, dass die Familie Hohenlohe eventuell noch vorhandene schmutzige Unterlagen über «Phili» zähneknirschend zurückgehalten hat. Schließlich stand der kaiserliche Günstling 1906, beim Erscheinen der Hohenlohe-Memoiren, noch in vollem Ansehen. Wie auch immer: Die Familie Hohenlohe konnte entgegen mancher Erwartung zur Aufklärung nichts besteuern. Man war folglich auf die polizeilichen Erkenntnisse über Eulenburg angewiesen. Viel war das nicht. Tresckow wusste nur von einer verdächtigen Übernachtung im Berliner «Zentralhotel». Eulenburg soll das Zimmer mit seinem Kammerdiener Göritz geteilt haben, erzählten beunruhigte Hotelangestellte der Polizei. Dieser Klatsch machte Hugo Isenbiel allerdings misstrauisch. Der Staatsanwalt bat Tresckow, nach Liebenberg zu fahren, um Eulenburg wegen dieser Gerüchte auf den Zahn zu fühlen. Der Kriminalkommissar machte sich am 31. Januar 1908 auf den Weg in die Uckermark, ausgerüstet mit einem Gewehr, um auf Einladung von Eulenburg ein Wildschwein zu erlegen.

Es standen Portwein und belegte Brötchen bereit, als der Polizist im Liebenberger Schloss ankam. Eulenburg lag auf einem Diwan und beklagte sich erst mal weitschweifig über die Schlechtigkeit der Welt. Bevor Tresckow sein eigentliches Anliegen überhaupt vorbringen konnte, war schon das zweite Frühstück bereitet. Hinterher setzte man sich zum Kaffee in die Bibliothek. Tresckow war beeindruckt von der gediegenen Atmosphäre. Der Förster holte ihn zum Jagdausflug ab, aber der Kriminalist bekam weit und breit kein Wildschwein zu sehen. Abends plauderte man erneut angeregt miteinander, ohne auf die Prozesse einzugehen. Der erste Tag in Liebenberg war für Tresckow folglich nicht sehr erhellend verlaufen. Immerhin, am nächsten Morgen fühlte sich Eulenburg besser und konnte Auskunft geben zu den beiden Gerüchten, von denen Tresckow erfahren hatte. Was den Bademeister in Wien betraf, redete sich Eulenburg auf seinen homosexuellen Bruder Friedrich heraus. Es sei alles eine einzige, bedauerliche Verwechslungsgeschichte gewesen. Ganz harmlos! Eulenburg glaubt offenbar, mit seinem Bruder eine Generalausrede gefunden zu haben: «Hierdurch sind alle diese Gerüchte, die mich zu Grunde richten werden, entstanden.»

Eine Behauptung, die der Kriminalpolizei nicht sehr glaubwürdig erschien. Philipps Bruder «Fredi» Eulenburg lebte seit Jahren zurückgezogen, fern vom gesellschaftlichen Leben. Verwechslungen waren daher nicht sehr plausibel. Im September 1897 hatte man «Fredi» bei eindeutigen Zärtlichkeiten mit einem Mann erwischt. Der gesellschaftliche Skandal war nicht zu vermeiden. Philipp verdrängte die Wahrheit und behauptete zunächst allen Ernstes, sein Bruder werde verleumdet und denunziert. Er bezeichnete die Gattin seines Bruders als «dämonisch» und unterstellte ihr allerlei bösartige Instinkte. Wahrscheinlich werde sie sogar die Kameraden seines Bruders aufhetzen. Klara Eulenburg sollte sogar in eine Irrenanstalt eingewiesen werden, was aber misslang. «Die rasende Frau ist eine stete Gefahr für ihn», schreibt Philipp dem Kaiser.[65]

Vergeblich hatte Eulenburg versucht, seinem Bruder ein Kriegsgerichtsverfahren zu ersparen. Rittmeister Friedrich Eulenburg musste seinen Abschied aus dem Garde-Kavallerie-Regiment nehmen. Zwei Jahre später, 1900, plagten Philipp

Eulenburg wohl Gewissensbisse, weil er seinem Bruder nur wenig helfen konnte, ihn in der Öffentlichkeit nicht verteidigt hatte. Als kleine Bußübung für seine menschliche Schwäche in dieser Angelegenheit verfasste Eulenburg einen rätselhaften, bitteren Rückblick auf die Affäre um «Fredi». Dort liest man allerlei geheimnisvolle Andeutungen. «Furchtbare Dämonen» kreuzten die Lebenswege der Menschen, so dass «wir flehentlich unsere Hände zu Gott erheben sollen, Ihn zu bitten, inbrünstig zu bitten, sie von uns zu bannen – unsere Lieben vor ihnen zu schützen.»[66] Das klingt nach innerer Zerknirschung, nach persönlicher Betroffenheit, und wurde wohl zu Recht als Philipps intimes Eingeständnis der eigenen Homosexualität gewertet. Zu einem offenen Wort an sich selbst konnte sich Eulenburg nicht mal im stillen Kämmerlein aufraffen. Es blieb eine Beichte unter Vorbehalt, mit vielen verquasten, umständlichen Formulierungen. In «Flammenschrift» sei die Entehrung seines Bruders in seinem Herzen aufgezeichnet. Er sei «wie vom Blitz getroffen gewesen».

Die Aufsehen erregende Übernachtung mit dem Kammerdiener in einem Berliner Hotelzimmer konnte Philipp allerdings beim besten Willen nicht seinem Bruder in die Schuhe schieben. Also musste Eulenburgs langjährige Standardausrede für alle Unannehmlichkeiten herhalten: seine Krankheiten. Philipp gibt den Bedauernswerten. Plötzliche Herzanfälle habe er damals gehabt. Voller Angst habe er nicht allein im Zimmer schlafen wollen. Zwei Zimmer mit Durchgangstür seien nicht zu bekommen gewesen, also habe er ein Doppelzimmer für sich und seinen Diener Göritz gebucht. Tresckow zeigte sich über die Antworten «ziemlich beruhigt» und versicherte Eulenburg, dass jetzt wohl auch von Harden nichts mehr zu fürchten sei.[67] Maximilian Harden kommentierte Tresckows Jagdausflug nach Liebenberg später übrigens mit den hämischen Worten: «Ich finde diese Art polizeilicher Ermittlung neu und vielverheißend. Auf solchem Weg wird man sicher nur Unschuldige finden.»[68]

Weil Eulenburg offenbar das ungute Gefühl hatte, mit seinen Ausreden nicht sonderlich überzeugend gewirkt zu haben, schickte er Tresckow einen Brief hinterher. «Ich war durch Nervenleiden und andauernde Gicht schwer krank, als ich im Herbst 1902 aus dem Amt schied. Seitdem habe ich mich nicht wieder erholt. Besonders leide ich in den Nächten an Herzbeklemmung schwerster Art. So brauche ich noch jetzt Tag und Nacht Hilfe und kann nicht leben, ohne dass zuverlässige Leute bei mir sind», erläutert Eulenburg sein Bedürfnis, ein Zimmer mit dem Kammerdiener zu teilen. Nebenbei rechnet Philipp mit dem intriganten Adel ab: «Man will mich gesellschaftlich vernichten, um den Kaiser zu treffen, und meine Standesgenossen führen in grenzenloser Bosheit und Dummheit den Krieg, nicht begreifend, dass sie an dem Ast sägen, auf dem sie selbst sitzen. Meine Sympathien haben mein Leben lang dem gebildeten, kunstsinnigen, ersten Bürgerstand gegolten. Mein Instinkt scheint mich richtig beraten zu haben, denn jetzt finde ich nur in diesen Kreisen, fernab von ekelhaftem Neid, Sympathie für die Lage, in die das Schicksal mich stellt.»[69]

Eulenburgs Körper machte die dauernde Selbstverleugnung nur noch unter Schmerzen mit. Der Fürst vergrub sich den ganzen Tag im Bett. Er litt an Erkältung und Stirnhöhlenvereiterung. Mit Bangen erwartete er die weiteren Ermittlungen von Tresckow und Isenbiel. Das waren zwei Profis, denen man einen guten Riecher zutrauen konnte. Verzagt schreibt Philipp: «Ich leide mehr als ich es aussprechen kann in dem Kampf zwischen Vernunft, völliger qualvoller Geistesabwesenheit und plötzlich eintretender totaler Gedächtnisschwäche.»[70] Tatsächlich hatte Eulenburg wohl wachsende Furcht, dass er Harden und Bernstein nicht mehr rechtzeitig abfangen konnte. Zwar ging es um Sexgeschichten aus den fernen achtziger Jahren, aber mit Geld und guten Worten konnte man solche Distanzen ja locker überbrücken. Jedes Gedächtnis ließ sich auffrischen, auch bei dumpfen, bodenständigen Männern vom Land. Zwei Namen waren bereits im Dezember im Moltke-Prozess als mögliche Zeugen gegen Eulenburg genannt worden: Jakob Ernst und Georg Riedel.

Die beiden Fischer von Starnberger See hatte Max Bernstein längst aufgestöbert und als mögliche Sexgespielen von Eulenburg identifiziert. Konkrete, gerichtsfeste Angaben wollte Jakob Ernst allerdings nicht machen, und Georg Riedel war zum Leidwesen von Harden und Bernstein wochenlang nicht auffindbar. Hugo Isenbiel hatte zwischenzeitlich herausgefunden, dass der Mann zweiunddreißig Mal vorbestraft und insofern sowieso kein ernsthafter Zeuge war. Als Riedel endlich aufgespürt war und bei der Münchener Polizei gegen Eulenburg aussagte, schien die Gefahr von dieser Seite also gebannt. Anscheinend hatten Harden und Bernstein sich getäuscht. Ihre Informanten erwiesen sich als kriminell oder schweigsam.

Solange die Zeugen nicht auspackten, hatte Maximilian Harden eigentlich nur noch eine dürre Hoffnung: die Revision gegen sein Urteil beim Reichsgericht. Wenig sprach dafür, dass ihn die höchste Instanz vor dem Knast bewahrte. Ein befreundeter Anwalt verbreitet nichts als Pessimismus. Harden fasst den trostlosen Rat zusammen: «Alles sei gegen mich. Niemand wollte mehr von der Sache hören. Man betrachte sie als erledigt. Wenn ich mit neuen Anschuldigungen vorgehe, werde sich ‹ein Sturm der Entrüstung› gegen mich erheben.»[71] Vergeblich hatte Harden seinen Bruder nach Breslau geschickt, um dort über Moltkes Homosexualität Auskünfte einzuholen, Zeugen zu finden. Zwar wurde vielfach beteuert, in Breslau sei Moltkes Hang zu Männern allgemein bekannt gewesen, aber niemand wollte sich zu dieser Einschätzung öffentlich bekennen, wollte delikate Einzelheiten aussagen: «Keiner tritt ein, und ich soll mich der Sache als Schlachtopfer bringen und obendrein mich von allen schimpfen lassen», schreibt der verzweifelte Harden.[72] Er bittet seinen Vertrauten Friedrich von Holstein, den Reichskanzler einzuschalten. Wenn Bernhard von Bülow erst einmal klargestellt habe, dass Eulenburg nicht länger unter besonderem Schutz stehe, dann werde Oberstaatsanwalt Isenbiel seine Arbeiten auch wesentlich eifriger und schneller vorantreiben.

Tatsächlich gelingt es Holstein, in der Sache zu vermitteln. Der Reichskanzler empfängt Isenbiel am 9. April 1908. Bei diesem Treffen scheint Bülow auf deutliche Distanz zu seinem früheren Freund Eulenburg gegangen zu sein. Jahrelange herzliche Beziehungen berührten in keiner Weise seine Unparteilichkeit, so Bülow. Das klang zunächst allgemein und unverbindlich, hatte aber in dieser konkreten Situation eine sehr klare und eminente politische Bedeutung. Ein Wink mit dem Zaunpfahl. Isenbiel konnte daraus entnehmen, dass Eulenburg auch beim Kanzler keinerlei Protektion mehr genoss. Die heiße Kartoffel rollte dem Staatsanwalt vor die Füße. Bülow ergänzt: «Wie jeder Patriot habe ich lebhaft gewünscht, dass diese Skandalprozesse dem deutschen Volk erspart worden wären. Aber dieser Wunsch findet seine Schranken an meiner Achtung vor der Majestät des Gesetzes und vor der vollen Unabhängigkeit der Richter.»[73] Bülow überließ seinen ehemaligen Freund und Förderer Eulenburg ganz und gar der Waage der Justitia.

Schon Mitte Januar 1908 hatte sich Harden einen Geheimplan zurechtgelegt. Er wollte das weitere Verfahren gegen Eulenburg irgendwie aus Berlin verlagern, wollte wegkommen von der preußischen Gerichtsbarkeit. Die besten Chancen rechnete er sich in Bayern aus, wo man preußische Generäle und Junker traditionell weniger respektvoll behandelte als in Berlin. Außerdem war der Starnberger See in der Nähe, wo jede Menge Belastungszeugen gegen Eulenburg vermutet wurden. Aber wie konnte man die leidige Sache vor ein Münchener Gericht bringen? Harden hatte eine Idee, aber er war davon noch nicht so recht überzeugt. Er scheute die Risiken. Hilfe suchend erkundigte er sich bei Max Bernstein nach den Erfolgsaussichten. Briefe wechselten hin und her. Hier ging es weniger um Rechtskunde als um den Willen zur skrupellosen Intrige. Der Plan baute auf ein «Arrangement». Harden wollte eine bayerische Zeitung unter der Hand zu einer Falschmeldung bewegen und gegen diese selbst inspirierte Meldung wegen «Beleidigung» klagen. Auch den ungefähren Inhalt des fingierten Artikels hatte sich der Herausgeber der «Zukunft» schon ausgedacht: «Harden hat leichtfertig, ohne Schatten eines Beweises, Eulenburg beschuldigt.»[74] Vor der Münchener Justiz wollte Harden das Gegenteil davon beweisen und damit die Berliner Richter beschämen. «München, das ist der Punkt», zeigte sich der alte Fuchs und ergraute Diplomat Friedrich von

Holstein begeistert: «Über das Wie denken Sie mal intensiv nach, Sie werden schon etwas finden (...).»[75] Gesagt, getan.

Am 25. März brachte die Münchener «Neue Freie Volkszeitung» einen Bericht mit dem Satz: «Geht doch in den unteren Volksschichten die seltsame Mär um, Harden habe vom Fürsten Eulenburg eine Million Mark erhalten, damit er schweige und nichts weiter aussage.»[76] Eine völlig haltlose, aberwitzige, frei erfundene Behauptung. Harden reichte verabredungsgemäß Klage ein gegen den verantwortlichen Redakteur und Herausgeber der Zeitung, Anton Städele aus Amberg. Ein Gemütsmensch, mit dem es sich unter der Hand gut paktieren ließ. «Wohlgenährt, jung, mit dem klugen Gesicht eines Redlichen, der gern was Gutes schmaust und mit manchem kräftigen Tropfen die Kehle tränkte.»[77] Natürlich beteuerte Städele öffentlich, der umstrittene Artikel sei keineswegs eine «Auftragsarbeit» gewesen. Über die Herkunft seiner Informationen verweigerte der Redakteur jede Aussage. Praktischerweise verzichtete Städele im folgenden Verfahren auf einen Verteidiger. So viel Aufwand würde nicht nötig sein. Selten in der Justizgeschichte ist ein Angeklagter wohl dermaßen gelassen und fröhlich im Gericht erschienen wie Anton Städele. Er konnte sich zurücklehnen und abwarten, ob Harden sein abgekartetes Spiel gewann. Falls nicht, drohten Städele ein paar Tage Gefängnis oder eine Geldstrafe. Harden würde die Kosten erstatten und noch was drauflegen. Kein Grund zur Unruhe. Das Opfer würde jemand anderer sein. Ein Mann, der von der Intrige noch nichts ahnte: Philipp Eulenburg.

Das Scheitern des Favoriten

«*Peinlich gefärbte zehn Minuten*»
Bayerns Bullen sind die Besten

Man schaute nicht gerade mit Hochspannung nach München. Große Überraschungen wurden bei dem dubiosen Gerichtsverfahren nicht erwartet. Wenige Berliner Blätter schickten daher Korrespondenten nach Bayern. Der Aufwand würde sich nicht lohnen. Noch einmal Harden, noch einmal Eulenburg - langsam reichte es. Welcher Leser würde sich für diesen Aufguss interessieren? Das Thema «war durch». So sah es auch der Kaiser und war daher guter Dinge. Gemütlich schipperte er mit seiner Yacht vor der Blumeninsel Korfu, als am 21. April 1908 das Münchener Amtsgericht I das Strafverfahren gegen den Redakteur Anton Städele eröffnete. Eine Lappalie, kaum der Rede wert! Kuno und Philipp waren längst reingewaschen, was sollte sich daran noch ändern? Wilhelm II. spielte in aller Ruhe die historische Seeschlacht von Trafalgar nach und ging mit seiner Mannschaft auf die Suche nach versteckten Ostereiern und Orangen. München war weit, Korfu lockte mit seiner üppigen Frühlingsflora.

Während der Kaiser die Wonnen des Mittelmeers genoss, musterte Harden den Saal 5 des Amtsgerichtsgebäudes in der Mariahilfstrasse. An der Stirnwand hing das Porträt des Bayern-Königs, ansonsten ein schmuckloser, aber heller Raum: «Ein Saal, eigens für die Theateraufführungen gebaut, die das liebe literarische Publikum in jeder Gerichtsverhandlung erblickte, in der zwei Kollegen ihren Groll gegeneinander ausspritzten», erinnert sich der Münchener Lokal-Bohemien Erich Mühsam.[1] Harden ist angenehm überrascht, dass es hier Kleiderhaken gibt («Könnte sich Preußens Justizetat die nicht auch endlich leisten?»[2]) Die örtlichen Journalisten sind zum Prozessauftakt zahlreich angetreten, auch viele Schriftsteller aus der Münchener Künstler-Kolonie und etliche Damen. Man wollte an der Isar eben auch mal diesen Harden live erleben, schließlich war man durch die Berliner Schlagzeilen monatelang neugierig gemacht worden. Harden setzt sich auf die Klägerbank unter dem Fenster. Er ist erleichtert, von seinem Platz aus nicht in die Gesichter der Pressevertreter blicken zu müssen. Immer noch ist er aufgebracht über seine Kollegen. Die «Presse-Schakale» hätten im Dezember 1907 seine Verurteilung «herbeigeheult», hätten «graugelbe Tränen» vergossen. Das will Harden nicht noch einmal erleben. Damit die Zuschauer seine Aufregung nicht mitbekommen, rückt er seinen Stuhl entsprechend zurecht und wendet sein Gesicht ab.[3]

Anton Städele, der geschickt eingesetzte Strohmann, behauptet wie abgesprochen, er fühle sich von Harden getäuscht. Schließlich habe Harden mehrfach gesagt, er werde umfangreiches Material gegen Eulenburg und Moltke vorlegen. Harden habe gar getönt, neunzig Prozent der von ihm zusammengetragenen Schlüpfrigkeiten seien noch nicht bekannt. Doch nicht einmal im Prozess gegen Adolf Brand habe Harden neue Informationen geliefert. Städele spielt den Empörten: «Dann aber sagte ich mir, entweder hat Harden überhaupt kein Material, oder aber er hat noch Material und sagt nichts darüber.»[4] Oberlandesgerichtsrat Wilhelm Mayer fragt die Prozessparteien, ob sie zu einer gütlichen Einigung bereit sind. Kein Wunder, war der Jurist in München doch allgemein als «Vergleichs-Mayer» oder auch «Der gute Richter» bekannt: immer milde lächelnd, klug und dem bayerischen Dialekt verpflichtet.[5] Max Bernstein lehnt das Versöhnungsangebot natürlich ab, denn die Verhandlung sei im Sinne seines Mandanten außerordentlich «erwünscht». Er freue sich darüber, dass «endlich einmal eine dieser absolut unbegründeten Behauptungen eine gesetzlich greifbare Form angenommen» habe. Zweifellos habe sich Städele strafbar gemacht. Bernstein will den Beweis antreten, dass Harden die Wahrheit gesagt hat über Eulenburg und Moltke. Der Journalist selbst freut sich schon auf die kommende Abrechnung: «Der Gerichtshof wird in der Lage sein, zu prüfen, ob ich mich in der Angelegenheit frivol oder rücksichtsvoll, feige oder menschlich benommen habe.»[6]

Ob Bernstein und Harden ihren Koffer voller Zeugen und Indizien auspacken dürfen, ob es also zur Beweisaufnahme kommt, das müssen drei Männer entscheiden: Richter Wilhelm Mayer und seine beiden Schöffen, der Bankoberinspektor Martin Lindinger und der Chemiker Karl Heim. Wenn sie das Verfahren abbrächen, bliebe Harden nur noch der Weg ins Gefängnis. Eulenburg wäre gerettet. Eine knappe halbe Stunde berät das Gericht hinter verschlossenen Türen. «Der Ungeduld schleichen die Minuten», erinnert sich Harden. «Ist's möglich, dass unser Antrag abgelehnt wird? Dann sind wir wieder auf dem alten Fleck; immer noch vor der Frage, ob ich die Staatsanwaltschaft zur Verfolgung der Meineide aufrufen oder die Entscheidung des Reichsgerichtes und die Hauptverhandlung in Sachen Eulenburg wider Bernstein abwarten solle. Um keinen Schritt weiter.»[7] Das Münchener Gericht wird über Hardens Taktik bestens informiert gewesen sein. Wilhelm Mayer wusste, dass dieser Prozess raffiniert eingefädelt war. Aber die Neugier siegte: Mayer und seine Schöffen wollen wissen, ob Harden wirklich Beweise hat für die Homosexualität von Eulenburg. Sie wollen die ganz große Show. Sie lassen ihrem Geltungsdrang freien Lauf. Mayer persönlich hatte sich vorgenommen, die preußische Justiz vorzuführen, die Wahrheit über Eulenburg aufzudecken.[8] Da war sicherlich viel süddeutscher Trotz gegen das übermächtige Berlin im Spiel. Außerdem war Mayer ein Ausbund an Eitelkeit: Immer wieder bedauerte er, dass zu wenig Publikum Platz fand in seinem Gerichtssaal. «Was kann man da machen?» soll der betrübte Richter mal einen Anwalt gefragt haben. Die trockene Antwort: «Wiederholen!»[9] Harden hatte also völlig richtig kalkuliert. München, das war der entscheidende Punkt.

Der Beweisantrag von Bernstein wird also zugelassen. Die Zeugenvernehmung kann beginnen. Jakob Ernst und Georg Riedel vom Starnberger See stehen bereit. Die Öffentlichkeit wird ausgeschlossen, man fürchtet eine Gefährdung der Sittlichkeit. Bernstein bittet darum, die Presse im Saal zu lassen. Alles andere hätte ihn sehr geärgert, schließlich wurde dieses Verfahren vor allem für die Medien inszeniert. Wer hätte in Berlin sonst mitbekommen, was hier an der Isar vor sich ging? Die Reporter durften bleiben. Eulenburg liegt derweil daheim in Liebenberg mit Nervenentzündung im Bett. Die Familie ist verreist, der Fürst allein mit der Dienerschaft. In wenigen Stunden wird ein höchst beunruhigendes Telegramm aus München einlaufen. Die Sensation vom 21. April 1908 treibt die Affäre auf einen neuen, spektakulären Höhepunkt.

Die mehrfach erwähnten achtziger Jahre waren ein blinder Fleck in der Biographie Eulenburgs. Voller Tatendrang war Philipp seinerzeit nach München gekommen. Am 1. Juli 1881 übernahm er einen schwierigen Posten. Er wurde Legationssekretär an der preußischen Gesandtschaft. Zwischen Isar und Spree klafften Abgründe – religiöse, politische, kulturelle. Zwei Dinge reizten Eulenburg, damals Anfang dreißig, an der bayerischen Hauptstadt. Die frische Luft, die Natur am Starnberger See, und die lebenslustigen Münchener Künstler. Philipp und sein Freund Kuno mischten sich voller Begeisterung unter die Isar-Boheme, spielten mit und genossen die ungewohnten Freiheiten. Erst hier in München konnte man richtig Mensch sein!

Das München dieser Jahre war genau das richtige Biotop für kreative, leicht überspannte Charaktere wie Moltke und Eulenburg. Es war eine Zeit, in der die bayerische Landeshauptstadt auf intellektuellem Gebiet weit lebendiger und moderner war als Berlin. Richard Wagner wurde an der Spree misstrauisch auf Abstand gehalten. Schließlich hatte der Komponist und Dichter auf den Barrikaden der Revolution von 1848 gestanden. Solche Unruhestifter schätzte man nicht im ordentlichen Preußen. In München prägte er das Musikleben. Der «Märchenkönig» Ludwig II. huldigte neuromantischen Idealen, inszenierte sich als Gesamtkunstwerk, fern der grauen Alltagswelt. Es war eine Zeit der Experimente, des Aufbruchs, der Ekstase. Karl Kraus schreibt später: «An die Achtzigerjahre mit einem kulturellen

Aus «Der wahre Jacob»:
Enthüllung – in München wurde entdeckt, dass Fürsten auch nur Menschen sind. Eulenburg steht im Nachthemd da, weil der bayerische Löwe seine scharfen Tatzen ausstreckt und die rote Fürsten-Robe zerreißt. Justitia bleibt ungerührt.

Heimweh sich erinnern, ist ein Stigma in den Augen der besser entwickelten Jugend. Und doch könnte man mit Recht (...) sagen, dass etwa der Frühling in den Achtzigerjahren noch eine Jahreszeit war und nicht bloß ein Tag, den Sonnenglut erschlug. Denn man kann sich auch an einen Frühling erinnern, wie an alles, was die Menschheit nicht mehr hat.»[10] In diesem ewigwährenden Frühling fühlte sich Eulenburg wohl. Bei aller Bewunderung für das kunstbegeisterte München blieb er natürlich ganz und gar Preuße. Er nahm die bayerische Hochebene als willkommenes Naherholungsgebiet in jeder Hinsicht. Man konnte dort dem Affen Zucker geben, die Etikette hinter sich lassen, kehrte aber selbstverständlich immer wieder zurück zum Ausgangspunkt – und das war Preußens Gloria! Philipps Urteil über das Land der weiß-blauen Rauten war entsprechend deutlich: «Der Bayer kann weder schnell denken noch präzis handeln. Er braucht immer viel Zeit, um eine Sache leidlich zu machen.»[11]

Im Sommer bezieht Eulenburg jeweils eine gemietete Villa in Starnberg, hat Freundschaft mit dem dortigen Bahnhofsinspektor geschlossen und gibt sich ganz seinen musischen Leidenschaften hin. «Die Bergluft hat mich nun körperlich wieder befestigt und damit bin ich auch dem Kummer und allerhand kleinen Lebenssorgen gegenüber widerstandsfähiger geworden», begeistert sich Eulenburg für seine neue Arbeitsstelle.[12] München erfrischt seine Seele, aber nicht seinen Bauch. Philipp leidet in dieser Zeit unter nervösen Magenreizungen, die er mit Karlsbader Brunnenkuren beseitigen will. Es drückt ihm etwas auf die Eingeweide. Nicht selten bei Menschen, die etwas zu verbergen haben.[13]

Die aufregendsten Neuigkeiten aus dem bayerischen Gesellschaftsleben durfte die talentierte Plaudertasche Eulenburg offiziell gar nicht verwerten, nicht einmal vertraulich. So äußert er sich nur privat über die Homosexualität von Ludwig II. Man darf annehmen, dass Eulenburg die amourösen Nachrichten über den «Märchenkönig» mit besonderem Interesse zur Kenntnis nahm. Selten hatte ein gekröntes Haupt so hemmungslos mit Männern herumgetollt, gezecht, geflirtet, geschmust und angebandelt. Dieser Liebes-Anarchismus wäre in Preußen undenkbar gewesen. Dort wurde man schon wegen verfänglicher Briefe an eine bürgerliche Frau des Hofes verwiesen. Strenge Familiensitten in Berlin, freie Liebe in Linderhof und Neuschwanstein. Für Eulenburg ein prickelnder Kulturschock. «Des Königs Jugend beginnt zu fliehen. Er segelt noch einmal mit vollen Segeln auf den Liebeswogen hinaus - so unvernünftig, dass er kaum die nahe liegenden Gedanken des Ertrinkens zu fassen vermag!» Der Monarch leidet nach Eulenburgs Einschätzung unter seniler Torschluss-Panik. Ludwig wolle sich noch schnell leibliche Genüsse verschaffen, bevor die Falten und der Speck alle Chancen verbauten: «Psychologisch ist mir der Übergang aus einer mehr als zwanzigjährigen platonischen Liebe für schöne Jünglinge zu erotischen Kundgebungen durchaus nicht unklar.»[14]

Eulenburg als Psychologe, das ist in diesem Zusammenhang einigermaßen bizarr: Ein Mann, der seine eigene Homosexualität lebenslang verdrängte, maßt sich ein abgewogenes Urteil über einen Paradiesvogel wie Ludwig II. an. Das «eigentümliche Naturspiel der Liebe des Mannes zu seinesgleichen», so Eulenburg, sei mit der weiblichen «Empfindungswelt» viel eher zu vergleichen als mit der männlichen. Mit einer gewissen Bewunderung berichtet Eulenburg über das schrille Leben des Königs, über seine «Lustbuben zu Pferd», die auserwählten Soldaten mit grünen Hosen, die statt in knarrenden Stiefeln in bestickten Hausschuhen herumlaufen mussten, um die königlichen Nerven zu schonen.

Ludwig II. stand in der Regel nachmittags um vier auf. Eulenburg konnte ihn im Vorbeifahren einmal kurz beobachten. Der König habe ausgesehen wie der «Fliegende Holländer» persönlich, nämlich bleichgesichtig, schwarzlockig, auf dem Kopf ein großer, breitkrempiger Hut, und eingehüllt in einen dunklen Mantel. Kurz und gut: Der König machte das Leben zu einer einzigen Wagner-Oper, und man darf annehmen, dass der preußisch-protestantische Eulenburg im tiefsten Inneren seiner Seele gern ein ebensolches Leben geführt hätte, einschließlich der «Lustbuben» in grünen Hosen.[15]

Am frühen Morgen des 14. Juni 1886 will Eulenburg zu den Ersten gehört haben, die den toten Ludwig zu Gesicht bekamen. «Niemals werde ich den Eindruck vergessen, als ich im Nebel des Morgengrauens mit meinem Fischer Jakob Ernst einsam über den See ruderte. Die Stille des Todes lag über Schloss Berg und leichenblass, wie erstarrt, keines Wortes mächtig, standen die Diener im Hof, auf den Gängen, als ich mit klopfendem Herzen zu dem Zimmer eilte, wo der ‹mythusumsponnene› König, ein wahnsinniges Lächeln auf den verblassten Lippen, die schwarzen Locken kühn um die weiße Stirn wallend, tot soeben auf sein Bett niedergelegt war.»[16]

Einige Wochen später besuchte Eulenburg in großer Uniform mit der gesamten königlichen Familie das Oktoberfest. Ein wunderbarer, sonniger Herbsttag, aber: «eine tief erschütternde Szene»! Was war geschehen? Ein kraftstrotzender, junger Stier erlag seinen widernatürlichen Instinkten. Vor den Augen der zahlreichen bayerischen Prinzessinnen bestieg das Prachtexemplar, angeregt durch Militärmusik und jauchzende Trachtler, nicht etwa eine Kuh, sondern einen Geschlechtsgenossen. «Peinlich gefärbte zehn Minuten» sind die Folge. Die vielen tausend Zuschauer johlen und grölen, der Adel ist außer sich. «Ich versteckte mein schamrotes Antlitz in den Federhut und die prinzesslichen Fächer auf der ersten Reihe bildeten eine Wand. Die Unterhaltung verstummte - der Oberzeremonienmeister erhob drohend seinen Stab - alles war vergeblich. Ich fühlte Schweißströme peinlicher Verlegenheit fließen - endlich stieg er brüllend nieder, der Störer aller Ordnung und des Anstandes», erinnert sich Eulenburg.[17]

An sonnigen Tagen ließ sich Eulenburg gern von Fischerknechten stundenlang über den Starnberger See rudern. «Das schwebende Gleiten des Bootes und das leise Lied der Wellen an den Planken des Fahrzeugs war ihm gesundende Beruhigung.»[18] Dieser Hang zu Wind und Wasser war nichts Besonderes: Für den Adel und die reichen Kaufleute aus München gehörte es zum guten Ton, im Sommer an den See zu fahren, ein Landhaus zu mieten und das rustikale Leben der Fischer zu beobachten.

Von einem jungen Gärtnergehilfen aus Starnberg bekam Eulenburg auf einem Ausflug ein Büffelhorn mit Bier überreicht – fast so verrucht wie bei den bekannten Orgien Ludwigs II. im germanischen Stil. Philipp kam mit so viel herber Ländlichkeit freilich nicht zurecht und nippte nur etwas Schaum.[19]

Als er 1881 zum ersten Mal die Sommermonate am Starnberger See verbrachte, traf Eulenburg den damals neunzehnjährigen Fischerknecht Georg Riedel. Der Mann stammte aus Feldafing und wartete Tag für Tag an einem Bootssteg in Starnberg auf betuchte Gäste, die sich für sechzig oder achtzig Pfennig auf den See hinaus rudern ließen. Eulenburg beeindruckte Riedel schon am ersten Tag nachhaltig, denn der Liebenberger soll nicht den üblichen Preis, sondern ganze zwei Mark bezahlt haben – eine absonderliche Wohltat. Fünfundzwanzig Jahre später wurde Philipp von dieser und anderen Aufmerksamkeiten eingeholt.

«*Die Gaudi. Die Lumperei*»
Zwei Fischer packen aus

Georg Riedel hatte es zwischenzeitlich zum alkoholsüchtigen Milchhändler gebracht. Er war ein ungeschlachter Kerl, bösartig und primitiv. Eulenburg hatte von ihm das Schlimmste zu befürchten. Mit Hingabe kramte Riedel bei seinem Auftritt im Münchner Amtsgericht am 21. April 1908 in der Rumpelkammer seiner Erinnerungen und erzählte so gut es eben ging von den Starnberger Bootspartien. Der frühere Fischer hatte trotz seiner Sauferei überraschend viele Einzelheiten parat. Erfunden oder nicht, das war zweitrangig. Maximilian Harden und Max Bernstein werden Riedel kräftig auf die Sprünge geholfen haben. Jedenfalls waren sie hingerissen von ihrem Kronzeugen. «Hold wuchs ihm der Schnabel nicht; aber er ziert sich auch nicht und jedes Wort hat den Schmack des Erlebten. Fürchterlich, wenn dieses urwüchsige Gebirgsdeutsch in den Staub der Aktensprache geschleift würde. Unser Richter tut's nicht», schreibt Harden erleichtert.[20]

Eulenburg soll den arglosen Jugendlichen Georg Riedel seinerzeit schon am zweiten Tag in verfängliche Gespräche verwickelt haben. Entschlossen sei der lüsterne Graf auf sein Ziel marschiert. Er wollte beim Rudern angeblich wissen, ob Riedel schon eine Freundin habe. Außerdem bekam der Fischer ein attraktives Karriereangebot – der Preis dafür blieb unausgesprochen. Eulenburg erwähnte treuherzig seine besonderen Beziehungen zum Leibkürassier-Regiment in Breslau. Dort könne er Riedel unterbringen. Dann werde sich der Fischer einen unangenehmen, öden Militärdienst ersparen. Kuno von Moltke war damals Rittmeister in der besagten Breslauer Kaserne. Bei ihm hätte der Fischerknecht mit einer Empfehlung von Eulenburg ohne Zweifel einen guten Stand gehabt.

In den nächsten Tagen auf dem See soll Eulenburg über seine persönlichen Erfahrungen in Afrika geplaudert haben. Die Schwarzen zum Beispiel liefen vollständig nackt herum. Schließlich brachte der Graf Wein mit ins Ruderboot und ließ sich von Riedel nach Leutstetten, zu einem abgelegenen Gehölz an der Würm fahren, hinter dem Galgensee. Dort stiegen die beiden aus, lagerten sich mit ihren Flaschen auf den Waldboden. Was dann tatsächlich geschah, wird nie aufzuklären sein. Riedel will mit Eulenburg gegenseitige Onanie getrieben haben, was nach dem § 175 keine strafbare Handlung war. Der Fischer will nur aus Mitleid und Ehrfurcht gesündigt haben: «Weil er ein so feiner Herr war und es ihm Vergnügen zu machen schien; mir hat's keins gemacht.»[21] Angeblich ist es bei diesem einmaligen Sex geblieben. Man habe sich noch etliche Male gesehen, so Riedel, aber Eulenburg habe keine «unsittlichen» Handlungen mehr verlangt.

Der Fischerknecht lässt sich von Philipp nicht nach Breslau schicken. Wahrscheinlich ist es dem bayerischen Landbewohner einfach zu weit bis dahin. Vielleicht hat Riedel auch Angst gehabt, von Eulenburgs Freunden allzu sehr «verwöhnt» zu werden. Wie auch immer: Der Fischer kommt 1882 zum Militärdienst nach Augsburg. In Uniform besucht er Eulenburg und erhält von ihm regelmäßig Geldbeträge, im Ganzen rund tausendfünfhundert Mark. Im Juni 1883 will Riedel am Münchener Promenadeplatz in Eulenburgs Privatwohnung aufgetaucht sein. Dort sei alles für ein Dinner vorbereitet gewesen: «Schinken, Obst, Kuchen, Wein. Nur kalte Speisen.» Ein unbekannter Mann war angeblich der einzige weitere Gast. Angeblich sollte Riedel an diesen Besucher verkuppelt werden. Eulenburg habe das Zimmer verlassen, der «feine Herr» soll daraufhin versucht haben, mit dem Militärburschen ins Geschäft zu kommen. «Er suchte mir's auf alle Weise bequem zu machen.» Trotz einer Zahlung von zehn Mark, leidenschaftlichen Umarmungen und viel Alkohol allerdings vergeblich. Riedel packte seinen Säbel, fuhr zurück nach Augsburg, bekam dort wegen unerlaubten Entfernens von der Truppe einige Tage Arrest. Fortan ließ Eulenburg nichts mehr von sich hören, schickte auch kein Geld mehr nach Augsburg.

Über all diese Begebenheiten hatte Riedel fünfundzwanzig Jahre geschwiegen. Warum hat er Eulenburg damit nicht erpresst? Das wäre bei Riedels ziemlich verkommenem Charakter naheliegend gewesen. Oder hatte der Fischer auf Druck von Bernstein die ganze Geschichte nur frei erfunden? Angeblich will sich Riedel nach den ersten Schlagzeilen um Eulenburgs Sturz ganz plötzlich wieder erinnert haben. Freunde drängen ihn, den Justizrat Bernstein aufzusuchen.[22]

Riedels Aussage gegen Eulenburg war zwar drastisch und voll schlüpfriger Details, aber es blieben ernste Zweifel. Der Fischer war zigmal vorbestraft und galt in den Augen der Münchener Polizei als «rachsüchtig, streitsüchtig und eigensinnig». Er hatte einen benachbarten Wirt mehrmals wegen Überschreitens der Polizeistunde angezeigt, hatte ein unschuldiges Mädchen wegen eines Sittlichkeitsvergehens ins Gerede gebracht. Richter Wilhelm Mayer fragt deshalb den zuständigen Polizisten: «Halten Sie den Mann für fähig, dass er eine eidliche Aussage in einer längeren Erzählung mit einer großen Anzahl von Einzelheiten ohne erkennbares Motiv erfindet?» Die Antwort: «Ich traue es ihm zu.»[23] Riedel lässt sich von diesen Zweifeln an seiner Glaubwürdigkeit nicht erschüttern. Der besagte Wirt sei ihm auf die Nerven gegangen, und das Mädchen habe tatsächlich gegen Sitte und Anstand verstoßen.

Bis dahin war der Prozess für Eulenburg zwar äußerst unangenehm, aber noch nicht katastrophal verlaufen. Der ungebildete, unbeherrschte Riedel mit seinen über dreißig Vorstrafen wäre allein kein Kronzeuge gegen einen preußischen Fürsten gewesen. Doch nun betritt Jakob Ernst den Saal, am Starnberger See besser bekannt unter dem Spitznamen «Fischerjackl». Ein schwerhöriger, dreiundvierzig Jahre alter Wittwer mit dünner Stimme. Unzählige Male hat er Eulenburg damals über den See gefahren. Sonderlich kräftig scheint der Ruderer Jakob Ernst nicht gewesen zu sein. Zwei seiner Geschwister starben an Schwindsucht, und auch er selbst soll viel gehustet haben. «Nicht zu schnell, Jakob, streng dich nicht an!», hat Eulenburg nach Erinnerung seiner Frau häufiger Jakob Ernst zugerufen.[24] Das Anwesen der ärmlichen Familie Ernst lag direkt unterhalb der angemieteten Villa Eulenburgs. Weil das Haus des Grafen nur eine Terrasse hatte, keinen Garten oder gar einen umliegenden Park, spielten die Kinder Eulenburgs gern unten am See. Gerudert wurde beinahe ausschließlich mit den Booten der Familie Ernst, was sicherlich hier und da Neid erregt haben dürfte.

Der von Wind und Wetter gegerbte Fischer macht Eulenburg zunächst nur Freude. «Nix is g'schehn. Mit mir hat der Fürst nichts Unrechtes gemacht. Gar nichts. Auch keine Andeutung, ich solle ihm was zu Liebe tun. Nie hat er mich auf schlechte Art angefasst. Nie gestreichelt, geküsst, um den Hals genommen. Nie von Schmutzereien geredet. Auch, meines Wissens, mit Anderen nicht. Ich habe niemals Schlechtes von ihm gehört, all die Jahre nicht. Das nehme ich auf meinen Eid», erklärt Ernst. Eine enttäuschende Auskunft für Harden. Zwar will der Fischer mit Eulenburg gelegentlich einen Kaffee im Hotel Bayerischer Hof getrunken haben, jedoch nur auf der Terrasse, niemals auf dem Zimmer des Fürsten. Jakob Ernst war auch Reisebegleiter Eulenburgs, besuchte mit ihm Meran, Zürich, Luzern und Garmisch,

Aus «Simplicissimus»:
Der «Harfner» Eulenburg greift in die Leier –
und die knusprigen Fischerknechte
tummeln sich vergnügt
im Starnberger See.

kümmerte sich um die Kleidung, was, wie bereits erwähnt, eine anstrengende Beschäftigung war.

Zwei oder drei Mal war Ernst in Liebenberg zu Besuch. Er sollte sich dort um die Fischerei in der «Großen Lanke» kümmern. Allerdings tummelten sich dort völlig andere Fische als im Starnberger See. Insofern war Jakob Ernst bei dieser Aufgabe fehl am Platz. Das hätte Eulenburg wissen können – hatte er also andere Gründe für seine Einladung? Der Fischer wurde auch finanziell umschmeichelt. Die Mutter von Eulenburg griff in ihre Schatulle und übergab Jakob Ernst zwölftausend Mark zum Kauf eines Anwesens. Nicht als Geschenk, sondern als Kredit zu einem Zinssatz von drei Prozent. Das Geld wurde zurückgezahlt. Ein wunderlicher Handel, aber völlig legal. Keine umstürzenden Neuigkeiten. Harden will beobachtet haben, wie der Fischer bei seiner Aussage in der Jackentasche heftig mit den Fingern spielt, womöglich seinen Eid nach alter Sitte ableiten will in die Küche des Teufels. Fest steht: Jakob Ernst belastet Eulenburg in keiner Weise. Auch zwei weitere Zeugen aus Starnberg können wenig Konkretes mitteilen. Gerüchte habe es reichlich gegeben um Eulenburg und Ernst. Beweise nicht. Der Garten um Eulenburgs Villa wurde von den kundigen Starnbergern angeblich «Spinatgärtl» genannt, frei nach dem landläufigen Schimpfwort vom «Spinatstecher».[25] Aber wenn solcher Spott durch die Straßen lief, warum ist Eulenburg dem Prominentenort dann noch viele Jahre treu geblieben? Er hätte vermutlich einen großen Bogen gemacht um die Stätte seiner erotischen Ausschweifungen. Stattdessen kaufte er 1899, nach jahrelanger Abwesenheit, ein kleines Haus in Starnberg, kehrte also freiwillig zurück an den Ort des freizügigen Geschehens. Zu dieser Zeit um die Jahrhundertwende absolvierte Philipp jeden Sommer eine Badekur in Bad Gastein und blieb auf dem Weg dorthin gern auch einige Tage am Starnberger See. Jakob Ernst wurde sein Hausverwalter.

Der Vormittag im Gericht hatte somit nichts Sensationelles ergeben. Unbequeme Fragen an Eulenburg vielleicht, mehr nicht. Man geht bis vier Uhr nachmittags in die Mittagspause. Für Harden und Bernstein eine nervenaufreibende Verzögerung. Sie malen sich schon die für sie desaströsen Schlagzeilen in Berlin aus. Nur mit der halbkriminellen Plaudertasche Riedel ließ sich eben nichts gewinnen. Harden spielt mit dem Gedanken, seine ganze, umfangreiche Zeugenliste gegen Eulenburg öffentlich zu machen, einen Flächenbrand zu legen. Man fährt mit der Straßenbahn von der Au auf die andere Seite der Isar, in die Münchener Innenstadt, setzt sich in die «Odeon-Bar» und speist dort geröstete Nieren. Beim Kaffee unterhalten sich Harden und Bernstein mit ihrer Begleitung über den mutmaßlichen weiteren Fortgang der Verhandlung. Harden gibt seine Theorien über die Homosexualität im Allgemeinen zum Besten. Er behauptet, dass derartige Männer grundsätzlich keine Eifersucht kennen und eine angeborene Vorliebe für die Orgie haben. Sittliche Bedenken seien den Schwulen völlig fremd. «Empfindet jeder denn nicht die Verleitung auch nur eines Soldaten oder anderswo fronenden Burschen zu solchem Gräuel als eine nationale Schande? Der verdient's nicht besser. Eine nationale Gefahr ist abzuwehren.»[26] Im Hotel Continental legt sich Harden ein paar Minuten aufs Ohr, blättert in Eulenburgs Buch «Fünf Jahre der Freundschaft». Mit Bangen wartet er auf den Nachmittag. Max Bernstein ist nicht sehr zuversichtlich, aus dem wortkargen Jakob Ernst doch noch etwas herauszuholen.

Der Anwalt ringt seine Zweifel nieder, will sein Geld wert sein, will nicht klein beigeben. Eine Blamage hier in München, an der Stätte seines juristischen und dichterischen Wirkens, das wäre für Bernstein unerträglich gewesen. Ging dieser Prozess verloren, hätte er sich lächerlich gemacht. Mit dem Starkult um ihn wäre es womöglich aus gewesen. Er will den Sieg, um jeden Preis. Noch einmal lässt er Jakob Ernst zum Kreuzverhör herausrufen. Vergeblich: Der Mann ist zwar etwas nervöser als vorher, bleibt jedoch standhaft. «Aber der Fürst kann mir nichts nachsagen und ich kann dem Fürsten nichts nachsagen; und auch die Leute können nichts beweisen», sagt Ernst. Jetzt reicht es dem Richter. Er glaubt nicht mehr daran, dass der Fischer irgendetwas zur Aufklärung betragen kann, will die Vernehmung abbrechen. Man komme so nicht weiter. Max Bernstein steht wenige Millimeter vor der Niederlage. Er wagt einen letzten Versuch, verschärft seinen Ton: «Herr Ernst, ich will Ihnen etwas sagen. Der Herr, der hier sitzt, ist mein Klient. Der soll, auch wegen des Fürsten Eulenburg, eingesperrt werden. Der ist auch ein kranker Mann, wie Sie. Wenn Sie jetzt die Unwahrheit sprechen: Früh oder spät kommt's doch heraus; und, so leid mir's tut, ich bringe Sie dann ins Zuchthaus.» Das wirkt. Jakob Ernst wankt. Der Richter merkt das. Er steht auf, winkt den Zeugen nach ganz vorne, an den Tisch. Wilhelm Mayer beruhigt den Fischer zunächst. Das mit dem Zuchthaus dürfe er keineswegs als Drohung auffassen. Er spricht von schwerer Pflichterfüllung. Man könne eine Viertelstunde Pause machen, zum Nachdenken. Der Zeuge bedankt sich, lehnt aber ab. Mayer nimmt sich Gottvater persönlich als Verbündeten: «Denken Sie daran, Ernst. Den letzten Richter betrügt keiner. (...) Ist zwischen dem Fürsten zu Eulenburg und Ihnen niemals etwas Unsittliches vorgekommen?»[27]

Schwer atmend, mit trockenem Mund und einem Griff zum Herzen sagt Jakob Ernst die entscheidenden Sätze. «Ja, gar nie, das kann ich nicht sagen.» Harden will geweint haben vor Erleichterung. Der Fischer bäumt sich ein letztes Mal auf: Er könne sich nicht so genau erinnern – doch dann erliegt er dem Druck des Richters. Endlich sprudelt die Quelle. 1883 habe es angefangen mit Eulenburg: «Wie die Leute reden, so war's. Wie man's nennt, weiß ich nicht. Er hat mich's gelehrt. Die Gaudi. Die Lumperei. Ja, keinen richtigen Namen weiß ich nicht. Wenn wir so hingefahren sind, haben wir's im Kahn gemacht. Er hat angefangen. Wie hätte ich's wohl gewagt. Einem so feinen Herrn! Und ich wusste ja nichts davon. Zuerst fragte er, ob ich ein Mädel habe. Da ging's dann weiter.»

Max Bernstein will wissen, ob Jakob Ernst von irgendeiner Seite zur Falschaussage gedrängt worden sei. Die Frage wird verneint. Weitere Zeugen werden nicht mehr aufgerufen. Harden triumphiert: «Von der ersten Sekunde an habe ich gesagt, weder habe ich die Absicht, diese Menschen persönlich zu infamieren, noch habe ich auch nur den leisesten Wunsch, mit

Aus «Simplicissimus»:
Frühling am Starnberger See –
mit dem bitterbösen Mundart-Gedicht:
«Und a Markl is koa Pfennig
Und a Deandl is koa Bua,
Was die Bauern net kennen,
Das lernen ´s dazua,
Duliöh!»

diesen grauenhaften krankhaften, widrigen und schmutzigen Dingen hervorzutreten. Ich werde mich von Schritt zu Schritt drängen lassen und nur in der äußersten Notwendigkeit von diesen Waffen Gebrauch machen. Deshalb (...) bin ich durch alle Gossen des Reiches gezogen worden, und man hat gesagt: Der weiß ja gar nichts. Ich glaube, man wird es nicht mehr sagen, und in dieser Beziehung ist dieser Tag ein guter für mich.»[28] Bernstein ist wieder ganz der Alte. Er gibt sich gönnerhaft und behauptet, er habe noch viel mehr Material gegen Eulenburg, werde davon aber keinen Gebrauch machen. Der Prozess ist zu Ende, das Urteil reine Formsache: Der Redakteur Anton Städele bekommt eine Geldstrafe von hundert Mark, wahlweise zehn Tage Gefängnis. Für ihn hat sich die Rolle des Strohmanns gelohnt. Die Strafe und noch einige Scheine obendrauf zahlt für ihn natürlich Harden.

«*In Bayern ist der Verkehr gemütlicher*»
Eulenburg sucht Ausreden

Philipp Eulenburg erfuhr noch in der Nacht zum 22. April vom sensationellen Ausgang des Münchener Prozesses. Es muss für ihn die Hölle gewesen sein. All seine optimistischen Erwartungen waren dahin. Harden im Gefängnis? Von wegen! Jetzt musste Philipp selbst jeden Augenblick fürchten, in Moabit hinter Gittern zu landen. An Schlaf war nicht mehr zu denken. Ein entsetzlicher Gedanken löste den anderen ab. Ausgerechnet der treue Jakob Ernst hatte ihn verraten. Was hatte er dem Mann nicht alles für Wohltaten erwiesen! Umsonst. In den frühen Morgenstunden telegraphiert Philipp an Oberstaatsanwalt Hugo Isenbiel: «Erbitte dringend, Verfahren einzuleiten, in dem mir Gelegenheit gegeben wird, dem Mann gegenüberzutreten.»[29]

Seinem Sohn schreibt Eulenburg am gleichen Tag: «Die Situation ist schrecklich. Man bringt mich um. Gegen Verbrecher kann man nicht mehr kämpfen. Jetzt werden sogar die bestochen, die ich für absolut treu hielt. Ich wundere mich über nichts mehr.» Diese Sicht wird in der Familie Eulenburg übrigens bis heute geteilt. Sein Enkel Wend spricht noch 1981 von «gekauften und vorbestraften Subjekten», die Opa Philipp in die «Enge getrieben» hätten.[30] Merkwürdig war das ganze Verfahren ohne Zweifel. Quer durch die Presse wird ein Riesenwirbel veranstaltet. Hugo Isenbiel hält sich an die Regel «rette sich, wer kann». Er will sich nicht vorhalten lassen, mit Eulenburg zimperlich umgesprungen zu sein: «Ich stehe durchaus noch auf demselben Standpunkte, auf dem ich am 2. Januar gestanden habe. Ich habe meine Ansicht in keiner Weise geändert, und sobald mir gültiges Material gegen den Fürsten Eulenburg zur Verfügung steht, werde ich mir aller Rigorosität ohne Ansehen der Person einschreiten.» Selbst wenn es Wochen oder Monate dauern sollte, Isenbiel will Klarheit schaffen.[31]

Ein Reporter der «B.Z. am Mittag» eilt sofort nach Liebenberg, wo er am 22. April abends um sieben Uhr ankommt. Er wird von einem «gut erzogenen Kammerdiener» empfangen, aber nicht vom Fürsten persönlich. Der liege schwer krank im Bett, wird behauptet. Stattdessen gibt Eulenburgs Freund und Anwalt Karl Laemmel Auskunft. Er kennt den Fürsten seit dreißig Jahren. Der Reporter hört mit Interesse, wie Laemmel nach Erklärungen sucht für das Unglaubliche: «Er habe in der langen Zeit nie etwas bemerkt, das auch nur im Entferntesten auf Homosexualität deute, und was da nun vor sechsundzwanzig Jahren geschehen sei ... Gott ja, es ist traurig und gewiss höchst verwerflich, aber kommt das nicht häufig vor? Ist die Jugend eines Mannes, der durch eine Kadettenanstalt, ein Alumnat oder Ähnliches gegangen ist, frei davon? Gewiss, es ist nicht zu entschuldigen ... und – (...) das Schlimmste ist der Eid des Fürsten, dem nun die Aussagen Riedel und Ernst scharf entgegenstehen.»[32]

Diese Aussage wird einige Tage später von Karl Laemmel öffentlich bestritten. Er sieht sich falsch zitiert, will niemals angedeutet haben, dass die Jakob Ernst und Georg Riedel die Wahrheit gesagt haben könnten.[33] Der «B.Z.»-Journalist bleibt dagegen bei seiner Version: Er habe sich unmittelbar nach der Äußerung von Laemmel entsprechende Notizen gemacht. Der Berichterstatter der «B.Z.am Mittag» drängt darauf, doch noch mit Eulenburg persönlich zu sprechen. Anwalt Laemmel erklärt, der Fürst bekomme dauernd Morphiumspritzen gegen seine ungeheuerlichen Schmerzen. Dennoch wolle er versuchen, von Eulenburg eine Antwort zu erhalten. In der Zwischenzeit kann sich der Journalist in aller Ruhe die erlesenen Möbel im Schloss betrachten. Gespenstische Ruhe liegt über dem ganzen Areal. Schließlich lässt Eulenburg folgende knappe Stellungnahme ausrichten: «Ja, was soll ich denn nur sagen, ich habe ja doch geschworen, mehr kann doch ein Mensch nicht tun. Wie kann man denn nur an meinem Eid rütteln! Ich liege hier hilflos, und in München werden die Zeugen vernommen. Ich bin außerstande, etwas anderes zu erklären, als was ich unter meinem Eid erklärt habe.»[34]

Eulenburg versuchte noch am 23. April, den Aussagen von Riedel und Ernst entgegenzutreten. Tatsächlich sei er in den Sommern mit seiner Familie täglich am Seeufer, bei den Starnberger Fischern gewesen. In den zahlreichen Bootshütten hätten über die Jahre hinweg viele unterschiedliche Knechte gearbeitet. «Riedel hatte starke Neigung zum Trinken und war unter seinen Kameraden nicht beliebt», wollte sich Eulenburg erinnern. Was das Geld betreffe, habe er jedem Fischer mehr als die übliche Gebühr gegeben, denn die oberbayerische Bevölkerung sei ihm sympathisch gewesen. In der Hauptsache äußert sich der Fürst entschieden: «Die Geschichte von der getriebenen Selbstbefleckung oder dahin gestellte Fragen ist eine Unwahrheit. Dass ich einmal Wein mitgenommen habe, ist möglich.» Auch die angebliche Begegnung mit Riedel am Promenadeplatz 21 sei reine Erfindung. Tausendfünfhundert Mark habe der Fischer auch nicht erhalten, denn damals habe er sich in einer angespannten finanziellen Lage befunden, versichert Eulenburg. Er verweist darauf, dass ihn in Starnberg jedes Kind gekannt habe. Deshalb würde er, «wenn ich Schlechtes im Sinne gehabt hätte, nicht gerade dort meinen Ruf, meine Stellung, aufs Spiel gesetzt haben».[35]

Aus «Der wahre Jacob»:
Meineid ist halb so schlimm bei Exzellenzen – der Richter nähert sich Eulenburg nur in gebückter Haltung. So sah es wohl nicht nur der sozialdemokratische Karikaturist.

Das klingt zwar plausibel, weniger nachvollziehbar allerdings ist Eulenburgs Reaktion auf die Aussage von Jakob Ernst: Er stehe vor einem Rätsel. «Anders vermag ich mich nicht auszudrücken. Es ist mir vollkommen unverständlich, wie ein Mensch, der so viele Freundlichkeiten und Güte von mir erfahren hat, mit dem ich wohl im vertrautesten, niemals in meinem Leben jedoch in unanständigem Verkehr gestanden habe, eine solche Aussage machen kann. Ich möchte nicht unterlassen, noch etwas zu erwähnen, was nach meiner Auffassung doch wohl gegen geschlechtlichen Umgang sprechen würde: Ernst ist stets, auch in seiner Jugend, ein sehr hässlicher Mensch gewesen. Wie mir aber ein geschlechtlicher Umgang mit Männern überhaupt widersteht, so würde mich doch wohl ein Verkehr mit einem so hässlichen Menschen geradezu mit Entsetzen erfüllen müssen! Mein Schönheitsgefühl ist jedenfalls stets außerordentlich entwickelt und empfindlich gewesen.»

Der Volkscharakter der Bayern trage obendrein dazu bei, den Umgang zwischen den Schichten zu erleichtern, so dass die Vertraulichkeiten mit Ernst allesamt erklärbar seien. Eulenburgs devote Ehefrau kannte zwar noch keine Heimatfilme, aber ihr ganz persönliches Alpenpanorama kommt den Zelluloidschnulzen schon recht nahe: «In Bayern wie in allen Gebirgsgegenden ist auch der Verkehr der Einheimischen mit den Fremden so viel formloser und, wie die Leute selbst sagen, gemütlicher, als bei uns in Norddeutschland. Mein Mann speziell hat sich besonders gern mit solchen einfachen Naturmenschen auf seinen Reisen und Gebirgstouren unterhalten. Es ist dieselbe Abwechslung, dasselbe Ausruhen, wie die Unterhaltung mit Kindern, wenn man übermüdet und abgehetzt von dem Leben der Kulturmenschen und der großen Welt ist. Jakob Ernst hatte auch eine gute Eigenschaft: dass er so schön schweigen konnte, wenn man selbst nicht zum Reden aufgelegt war.»[36]

Unangenehme Tage für Hugo Isenbiel. Der Staatsanwalt muss sich allerlei kritische Fragen gefallen lassen, steht unter dem Verdacht, Eulenburg geschont zu haben. Ein Fall von politischer Rücksichtnahme? Die Enthüllungen aus München setzen Berlins Justiz mächtig unter der Druck – Hardens Plan war wunderbar aufgegangen. Politik und Medien in der deutschen Hauptstadt standen Kopf. Das angesehene, liberale «Berliner Tageblatt» wird ziemlich deutlich: «Es ist im höchsten Grade unerfreulich, es ist unsagbar unappetitlich, immer wieder auf diese Angelegenheiten zurückkommen zu müssen, aber wenn die hässliche Geschichte wiederum auftaucht, so trifft die Schuld doch wohl diejenigen, die sie nicht rechtzeitig, durch eine wirklich gründliche Untersuchung, zu beenden gewusst haben. (...) Die preußische Justiz hat in dieser ganzen Affäre bisher nicht gerade glücklich operiert.»[37] Das zielte natürlich direkt auf Hugo Isenbiel. Auch der angesehene konservative Publizist Hans Delbrück schießt auf den Oberstaatsanwalt. In den «Preußischen Jahrbüchern» heißt es: «Der innere Widerspruch in der Haltung der Staatsanwaltschaft blieb unaufgeklärt und erregte Misstrauen.» Delbrück belässt es nicht bei allgemeinem Unbehagen. Er macht

Aus «Die lustigen Blätter»:
Hugo Isenbiel erstarrt zur Salzsäule, weil die Unsittlichkeiten in Liebenberg so derb sind, dass Gott persönlich Pech und Schwefel herabschickt.

Isenbiel ohne Umschweife verantwortlich für die Peinlichkeiten in München. «Die psychologische Erklärung wird nicht zu gewagt sein, dass es eine Reaktion auf das Verhalten des Oberstaatsanwalts Isenbiel in Berlin war: Der bayerische Richter wird die Empfindung gehabt haben, dass es etwas gegeben habe, was wieder ins Gleichgewicht gebracht werden müsse.»[38]

All seine Biegsamkeit hatte ihm nichts genutzt: Der Oberstaatsanwalt stand im Regen. Erst hatte er sich geweigert, die Sache Moltke/Eulenburg überhaupt in die Hand zu nehmen, dann hatte er Harden mit Feuereifer beinahe ins Gefängnis gebracht, jetzt musste Isenbiel mit ganzer Kraft gegen Eulenburg vorgehen. So abrupte Kurswechsel konnten sogar in einem windschnittigen Kahn die Planken knirschen lassen. Isenbiel kommt in Erklärungsnot. «Sie fragen mich, ob meine Stellung erschüttert ist? Ich kann Ihnen darauf nur antworten, dass mir davon nichts bekannt ist. Ich würde auch gar nicht in der Lage sein, es zu wissen, wenn es der Fall wäre, denn ich wüsste nicht, wer mich von der Erschütterung meiner Stellung in Kenntnis setzen sollte.»[39] In der Presse wurde gerätselt, warum bei Eulenburg nicht längst eine Hausdurchsuchung stattgefunden hatte, warum der Mann noch frei herumlaufen durfte. Man müsse sofort den Geldverkehr des Fürsten überprüfen, seine Briefe sichern. Die Staatsanwaltschaft sei anscheinend überzeugt, dass bei Eulenburg keine Verdunkelungsgefahr bestehe. Dabei gebe es doch Gerüchte, wonach sich der Liebenberger ins Ausland absetzen wolle. Überall Empörung! Nur Wenige fühlten sich angeekelt von dem Schauspiel – wie der radikale Schrifststeller Erich Mühsam: «Einem künstlerisch inklinierenden, vielleicht ein wenig schwärmerisch veranlagten Manne wurde das Nachthemd in Fetzen vom Leibe gerissen, und sein Sperma unter dem Mikroskop des in einem Milchmann und einem Fleischermeister personifizierten Volksgewissens vor den Augen aller Hinze und Kunze herumgewälzt.»[40]

Harden ist Ende April zum Superstar der deutschen Medien aufgerückt. Sogar der greise österreichische Kaiser Franz Joseph soll sich drei Mal täglich fernmündlich über den Münchener Prozess informiert haben. Der Herausgeber der «Zukunft» sitzt von morgens acht bis tief in die Nacht am Telefon, öffnet Telegramme, gibt Interviews. «Halb tot. Aber die Wahrheit marschiert.»[41] Jede Ausgabe der «Zukunft» soll achttausend Mark mehr Gewinn machen als vor der Affäre. Der «Vorwärts» rechnet aus, dass der Krisengewinnler Harden mit seinen Sensationen alles in allem rund 300 000 Mark zusätzlich verdient hat. Harden auf dem Gipfelpunkt seiner journalistischen wie kaufmännischen Karriere.

Am 30. April erscheinen unangemeldet fünf Herren morgens um halb acht Uhr in Liebenberg. Drei Kriminalbeamte, ein Gerichtsarzt und der Direktor des Berliner Landgerichts, Alexander Schmidt. Sie vernehmen Eulenburg bis abends um neun, «sehr höflich und rücksichtsvoll». Konkrete Ergebnisse gab es nicht. Der preußische Justizminister konnte dem Kaiser erleichtert mitteilen, Eulenburg habe «jegliche Schuld entschieden bestritten».[42] Das scheint Philipp aber ziemlich angestrengt zu haben. Niedergeschlagen notiert er in sein Tagebuch: «Welches Schicksal! Ich gewöhne mich langsam an den Gedanken, umgebracht zu werden. Wie ist es denn anders möglich? Ich werde durch falsche Zeugen, Presse, Regierung, Judengeld umgebracht. Sehe keine Rettung!»[43]

Tags darauf, am 1. Mai 1908, beschließt das Berliner Landgericht auf Antrag von Hugo Isenbiel, eine förmliche Voruntersuchung gegen Eulenburg einzuleiten. Was nach Routine klingt, war im Kaiserreich eine Ungeheuerlichkeit: Erst ein einziges Mal war bis dahin eine ähnlich hoch stehende Persönlichkeit, nämlich der Lebemann und deutsche Botschafter in Frankreich, Graf Harry von Arnim, im Oktober 1874, einem derartig peinlichen Strafprozess ausgesetzt gewesen.[44] Ein Fürst auf der Anklagebank, das war in jeder Beziehung eine atemberaubende Neuigkeit. Fröhlich dichtete die sozialdemokratische Satirezeitschrift «Der wahre Jakob»:

Die preußische Justiz sogar
Ist manchmal unberechenbar.

Du hattest ihr zu früh vertraut –
Nun sitzt du da und jammerst laut.

Man schleppt dich mit Gewalt, oh weh!
Vom Starnberger zum Plötzensee.
Jetzt hilft – das ist der Weisheit Rest –
Nur noch ein ärztliches Attest.[45]

Die wenigen organisierten Homosexuellen der Zeit warfen Eulenburg Lüge und Selbstbetrug vor. Der schwule Münchener Pamphleteschreiber und Postkartenverkäufer August Fleischmann brüstet sich mit dem Satz: «Seit fünfzehn Jahren ist meinen Freunden und mir bekannt, dass Eulenburg und Genossen starken Männerverkehr haben. Ob strafbare Handlungen im Sinne des § 175 vorgekommen sind, wissen wir nicht. Man ladet keine Zuschauer ein!»[46] Fleischmann kritisiert die «Vogel-Strauß-Politik» von Philipp: «Leugnen, die Lügen beschwören, nein, das hättest du nicht tun sollen, Eulenbürger! Das nehmen wir dir übel! Wir und die Anderen! Pfui Eulenburg! Wir schämen uns deiner! (...) Ist das Heucheln dein Beruf gewesen; vielleicht bringt das die Diplomaten-Laufbahn mit sich?»[47]

Verleger würden Eulenburg heutzutage die Tür einrennen. Je schlechter der Ruf, je lärmender der Skandal, desto besser das Geschäft. So viel Marketing-Eifer war vor hundert Jahren noch nicht vorhanden. Damals fürchtete man in seriösen Verlagsstuben noch um den sittlichen Lebenswandel der Autoren und gingen auf Distanz. Wer mit Männergeschichten in der Zeitung stand, überforderte anscheinend die Geduld der Branche. Statt sich über eine Skandalnudel zu freuen und Papier nachzubestellen, zuckte man zurück vor dem Risiko. In der «Allgemeinen Buchhändlerzeitung» wurde Eulenburgs literarische Leistung nachträglich herabgesetzt. Die beteiligten Verlage waren dabei sehr daran interessiert, ihren eigenen Ruf zu retten. Westermann, Braun & Schneider, Hanfstaengl und die Deutsche Verlagsanstalt seien als «rührig und umsichtig» bekannt, hieß es in dem Branchenblatt. An diesen Verlagen könne es also nicht gelegen haben, wenn Eulenburgs Werke einem weiteren Kreis unbekannt geblieben seien. Vielmehr habe es dem Autor an Erfindungsgabe und Phantasie gefehlt. Eulenburg wird als «Märchentante» bezeichnet: «Ein weichlicher (um nicht zu sagen: weibischer) Zug» präge sein ganzes Werk. Der mangelnde Verkauf seiner Bücher gehe ganz allein auf sein Konto, denn nicht dichterische Kraft, sondern dilettantische Spielerei habe die Eulenburg-Literatur beherrscht. Der Fürst könne «der Welt verloren gehen, der Dichter nicht; denn er hat nie existiert.»[48] Eine armselige Distanzierung des deutschen Buchhandels von einem in Ungnade gefallenen und nicht gerade umsatzstarken Autor.

Anfang Mai hielt sich Philipp nur noch mit Portwein auf den Beinen. Nachts hatte er Halluzinationen, ängstigte sich vor einer eingebildeten Herzschwäche. Schon am 5. Mai stand Richter Alexander Schmidt erneut im Liebenberger Schloss, unangemeldet: «Es war natürlich ein Überfall, um zu sehen, ob ich wirklich morgens sehr elend sei.» Das lauschige, abgelegene Liebenberg wird zum «Hexenkessel». Weil Eulenburg selbst äußerst schwächlich ist, vertreibt sich Schmidt die Zeit mit anderen Vernehmungen. Der Diener Geritz wird befragt, und ein Tischler aus dem nahe gelegenen Falkenthal. Erst abends um sieben verlässt die Untersuchungsdelegation das Gelände. Eulenburg versucht, sich mit einem Roman von Charles Dickens zu beruhigen. Doch schon am Nachmittag des nächsten Tages erleidet er einen Herzanfall: Sein neuer Anwalt Max Wronker hat eine «sehr ernste» Besprechung mit ihm. Offenkundig kann der Rechtsbeistand nicht sehr viel Hoffnung machen.[49]

Die dramatische Gegenüberstellung von Eulenburg und den beiden Münchener Zeugen Ernst und Riedel findet am Nachmittag des 7. Mai im Liebenberger Schloss statt. Von halb fünf bis abends um neun Uhr versucht Eulenburg mit aller Kraft, die ehemaligen Fischer vom Starnberger See von ihrer Aussage abzubringen. Vergeblich. Riedel war viel zu abgebrüht, um sich vom kränklichen Eulenburg noch irgendwie beeindrucken zu lassen. Der treue Jakob Ernst soll dagegen kurz ins Wanken gekommen sein. Kein Wunder, wo er doch in Liebenberg und anderswo manche finanzielle Wohltat des Fürsten genossen hatte, mit ihm seit fast dreißig Jahren befreundet war.

Doch der Fischer kann seinen Münchener Eid nicht mehr straflos rückgängig machen. Er wiederholt mehrfach den Satz: «Ich kann nichts anderes sagen, da komme ich ins Zuchthaus.»[50] Richter und Zeugen fahren zurück nach Berlin, einige Kriminalpolizisten bleiben in Liebenberg, bewachen Eulenburg, denn der Haftbefehl ist nur noch eine Frage von Stunden. Angeblich kam die entsprechende Anordnung vom preußischen Ministerpräsidenten und Reichskanzler, also Bernhard von Bülow, persönlich. Zwar versuchte Eulenburg mit seiner Familie noch hektisch, über Telefon und Telegramme eine Kaution von einer halben Million Reichsmark zu mobilisieren. Die Aktion ist auch erfolgreich, aber das Gericht lehnt die Aussetzung des Haftbefehls ab: Verdunkelungs- und Fluchtgefahr!

Die Ärzte halten Eulenburg eigentlich nicht für transportfähig, sind aber einem massiven Druck von Polizei und Justiz ausgesetzt. Angeblich hatte der zuständige Gerichtsarzt Tränen in den Augen, als der Fürst aus seinem Krankenzimmer geholt wurde. Am 8. Mai um drei Uhr nachmittags wird Eulenburg per Auto von Liebenberg in die Charité nach Berlin gefahren. Die Ärzte hatten gerade noch die Einweisung in die Untersuchungshaftanstalt Moabit verhindern können. Beim Heruntertragen von seinem Schlafzimmer in den Schlosshof wird Eulenburg bewusstlos. Er klagt über Schmerzen. Auf der Fahrt muss öfter angehalten werden. Gegen sechs Uhr erreicht man das Krankenhaus, wo Eulenburg über die freundliche Aufnahme angenehm überrascht ist. Mit Schlafmitteln findet er zunächst Ruhe. In diesem Moment kann er noch nicht wissen, dass er das Zimmer in der Charité erst in gut vier Monaten wieder verlassen darf.

Seine Frau beschreibt den Krankenhausaufenthalt als Martyrium. «Monate lag er da, in der Sommerhitze, in dem kleinen, niedrigen, luftlosen Raum, kämpfend mit den schwersten Beklemmungen und Herzschwächen. Seit Jahren, wenn er an diesen schweren Anfällen von Herzbeklemmung und Schwindel litt, konnte ihm nur durch frische Luft Linderung verschafft werden. Hier mussten die zwei kleinen Fenster, die nach der Sonnenseite lagen, mit dicken Tüchern den ganzen Tag verhängt werden. Um nicht vor Hitze zu verschmachten, muss der arme Kranke im Dunkeln liegen. Manchmal kommt ein erlösender Regen; schnell die Tücher fort, die Fenster einen Moment auf – einige tiefe Atemzüge! Aber der Arme hält den Lärm von der belebten Straße nicht länger aus, mit der nahen Straßenbahn, die alle drei Minuten vorbeisaust.»[51] Die Straßenbahn gibt es heute zwar nicht mehr, aber eine äußerst belebte Gegend ist die Luisenstraße an der Charité immer noch. Eulenburg durfte seinen Kammerdiener Emmanuel Bartsch als Pflegekraft mit ins Krankenhaus nehmen. Bartsch hatte ein kleines Nebenzimmer, schlief nachts aber als Krankenwache im Raum des Fürsten, wo die Luft dadurch noch stickiger wurde. Die Tür blieb abgeschlossen. Die Kripo hatte einen Aufenthaltsraum eingerichtet. In Liebenberg wurde das Schloss durchsucht, Unterlagen beschlagnahmt.

Dabei stießen die Ermittler auf ein verschnürtes Paket mit sechs Büchern aus dem Max Spohr Verlag in Leipzig. Dort erschienen damals einige Aufsehen erregende Titel der homosexuellen Emanzipationsbewegung um Magnus Hirschfeld. «Diese Literatur wird beinahe nur von Ärzten und von persönlich Interessierten dauernd bezogen», hieß es in der Presse.[52] Eulenburg machte sich also allein durch den Besitz der Bücher schon verdächtig. Das sah er selbst wohl genauso, denn er hatte sie in einen Umschlag gesteckt und darauf den Namen eines kaiserlichen Kammerherrn geschrieben: Graf Edgar Wedel. Die Staatsanwaltschaft befragte daraufhin natürlich den vermeintlichen Eigentümer der heiklen Literatur. Doch Wedel kannte weder den Max Spohr Verlag, noch wusste er irgendetwas mit den Büchern anzufangen.

Im Prozess darauf angesprochen, begründete Eulenburg seine merkwürdige Vertuschungsaktion mit den Worten: «Ich bin ein kranker Mann, der jeden Tag sterben kann. Da es nun auffallen könnte, wenn in meinem Nachlass solche Bücher gefunden würden, habe ich den Namen meines alten Freundes Wedel darauf geschrieben.» Auf Nachfrage ergänzte der Fürst: «Ich gebe zu, dass es unrecht war. Aber Graf Wedel ist Junggeselle, und ich dachte, es könne ihm weiter nichts schaden.» Eulenburg will die Bücher nicht gekauft haben. Sie seien vielmehr ohne Aufforderung ins Haus geschickt worden. Warum er solche angeblich unerwünschten Titel sorgfältig aufbewahrt hatte, darauf wusste er keine Antwort. Für Edgar Wedel bedeutete die unglückliche Verwicklung in die Eulenburg-Affäre das sofortige Ende seiner Hofkarriere. Als der Kaiser davon erfuhr, ließ er seinen Höfling fallen und soll gesagt haben: «Denken Sie, unser Edgar ist auch ein solches Schwein.»[53]

Kriminalkommissar Hans von Tresckow beschreibt Wedel als affektierte Tunte. «Er machte mit Vorliebe weibliche Handarbeiten, und Staubwischen in seiner hübschen Wohnung war seine förmliche Leidenschaft. Er war ungeheuer eitel und um sein Aussehen besorgt. Wenn man ihn am Teetisch sitzen sah, ein Tuch um die Schultern geschlungen, eine große Hornbrille auf der Nase, und in den Händen eine Häkelarbeit, so hätte man ihn für ein älteres, gut konserviertes Fräulein halten können; (...).»[54] Wedel scheint bei all seinen Marotten ein äußerst mitfühlender Mensch gewesen zu sein. Jahrelang pflegte er als Kammerherr die Kaiserin Victoria (1840 - 1901), nach ihrem Gemahl auch «Kaiserin Friedrich» genannt. Die Mutter von Wilhelm II., lag über Monate hinweg mit einem aggressiven und sehr schmerzhaften Brustkrebs im Bett. Wedel übernahm hingebungsvoll den Pflegedienst, was nicht leicht war, denn die Kaiserin musste einen «jauchigen Zerfall» ertragen, was für sie selbst eine entsetzliche Qual, für ihr Personal eine große Nervenbelastung war. Zum Dank für seinen selbstlosen Einsatz am Krankenbett durfte Wedel nach dem Tod der Kaiserin im Prinzessinnenpalais Unter den Linden wohnen. Dort musste er allerdings innerhalb von wenigen Stunden ausziehen, nachdem der Kaiser von seiner Homosexualität erfahren hatte. Das traf den äußerst zart besaiteten, vornehm denkenden Wedel ins Mark.

Im Prinzessinnenpalais hatte er gelegentlich zu Teeabenden eingeladen, um die sich viele Gerüchte rankten. Dort träfen sich regelmäßig die Homosexuellen bei Hofe, war in der Presse zu lesen. Wedel wollte von solchen diskreten Zusammenkünften nichts wissen. Er sei vielmehr sehr musikalisch – man denkt dabei gleich an Kuno von Moltke – und habe hin und wieder zwischen fünf und sieben Uhr nachmittags zu etwas Musikunterhaltung gebeten. Dort hätten sich auch Damen eingefunden, sowie Prominente der Berliner Opernszene, wie der italienische Komponist Ruggero Leoncavallo.[55] Solche Ausreden halfen Wedel nicht weiter. Er musste den Hof verlassen, zog sich zurück ins heimische Bad Freienwalde. Aus seiner rückhaltlosen Bewunderung für Wilhelm II. wurde über Nacht abgrundtiefer Hass. Das war nicht ganz ungefährlich für das Kaiserhaus, denn Edgar Wedel kannte das Intrigenspiel bei Hofe wie nur ganz wenige.

Eulenburg wird sich in seinem Krankenzimmer in der Charité die Verbitterung und den Zorn seines früheren Freundes Wedel in den düstersten Farben ausgemalt haben. Nur weil Eulenburg zu feige gewesen war, sich zu ein paar Büchern zu bekennen, musste Wedel auf allen höfischen Glanz verzichten und zurückkehren auf sein märkisches Gut. Als guter Preuße versprach Philipp dem Oberstaatsanwalt, «nicht die geringsten Ungelegenheiten» zu machen. Das hört sich zunächst nur pflichtbewusst an, bekommt jedoch einen geradezu unterwürfigen, makabren Ton, wenn man weiterliest: «Ich werde weder Selbstmord verüben, noch derartige Versuche oder auch Fluchtversuche machen.»[56] Eulenburg kann sich alles vorstellen, nur nicht die Wahrheit. Stattdessen Ausreden, aberwitzige Spekulationen: Jakob Ernst sei wohl bestochen, «ohne dass jemand Kenntnis davon hat». Auch eine bösartige Hypnose hält der phantasiebegabte Eulenburg für möglich. Am Ende habe sogar sein früherer Vertrauter und jetzt verhasster Gegner Edmund Jaroljmek seine Hände im Spiel!

«*Unendlich starke hypnotische Kräfte*»
Ausflug ins Jenseits

Philipps Ausreden werden immer exotischer. In seiner Not flüchtet er sich in den Okkultismus: «Ich habe – um ganz ehrlich zu werden – sogar an unbewusste Handlungen meinerseits, Dämmerzustände, gedacht. Muss das aber doch weit von mir weisen, weil ich doch wenigstens irgendein Atom einer Erinnerung haben müsste, irgendeinen kleinen Anhalt – und das fehlt vollkommen.» Er verweist auf seine spiritistische Phase in den Münchener Jahren. Eulenburg machte damals jeden Unsinn mit, war auf der Suche nach Erleuchtung. Damit lag er übrigens ganz im Trend. Die bayerische Landeshauptstadt war zweifellos die «Hippie-Metropole» des 19. Jahrhunderts. Überflieger aller Art durften sich dort austoben. Philipp schreibt im Sommer 1888 aus München an Kronprinz Wilhelm. «Spiritistisch habe ich recht merkwürdige Dinge erlebt – lauter Dinge, die mir das individuelle Fortbestehen nach dem Tode zu völliger Gewissheit machen. Wie eng und beschränkt ist doch die Auffassung derjenigen, die im geistigen Hochmut Phänomene leugnen, die unumstößlich sind.»[57] Im Schloss von Sigmaringen will Eulenburg 1890 allen Ernstes ein Gespenst gehört haben, und zwar die «böse Landgräfin», die ihren Mann einstmals mit Kompott vergiftet hatte.[58] Pech für Philipp, dass man in Berlin für solche mystischen Signale weniger aufnahmebereit war als an der Isar. Dieser Hokuspokus hat ihm also sehr geschadet, zumal er auch noch als reifer Mann besessen war von Spuk und Aberglauben.

Noch 1904 soll er sich auf eine höchst dubiose «Therapie» eingelassen haben. Gräfin Mathilde Stubenberg, eine Hohe Priesterin des Aberglaubens, will Eulenburg von monatelangem Siechtum kuriert haben. Gelegentlich wähnte sich der Fürst schon halb im Jenseits, entdeckte Gestalten auf wolkigen Höhen.

Für die bisweilen derbe Komik seiner parapsychologischen Ausflüge hatte Eulenburg wohl kein Empfinden. Eine Hellseherin will ihn bei der Suche nach einer Krankheitsursache ausgerechnet in ihrem Mastdarm gespürt haben. Sie gab daraufhin «weise Verhaltensmaßregeln», die leider nicht im Einzelnen überliefert sind.[59]

Sogar der allzeit zur bedingungslosen Verteidigung Eulenburgs bereite Historiker Johannes Haller kommt nicht um einen klaren Satz herum: «Die Wahrheit ist, dass Eulenburg ‹Spiritualist›, das heißt von dem Vorhandensein einer übersinnlichen Geisteswelt überzeugt war. Es reizte ihn auch, wunderbaren Erscheinungen, in Erfüllung gegangenen Voraussagungen und Ähnlichem nachzusinnen. Er machte sich wohl darüber seine eigenen Gedanken, die einem gewissen romantischen Mystizismus in seiner dichterischen Natur entsprangen. Andere damit zu belästigen, lag ihm völlig fern, und vollends Spiritist im vulgären Sinn ist er nie gewesen.»[60]

In Preußen zählten die Fakten, nicht die Ausreden. Schon gar nicht die bunt schillernden. Doch Eulenburg war anscheinend entschlossen, nach seiner Karriere als Götterliebling als Hofnarr weiterzumachen. Er redete sich mit seinen Rückblicken auf die esoterische Vergangenheit folglich um Kopf und Kragen: «Aber ich habe in jenen Jahren mit Menschen verkehrt, die mit unendlich starken hypnotischen und magnetischen Kräften begabt waren. Und trotzdem liegt es mir völlig fern, annehmen zu können, dass diese (...) ihre Gewalt auf mich durch widerliche, schmutzige Experimente erprobt hätten.»[61]

Seinen verhängnisvollen Eid wollte Philipp nachträglich ganz anders gemeint haben. Er habe keine «Schmutzereien» getrieben, hatte er beschworen. Richtig, sagt er nun, aber das habe doch nur für alle strafbaren Handlungen gegolten. Mit einundsechzig Jahren könne man schließlich nicht beeiden, niemals im Leben irgendetwas Unsittliches getan zu haben. Bei Hofe ist man darüber entgeistert: «Die Beweise für einen Meineid Eulenburgs sind so zermalmend, dass man von seiner bevorstehenden Verurteilung völlig überzeugt ist, obwohl der Unglückliche fortfährt, überallhin Briefe zu schreiben, seine Unschuld zu beteuern und zu sagen, er sei das Opfer teuflischer Machinationen.»[62] Die Regierung war anscheinend aufs höchste alarmiert durch die sensationelle Wende im Eulenburg-Verfahren. Bülow ordnete an, dass ab sofort kein offizielles Aktenstück, kein Brief mehr an die Öffentlichkeit kommen dürfe. «Sobald solche Schriftstücke auftauchen oder gefunden werden, müssen sie sofort beschlagnahmt und sekretiert werden, und wir müssen Kenntnis von ihrem Vorhandensein erhalten.»[63]

Besonders streng sollte die frühere offizielle Korrespondenz mit Eulenburg unter Verschluss gehalten werden. Im Chiffrierbüro des Auswärtigen Amtes war man ganz nervös, weil Eulenburg im Jahr 1889 vom Kaiser persönlich einen besonderen Geheimcode für den Briefwechsel erhalten hatte. Der zuständige Geheimdienstmitarbeiter des Auswärtigen Amtes bat dringend um Entschlüsselung dieser Chiffre und die gesonderte Aufbewahrung der diesbezüglichen Schreiben.[64]

Möglichst vollständige Distanzierung von Eulenburg auf allen Ebenen war das Gebot der Stunde. Dazu gehört selbstverständlich auch die Rückforderung des Schwarzen-Adler-Ordens. Am 20. Mai 1908 erhielt Eulenburg eine entsprechende schriftliche Aufforderung. Der Liebenberger Schlossherr war so empört über den schnellen und vollständigen Rückzug seiner ehemaligen Gönner, dass er gleich alle seine Orden und Ehrenzeichen einschicken und zurückgeben ließ. Die Gegenstände hätten «ihren Wert auch vollkommen verloren mit dem Augenblick, da Seine Majestät im Andrang der öffentlichen und privaten Meinungen mich plötzlich fallen ließ».[65] Eulenburg weigerte sich, fürderhin den Kaiser oder die Regierung über sein Schicksal brieflich auf dem Laufenden zu halten, denn seine Korrespondenz werde geöffnet, gerichtlich geprüft und erst dann weitergeleitet.

Währenddessen darf sich Maximilian Harden über eine frohe Botschaft aus Leipzig freuen. Am 23. Mai kassiert das Reichsgericht das Urteil vom Januar im zweiten Moltke-Prozess. Damit braucht Harden nicht länger eine Gefängnisstrafe zu befürchten. Er ist vor aller Öffentlichkeit rehabilitiert. Allerdings wird nun

Aus «Der wahre Jacob»:
Der meineidige Eulenburg hätte besser geschwiegen –
jetzt hängt er in der Falle.

ein abermaliger Prozess notwendig. Nach der Entscheidung des Reichsgerichts, nach der erfolgreichen Revision, muss sich das Berliner Landgericht erneut mit der Materie befassen. Der nervöse Richter Lehmann würde abermals ein Urteil sprechen müssen. Kaiser, Regierung und Moltke selbst wollen das natürlich unbedingt verhindern. Noch einmal langwierige Zeugenaussagen, Auftritte von Lily, von Generälen aus Potsdam, von allerlei Gutachtern: Für die Politik ist das eine entsetzliche Vorstellung. Man wird alles unternehmen, um die Sache endlich zu bereinigen, und zwar ohne weitere Verhandlung.

In Starnberg ist Ende Mai 1908 die Hölle los. Siebenunddreißig Zeugen werden vernommen. Sie alle sollen sich an die lange zurückliegenden Sommeraufenthalte des Herrn Eulenburg erinnern. Fischer, Anwohner, Dienerschaft: Jeder darf sagen, was ihm gerade einfällt. Auch die adeligen Bekannten von Philipp müssen sich auf unangenehme Nachforschungen einrichten. Auf dem Schloss Neu-Beuern des Barons Johann von Wendelstadt werden intime Briefe von und an Eulenburg beschlagnahmt. Philipp hatte sich auf dem oberbayerischen Landsitz häufig zur Erholung eingefunden und an diesem abgeschiedenen Ort offenbar die kreativen Mußestunden geschätzt.[66] Heute wird der Marktflecken im Internet als «romantischer Ferienort auf der Sonnenterrasse des bayerischen Inntals» angepriesen, ergänzt um den ausdrücklichen Hinweis, man sei 1981 als «schönstes Dorf Deutschlands» ausgezeichnet worden. Dort also residierte Baron Wendelstadt. Er gehörte zu Eulenburgs langjährigen Vertrauten, war Gast gewesen bei den kaiserlichen Jagden in Liebenberg und trank mit Philipp oft und gern ein abendliches Bier. Nach den Vernehmungen durch den Untersuchungsrichter erlitt Wendelstadt einen Zusammenbruch.[67]

Harden regte sich darüber auf, dass bei den Starnberger Vernehmungen ein Anwalt Eulenburgs dabei sein durfte, um sich Notizen zu machen.[68] Der Herausgeber der «Zukunft» fürchtete jederzeit und überall das Eingreifen des Reichskanzlers und des Justizministers. Der Journalist traute der politischen Spitze nicht über den Weg, am allerwenigsten Bülow. «Ich bin nie sicher, dass er nicht eine Trumpfkarte im Ärmel für alle Fälle hat», schreibt Harden über den Kanzler. Er witterte dunkle Machenschaften, fürchtete, doch noch den Kürzeren zu ziehen. Dem preußischen Justizminister Max von Beseler war es vor allem wichtig, aus dem kommenden Prozess gegen Eulenburg die Politik so weit wie möglich herauszuhalten, zur großen Enttäuschung Hardens. Die Regierung wollte verhindern, dass zwanzig Jahre deutsche Politik vor Gericht mitverhandelt wurden. Man wollte gerade nicht die politische Abrechnung mit der Generation Eulenburgs. Am Besten blieb das Ganze eine Privatangelegenheit der beteiligten Herren. Andernfalls hätte Philipp aus dem Nähkästchen plaudern können und allerlei Abträgliches über Kaiser und Kanzler zu erzählen gewusst.[69]

Am 5. Juni waren die Voruntersuchungen gegen Eulenburg abgeschlossen. Die ursprünglich hundertfünfundvierzig Anklagepunkte (!) der Staatsanwaltschaft waren auf nur mehr zwölf geschrumpft. Auch die allermeisten Zeugen der Anklage fielen aus: Sie kannten Eulenburg überhaupt nicht oder waren straffällig geworden und damit unglaubwürdig. Dennoch war die Ausgangslage für den Fürsten alles andere als ermutigend. Eulenburg leidet unter der Dauerhitze im Zimmer, auch nachts sinkt die Temperatur im heißen Frühsommer nicht unter einundzwanzig Grad. Außerdem machen ihm die Nebenwirkungen der Schlafmittel zu schaffen. Durch den Dauerkonsum von Veronal ist er jeden Morgen zerschlagen und nicht ganz bei sich. Sein Anwalt fragt ihn, ob man nicht besser auf Unzurechnungsfähigkeit, auf Wahnsinn plädieren sollte. «Kaum meiner Sinne mächtig und körperlich so schwach, dass ich es nicht wagen kann, das Bett zu verlassen, soll ich Entscheidungen solcher Tragweite fassen! Ich bin ja völlig entschlusslos, meiner Gedanken nicht mehr völlig Herr. Wie soll ich mich entscheiden??», schreibt Eulenburg mit doppeltem Fragezeichen in sein Tagebuch.[70] Am Nachmittag des 5. Juni erhält er die Anklageschrift. Starr vor Entsetzen liegt er mit Herzbeklemmungen im Bett: «Ach, wie glücklich waren die Leute, denen man schnell den Kopf mit der Guillotine abschnitt!»

Eulenburg versucht weiter verbissen, das Verhalten von Jakob Ernst zu ergründen. Warum ist ihm dieser langjährige Gehilfe, für den er so viel getan hatte, in den Rücken gefallen? Hatte der Fürst zunächst eine Bestechung oder Hypnose vermutet, glaubt er jetzt, dass der Fischer von Bernstein und Harden mit einem unbekannten weiteren Zeugen unter Druck gesetzt worden war. Irgendjemand musste noch im Spiel sein. Ansonsten wäre Jakob Ernst nicht so starrköpfig bei seiner Aussage geblieben! Tatsächlich hielt Harden den rustikalen Fischer in einer Zange fest. Es gab einen Informanten, der Jakob Ernst schwer belastet hatte. Der Starnberger Kunstmühlenbesitzer und Fischer Josef Grad wollte von seinem verstorbenen Schwager gehört haben, die sexuellen Handgreiflichkeiten zwischen Eulenburg und Ernst seien per Fernglas vom Ufer aus zu sehen gewesen. Der Schwager habe von der Villa Almeida an der Starnberger Prinz-Karl-Allee entsprechende Beobachtungen gemacht.

«Ja, da war ein Zeuge, der soll halt geschworen haben, dass er was gesehen hat», hatte sich Ernst auf dem Bahnhof von München verplappert, als er dort zufällig Eulenburgs Sohn Siegwart getroffen hatte. Damit war klar, warum der Fischer von seiner beeidigten Aussage nicht mehr abrücken wollte und konnte. Er hatte Angst um sich selbst und seine ganze Familie. Eulenburg war sich völlig darüber im Klaren, dass ihm gerade die vielen Geldzuwendungen an Ernst jetzt zum Verhängnis werden konnten: «Denn alle meine Vertraulichkeit, meine Briefe, meine Geschenke, alles, alles, was ich in Harmlosigkeit und Güte ihm zuwendete, fällt jetzt als Zentnerlast auf mich, als Schuldbeweise, die in den Augen von Fremden – den Geschworenen – mich erdrücken müssen.»[71]

«*Nimm dich in Acht, der ist heiss*» – Portwein zum Frühstück

Was war das für ein aufregender Montagmorgen, dieser 29. Juni 1908! Patienten, Ärzte, Pflegepersonal: Sie alle stehen in den Türen, lehnen sich aus den Fenstern der Berliner Charité. Jeder will einen Blick auf Eulenburg erhaschen. In Kürze soll er aus seinem Zimmer herausgebracht werden. Ein elektrisch betriebener Krankenwagen steht bereit, um den prominenten Patienten ins Gericht zu fahren. Die Fenster des Wagens sind vorsorglich verhängt. Etliche Medizinstudenten wollen sich in aller Herrgottsfrühe einen besonders attraktiven Platz sichern, werden aber vom Pförtner der Charité vertrieben. Kurz nach zehn öffnet sich die Tür zu dem Gebäudetrakt, in dem Eulenburg seit Wochen auf seinen Prozess gewartet hatte. Der Fürst wird in einem Liegestuhl befördert. Ein Arzt versucht Eulenburg aufzumuntern. Philipp sieht grau und eingefallen aus, lächelt aber tapfer – für die Fotografen? Im «Berliner Tageblatt» hatte Theodor Wolff an diesem Tag geschrieben: «Von allen gestürzten Günstlingen hat Fürst Eulenburg (...) vielleicht den tiefsten Fall getan.»[72] Noch vor kurzem habe sich der Liebenberger wie ein «schönes Kampftier mit Hörnern und Klauen» präsentiert. «Doch die Luft der Charité wirkt lähmend auf den Kampfinstinkt und die besten Hörner pflegen sich an den Gefängniswänden stumpf zu reiben.»

Man fragte sich allgemein, wie so ein intelligenter Mann sich in so eine aussichtslose, peinliche Lage bringen konnte. «Vielleicht sind es zwei psychologische Hauptmomente, die bei dem Vorgehen und dem tiefen Fall des Fürsten Eulenburg die Hauptrolle spielen. Wir meinen einmal die romantischen, metaphysischen und schließlich spiritistischen Neigungen des Aegirsängers. Was ihm der ‹Gott der Musen› eingab, hielt er für Erleuchtung und höheren Befehl. Was eine Laune, eine Stimmung hervorbrachte, schien ihm reiflich überlegter Entschluss. Er fragte wohl auch die Geister, ob er den ‹Kampf› gegen die Zukunft wagen sollte, und diese gaben ihm eine bejahende, ermunternde Antwort.»[73] Die «B.Z. am Mittag» nennt Eulenburg einen schlechten Diplomaten. Er habe sich nämlich niemals in seine Gegner hineinversetzen können. Regelmäßig habe der Mann deshalb die Lage falsch eingeschätzt – zuletzt seine eigene. Eulenburg steht somit als Autist da, unfähig, die Welt wahrzunehmen, gefangen in seinen eigenen wahnhaften Vorstellungen.

Gegen halb elf vormittags erreicht der Krankentransport das Gericht. Der Medienandrang ist enorm: Alle wollen einen Blick erhaschen auf den umschatteten Star. Wie üblich kommt es zu Rangeleien zwischen den Prominenten und Fotographen. Fürstin Eulenburg wird auf dem mittäglichen Weg zu einem Restaurant dermaßen belästigt, dass einer ihrer Söhne einen Fotografen nur unter Androhung von Gewalt zurückdrängen kann. Unter den rund fünfzig Journalisten sind besonders viele britische Berichterstatter. Ein Augenzeuge berichtet über die Ankunft des Fürsten: «Diener trugen ihn die Treppen hinauf, und auf einem Tragebett, in ein Kissen zurückgelehnt, sah man einen bleichen Mann, der seine Augen hinter einer blauen Brille verbarg. Wer ihn früher kannte, und das waren die meisten, die hier standen, der meinte den Fürsten sehr verändert und sehr gealtert zu sehen.»[74] Begleitet wird Eulenburg von seiner Frau und zwei Söhnen. Gelegentlich greift der Fürst zu Beruhigungsmitteln.

Der Vorsitzende Richter, Landgerichtsdirektor Kanzow, versucht, die Nerven der Anwesenden zu beruhigen. Er sagt in die knisternde Spannung: «Wenn wir die Robe anziehen, ziehen wir den Menschen nicht aus.» Allerdings werde der Prozess wohl länger dauern, vielleicht zwei oder drei Wochen. Viele Geschworene hören das gar nicht gern, schließlich sind sie überwiegend selbständige Fabrikanten und haben viel zu tun. Hugo Isenbiel, dem Oberstaatsanwalt, bleiben einige hochnotpeinliche Momente nicht erspart. Was hatte er diesen Eulenburg noch vor ein paar Monaten in den höchsten Tönen gelobt! Und jetzt? War dieser Eulenburg gescheitert, ein elender Lügner und Sittenverderber, und Isenbiel rückte gewissermaßen mit auf die Anklagebank. Der Staatsanwalt hatte sich getäuscht, täuschen lassen vom treuherzigen Augenaufschlag des raffinierten Günstlings. Isenbiel hatte sich blamiert bis auf die Knochen.

Ingesamt sechzig Zeugen sind geladen und betreten zum Beginn der Verhandlung alle auf einmal den Saal. Viele Altbekannte sind darunter, allen voran Kuno von Moltke, der sich einen Spitzbart hat wachsen lassen und damit ganz unmilitärisch aussieht. Er versteckt sich in diesen Tagen nicht mehr vor der Öffentlichkeit, sondern besucht ganz selbstverständlich so elegante Speiselokale wie das Berliner Hotel Bristol. Der verblüffte Kommentar von Polizeikommissar Tresckow: «Ich halte es für nicht sehr geschmackvoll von ihm, wenn man in eine so hässliche Sache verwickelt ist, ein Moderestaurant aufzusuchen, wo er sicher ist, von vielen erkannt zu werden.»[75] Adolf Brand, der Schriftsteller, wird aus dem Gefängnis vorgeführt, käseweiß, ein Bild des Jammers. Er lässt dem Vorsitzenden einen Brief überreichen. Max Bernstein ist da, eingerahmt von zahlreichen Zeugen mit bayerischer Dialektfärbung, mutmaßlich alle vom Starnberger See. Der einundachtzigjährige Starnberger Bürgermeister Franz Rettenberg ist darunter, eine hünenhafte Erscheinung. Fast alle weiteren Haupt- und Nebendarsteller der Affäre Eulenburg stehen im Saal: Magnus Hirschfeld, Hans von Tresckow, Georg Riedl, Jakob Ernst, Baron Johann von Wendelstadt. Ein Bootsverleiher aus Starnberg ärgert sich über den Termin: Dieser 29. Juni sei in Bayern ein Feiertag, da mache er normalerweise über hundert Mark Gewinn. Alltags sei dagegen wenig los. «Aber nun ist's ja zu spät!»

Isenbiel beantragt den Ausschluss der Öffentlichkeit. «Zu verheimlichen haben wir nichts. (...) Wir haben hineingeleuchtet in die dunkelsten Ecken und Winkel und haben überallhin das Licht gebracht, was nach menschlichen Kräften gebracht werden kann. Zu verheimlichen ist nichts. (...) Ich kann aber wohl das schon jetzt behaupten: Das meiste, was ermittelt worden ist, ist in der breitesten Öffentlichkeit bereits bekannt und bis zum Überdruss erörtert worden. Aber es spricht doch das Gewicht der Sittlichkeit auch dafür, dass nicht immer und immer wieder dieser Schmutz in das Volk hineingetragen wird; (...).»[76] Auch das Gericht ist auf Reinlichkeit bedacht: Die Öffentlichkeit muss draußen bleiben, auch die Journalisten. Nicht einmal die vielen interessierten Rechtsreferendare haben Zutritt zum Saal. Die jungen Herren könnten an diesem Fall sowieso nichts lernen, behauptet Richter Kanzow: «Der Prozess könnte nur psychologisch interessant sein, würde aber nur Wert haben für die Herren, die dauernd anwesend sein können.»

Die Journalisten sammeln sich in der Kantine im ersten Stock des Justizpalastes und vertreiben sich die Zeit mit dem Verzehr von belegten Brötchen und Limonaden. Alkohol gibt es in der Kantine nicht, was insbesondere von einigen bayerischen Zeugen lautstark bedauert wird. Was später in den Zeitungen steht, ist natürlich nur von begrenzter Aussagekraft, denn alle Informationen stammen aus zweiter Hand. Die «Reporter belagerten den Sitzungssaal, stürzten sich auf schon vernommene Zeugen, drängten sich an die Geschworenen und machten, was sie aufschnappen konnten, sensationell zurecht oder ergänzten es durch Erfindungen.»[77] Das umfangreiche Wortprotokoll der Verhandlung, insgesamt eintausendzweihundertfünfzig Seiten, wurde 1932 von den Behörden vernichtet. Übrigens auch zahlreiche weitere Ermittlungsdokumente. Die genauen Umstände der «Säuberungsaktion» im preußischen Justizministerium wurden nie aufgeklärt. Das Material ist jedenfalls weg. Weil auch Eulenburg und alle anderen wichtigen Akteure ihre Briefkassetten gründlich bereinigten, ist die Quellenlage insgesamt dünn. Man muss sich aus den Augenzeugenberichten in der Presse also mühselig zusammenreimen, wie der Prozess tatsächlich ablief.[78]

Gegen alle Erwartungen zeigte sich Eulenburg in den ersten beiden Verhandlungstagen gefasst, ja zuversichtlich. Das «Kampftier» reckte auch noch seine abgeschabten Hörner. Dagegen ist Hugo Isenbiel nervös und blass. Georg Riedel macht sich vor den Journalisten wichtig, weil er einen Drohbrief erhalten hatte. In den nächsten Tagen verlängert der Fischer seine

Skandalchronik. So behauptet er im Suff in einem Kasino, gegen hunderttausend Mark hätte er Eulenburg nicht verpfiffen. Aus einem Berliner Quartier zieht er aus, ohne die Rechnung zu bezahlen. Angeblich war ihm das Hotel zu schäbig. Harden fürchtet schon, seine bayerischen Kronzeugen könnten sich durch Weibergeschichten und Raufereien um jedes Ansehen bringen. Jakob Ernst wird gefragt, ob er zu seiner Sicherheit einen Kriminalbeamten als Bewacher haben will. Der Fischer lehnt ab. Seine Verwandtschaft begleite ihn und sorge für den nötigen Schutz vor eventuellen Übergriffen.

Eulenburg bleibt der amüsante Plauderer, auch, wenn die Fragen indiskret sind. Alles will das Gericht wissen über sein Leben, seine sexuellen Vorlieben. Richter Kanzow macht keine Umschweife und fragt, ob Eulenburg jemals homosexuelle Erlebnisse gehabt habe. Die Antwort des Fürsten: «Niemals!» Es folgt die bekannte Einschränkung. Nein, strafbare «Schmutzereien» seien tatsächlich nie vorgekommen. Über alles andere schwieg sich Philipp aus. Es sei ihm ein Rätsel, was der Zeuge Jakob Ernst zum Besten gebe. Die Presse schreibt: «Auf die weitere Frage des Vorsitzenden, wie denn die intimen vertraulichen Briefe zu erklären seien, die er an Ernst geschrieben, soll der Fürst geantwortet haben, er habe mit ihm viel gesegelt, gerudert, gefischt, sei fast täglich mit ihm zusammen gewesen und habe ihn lieb gewonnen. Standesunterschiede zu machen, sei überhaupt niemals seine Gewohnheit gewesen.»[79] Eulenburg versteht es, das Gericht für sich einzunehmen. Er hat überhaupt nichts von einem zerknirschten Angeklagten. Gefragt, welche Charakterfehler er eigentlich habe, antwortet Eulenburg, er leide unter einem Übermaß an Gutmütigkeit und Enthusiasmus. Der Richter ist baff: «Diese Eigenschaften meinte ich nicht, würde sie auch kaum zu den Fehlern rechnen. Ich dachte, Sie würden selbst das Bedürfnis haben, über die Mängel Ihrer Wahrhaftigkeit uns etwas zu sagen.»[80]

Eulenburg blieb Gentleman. Damit punktete er bei der Jury und bei den Beobachtern. Durch seine Ruhe und «durch die geradezu geistvollen Aufklärungen, die er für alle etwas zweifelhaften Vorgänge gibt», mache der Fürst einen «so ausgezeichneten, ja geradezu Vertrauen erweckenden Eindruck auf die Geschworenen, dass bereits jetzt, selbst wenn der Zeuge Ernst nicht umfallen sollte, mit der Möglichkeit eines Freispruchs gerechnet werden muss», heißt es im Berliner «Vorwärts». Der Prozess stehe demnach vor einer abermaligen «sensationellen Wendung».[81] Ein starker Auftakt also für Eulenburg.

Er sah sich als Opfer einer mutmaßlich klerikalen, katholischen Intrige. Die Quelle für die abträglichen Gerüchte über ihn sei in Münchens politischen und kirchlichen Kreisen zu suchen. «Ich will nichts Bestimmtes behaupten, aber aus diesem Milieu heraus könnten so infame Verdächtigungen entstanden sein.» Schon um 1900 hatte Eulenburg unter dem Siegel der Verschwiegenheit von Ermittlungen der bayerischen Polizei erfahren. Angeblich machte man sich dort Sorgen um seinen guten Ruf. Eulenburg habe regelmäßigen Umgang mit obskuren, vorbestraften Sittlichkeitsverbrechern, hieß es in einem streng geheimen Aktenvermerk aus München, der dem Reichskanzler in die Hände fiel. Alles Lüge, hatte Eulenburg damals behauptet und natürlich die Familie Bismarck für die Machenschaften mitverantwortlich gemacht. Der Kanzler nahm die bayerischen Hinweise dagegen ernst und mahnte Eulenburg angeblich, «ruhiger zu leben».[82]

Eulenburg spielte den preußischen Märtyrer. Bayerns Konservative hätten ihn wegen seiner aufrechten politischen Grundhaltung verfolgt. Der kämpferische Katholizismus habe ihm «nie verziehen, dass ich ihn mit der ganzen Energie eines norddeutschen Protestanten bekämpfte».[83] Verschwörungstheorien wie diese haben den Vorteil, dass man sie erstens nicht beweisen muss und zweitens ins Monumentale ausweiten kann. Eulenburg sieht sich als Opfer der Weltkirche. Der katholische Stellvertreter Gottes auf Erden sei persönlich hinter ihm her. Der Botschafter des Papstes sitze ja nicht etwa in Berlin, sondern in München. Er habe sich immer für das Kaisertum eingesetzt, für das Deutsche Reich, was naturgemäß bayerischen Partikularisten missfallen habe. Er könne also durchaus ein «Opfer dieser großen Idee» von einem ganz unabhängigen Freistaat Bayern geworden sein, munkelt Eulenburg. Das gefällt der Jury.

Aber hatte Eulenburgs Vermutung Hand und Fuß? In seinen Erinnerungen behauptet Philipp, die bayerischen Adeligen seien um ihn herumgeschlichen wie «die Katzen um einen heißen Brei».[84] An anderer Stelle schreibt er: «Wie fremd war doch dieser süddeutsche fürstliche Interessenkreis dem Hause Preußen.» Zwar hatte Eulenburg tatsächlich mit Papst und Katholizismus wenig im Sinn, gleichzeitig war er in München jedoch ein beliebter Diplomat gewesen. Er brüstet sich damals sogar damit, auch in sehr kirchengläubigen bayerischen Kreisen jederzeit Zutritt zu haben, trotz der bleibenden Meinungsverschiedenheiten. Man kann sich schwer vorstellen, dass der geschickte und allseits geschätzte Kunstfreund Eulenburg Münchens konservative Elite so sehr geärgert hatte, dass von dort Intrigen gegen ihn gesponnen wurden. Philipp wird wohl frei phantasiert haben. Der bayerische Ministerpräsident persönlich verwahrte sich denn auch gegen die Verdächtigungen, hier sei ein klerikaler Geheimbund am Werk. Eulenburg habe als Diplomat überhaupt keine bedeutsamen Verhandlungen mit dem päpstlichen Nuntius zu führen gehabt. Harden macht sich über Eulenburgs wilde Verschwörungstheorie lustig und fragt sich, ob der Fürst wirklich jemals ein «Fanatiker des Glaubenskampfes» gewesen ist.

Der fidele Reichsgraf Günther von der Schulenburg gehört zu den ersten befragten Zeugen. Die Polizei hatte ihn nach einigen Tagen Suche in einem Berliner Hotel an der Friedrichstraße ausfindig gemacht. Dort logierte Schulenburg mit seinem «Pflegesohn», dem früheren Liftboy Ludwig Katz, der sich jetzt Zwingenburg nannte und als Schauspieler arbeitete. Schulenburg und sein Gefährte konnten zum Fall Eulenburg wenig beitragen, schließlich kannten sie den Fürsten persönlich gar nicht. Ein Segen für Philipp, denn mit einem dermaßen bunten Vogel wie Schulenburg ließ man sich am Besten nicht mal auf der Straße blicken. Die wirren Pläne Schulenburgs, einen Klub von homosexuellen Adeligen zu gründen, hatten sich längst herumgesprochen. Der Mann scheute sich vor nichts mehr! Welch

Gegensatz zum verklemmten Eulenburg. Beide hatten in der Tat nichts miteinander zu tun. Schulenburg reiste mit seinem schauspielernden Liftboy eilig ab auf seinen Tiroler Landsitz. Sein Auftritt blieb skurrile Episode.

Dagegen drohte Eulenburg von dem Bergmann Karl Trost aus Wanne-Eickel ernsthaftes Ungemach. Kumpel Trost war in den Jahren 1896 bis 1899 Schiffssteward und Obermatrose auf der kaiserlichen Yacht «Hohenzollern» gewesen. Dort war er für die Reinigung der Kabinen zuständig. Als er im Sommer 1898 gerade in der Nähe von Eulenburgs beiden Kajüten tätig war, so die Aussage von Trost, sei der Fürst zu ihm gekommen, habe ihm auf die Schulter geklopft und gefragt, was er denn so in seiner Freizeit mache. Karl Trost antwortete, er gehe jeden Abend gegen achtzehn Uhr an Land. Eulenburg hakte nach, ob Trost auch ein Mädchen habe. Die Freundin lebe in Westfalen, sagt der Obermatrose. Eulenburg soll sich dann erkundigt haben, ob die Schiffsmannschaft gelegentlich ins Bordell gehe. Trost konnte das nur bestätigen. Der Forscherdrang des Fürsten war jetzt offenkundig erst richtig angestachelt. Vielleicht lag es auch an der lockeren Atmosphäre auf dem Kahn: Dort ging es zu wie im «frivolsten Leutnantskasino».[85] Eulenburg erregte sich am Sexleben der Mannschaft und wollte wissen, ob es die Matrosen auch untereinander trieben, und wenn ja, in welcher Weise, ob sie sich beispielsweise «straflos» befriedigten. Das kann nur heißen: Der Fürst wollte wissen, ob Trost gelegentlich onanierte. Maximilian Harden nennt das ein Gespräch, «mit dem Homosexuelle ihre Anbändelungen einzuleiten pflegen».[86] Karl Trost will «feuerrot» geworden sein, war begreiflicherweise verwirrt darüber, dass eine dermaßen hoch stehende Persönlichkeit mit ihm über solche Themen sprach. Er meldete den Vorfall dem Obermaat.[87]

Befreundete Matrosen sollen den Steward vor Eulenburg gewarnt haben: «Vor dem nimm dich in Acht, der ist heiß.» Der Vorgang lag «erst» zehn Jahre zurück, war für Eulenburg also gefährlicher als die Starnberger Lustbarkeiten. Mit Jugendsünden war das Geschehen auf der «Hohenzollern» beim besten Willen nicht mehr zu entschuldigen. Im Übrigen handelte es sich hier nicht um einen tumben, bayerischen Fischer, sondern um einen offenkundig hellwachen Arbeiter: «Trost macht einen vorzüglichen Eindruck. Er hat beim Militär keine Strafe erlitten, ist aus anständiger Familie, und seine guten Qualitäten sind schon dadurch bestätigt, dass er auf der ‹Hohenzollern› bedienstet war, wohin nur die Eliteleute genommen werden.» Eulenburg hilft sein Talent zum unterhaltsamen Palaver jetzt nicht mehr weiter. Er leugnet und sieht damit schon weniger selbstsicher aus. An Karl Trost will er sich partout nicht erinnern. Tatsächlich hatte Philipp schon früher geklagt, dass er die Matrosen dauernd miteinander verwechsle: «Diese braven Mariners sehen alle ganz egal aus: Es gibt blonde und schwarze. Weiter komme ich nicht. So geht es mir ja auch mit den Pferden: Es gibt Schimmel und andere.»[88] Der Bergmann Trost gibt jedoch Hilfestellung. Er sei etwas breiter geworden bei der schweren Arbeit unter Tage. Den Bart habe er früher auch nicht getragen. Eulenburg nutzt die Gelegenheit, um von seiner unhaltbaren Aussage herunterzukommen. «Ich will dem Mann ja nicht wehtun», sagt er und will nicht mehr ausschließen, Karl Trost auf der «Hohenzollern» begegnet zu ein.

Philipp entschuldigt sich mit dem ungewöhnlich derben Frühstück an Bord. Tatsächlich war die Verpflegung an Bord der «Hohenzollern» jahrelang ein Ärgernis – bis hin zu lilafarbenen, vergammelten Rebhühnern aus der Konserve.[89] Man hatte keine Scheu vor «fetten, warmen Seezungen morgens früh um halb acht». Omeletts, Beefsteaks und Fisch «verpesteten» allmorgendlich die fein gedeckte Tafel – Eulenburg regte sich darüber aber erst bei seiner letzten Nordlandreise 1903 auf.[90] Da solche üppigen Speisenfolgen nicht seiner Konstitution entsprochen hätten, so Eulenburg, habe er sich eben mehr an die alkoholischen Getränke gehalten. Es könne also sein, dass er angetrunken gewesen sei, als er Trost ansprach. «Soweit ich was davon verstehe, war er vollkommen nüchtern», erinnerte sich der Bergmann. Zum Unglück von Eulenburg wird einige Tage später sein Vetter, der Oberhofmarschall August von Eulenburg, zum gleichen Punkt vernommen. Das mit dem kräftigen Frühstück sei ja völlig richtig, bestätigt der Verwandte. Auf die Frage, welche Getränke zum Beefsteak gereicht worden seien, kommt jedoch der Satz: «Tee und Kaffee.» Große Unruhe im Gerichtssaal. Philipp Eulenburg korrigiert sich eilig, erklärt, an Tagen mit hohem Seegang habe er schon mal morgens zur Beruhigung Portwein getrunken. Auch diese Ausrede wird von August Eulenburg entwertet. Gefragt, ob eine dermaßen hoch gestellte Persönlichkeit auf der kaiserlichen Yacht schon morgens um zehn betrunken sein könne, sagt der Oberhofmarschall: «Das halte ich für völlig ausgeschlossen.»

In der Presse wird Saubermann Eulenburg hämisch auseinander genommen. Jahrelang hatte er mit seinen guten Manieren geglänzt, und was stellte sich jetzt heraus? Er schreckte nicht zurück vor den «gröbsten zotigen Worten», die die deutsche Sprache überhaupt kennt, um seine sexuellen Gelüste zu befriedigen. Die Zeitungen applaudieren ironisch zum Doppelleben, dies sei «immerhin eine Leistung!»[91] Der Richter wird nachdenklicher, als es Eulenburg lieb sein konnte. Aufmerksam bemerkt Kanzow, dass es eine unheilvolle Parallele gebe im Leben des Angeklagten. Mindestens zwei Mal habe er mit raffinierten erotischen Anspielungen junge Männer belästigt. Eulenburgs Gespräch mit dem Soldaten Karl Trost erinnere jedenfalls sehr an die Plauderei auf dem Starnberger See mit Georg Riedel. Konnte das Zufall sein?

Die Reihe der bodenständigen Jungmänner im Leben von Eulenburg nimmt keine Ende. Der Diener Franz Dandl, ehemals bei einem Regierungspräsidenten in Stellung und inzwischen städtischer Hausmeister in Starnberg, behauptet, Eulenburg habe ihm an die Waden gefasst, den Arm um die Schulter gelegt und seine «schlanke Schönheit» gepriesen. Der Münchener Klavierträger Nepomuk Schömmer will durch ein Schlüsselloch beobachtet haben, wie sich Eulenburg in einem Hotel homosexuell vergnügt hatte. Schömmer arbeitete 1887 im «Wittelsbacher Hof» in Starnberg als Hausdiener. Er will mit einem Freund von Eulenburg selbst sexuell verkehrt haben. Schömmer war allerdings vorbestraft, und Eulenburg will niemals im «Wittelsbacher Hof» übernachtet haben. Wie auch immer, Eulenburg wurde bereits von insgesamt fünf Zeugen direkt belastet.

Jakob Ernst muss am 8. Juli seine Aussagen vom Münchener Prozess wiederholen. Weil der Fischer dem Gericht und der Jury fast unverständlich ist («Er spricht so prononciert den bayerischen Gebirgsdialekt, dass es den Norddeutschen wie eine fremde Sprache anmutet.»), wird ein Dolmetscher angeheuert, ein praktischer Arzt aus Karlshorst.[92] Das wirkte Wunder: «Ernst soll sich augenscheinlich viel wohler gefühlt haben, als er das heimatliche Idiom vom Dolmetscher vernahm und machte seine Angaben nun viel lebhafter.»[93] Der Urbayer brauchte demnach lautmalerische Aufmunterung, um sich herauszuwagen aus seiner seelischen Schutzhütte. Hugo Isenbiel mahnt Ernst zur Wahrhaftigkeit, denn er könne mit seiner Aussage Eulenburg «ganz vernichten oder noch einmal vor dem Abgrund retten». Der Fischer bleibt bei seiner Version: «Durchlaucht, Sie sind immer ein gütiger und gnädiger Herr gewesen, es ist mir schrecklich, dass ich Ihnen wehtun muss. Aber zwischen uns ist alles so gewesen, wie ich es heute hier gesagt habe, wahrhaftig so, bei Gott.»[94] Jakob Ernst spricht ganz leise, flüstert fast am Rande der Wahrnehmungsschwelle. «Durchlaucht, es ist wahr. Mir zwoa san verloren auf der Welt!» Er wird gefragt, ob er denn als gläubiger Katholik seine Verfehlungen auch gebeichtet habe. Der Fischer verweigert eine Antwort. Um auch ganz sicher zu gehen, dass Ernst und Riedel die Wahrheit sagen, wird später mit einer Landkarte und Photographien überprüft, ob die Angaben über die Örtlichkeiten am Starnberger See und an der Würm zutreffen. Diesbezügliche Zweifel können ausgeschlossen werden.

Die Anklage wirft Eulenburg vor, mehrfach versucht zu haben, Jakob Ernst zu einem Meineid zu drängen. Beweisstück dafür ist ein Brief Eulenburgs an Ernst vom 22. Dezember 1907. Dort schreibt der Fürst: «Dazu kommt, dass, wenn so etwas wirklich vorgekommen wäre, die Sache längst verjährt ist, also von irgendwelcher Strafe überhaupt nicht die Rede sein kann.» Die Gegner versuchten «mir und dir und jedem anständigen Menschen Schande zu bringen». Diese Sätze wertet Isenbiel als Teilgeständnis, denn wenn von «Verjährung» die Rede sei, müsse ja logischerweise etwas vorgefallen sein, was verjähren könne. Eulenburg habe den Fischer also beruhigen wollen, habe auf eine Falschaussage gedrängt. Noch gravierender ist ein Vorfall, in den Eulenburgs Faktotum und ehemaliger Sekretär, der Hofrat Karl Kistler verwickelt ist.

Der gelernte Ornamentzeichner war im Sommer 1887 - noch als Soldat und Bibliothekar - von Eulenburg angeheuert worden. Kistler ordnete Aktenstücke, kümmerte sich um den Schreibkram, konnte aber auch die Kompositionen von Eulenburg ins Reine kopieren. Ein Mann für alle Fälle. «Sein offenes, natürliches Wesen und sein nie mangelnder Respekt berührten Eulenburg angenehm, so dass er oft nach anstrengenden Dienststunden mit Kistler eine Stunde in den ‹Keller› oder in ein Café in München ging. Der Umgang mit einfacheren Menschen war für Eulenburg Erholung.»[95] Das lässt Raum für Interpretationen. Kistler war gut aussehend, konnte singen und Klavier spielen, war «zuverlässig und verschwiegen». Ein schwuler Traumpartner in jeder Hinsicht. Eulenburg empfahl Kistler bereits frühzeitig beim Kaiser zur Beförderung. Fortan wich Kistler dem Fürsten nicht mehr von der Seite, begleitete ihn auf die diplomatischen Posten nach Oldenburg und Wien. Er war sogar mit der eventuellen Testamentsabwicklung beauftragt, hatte also eine außerordentliche Vertrauensstellung. Der Mann war bis 1902 bei Eulenburg angestellt, hatte geheiratet und es inzwischen zum Direktor einer Münchener Feuerversicherungsgesellschaft gebracht.

Kistler soll als Unterhändler zu Jakob Ernst gefahren sein, soll versucht haben, den Fischer von verfänglichen Aussagen abzuhalten. Im ersten Anlauf präsentierte Kistler angeblich einen weiteren, streng geheimen Brief von Eulenburg. Jakob Ernst durfte ihn lesen, jedoch nicht behalten. Kistler nahm das brisante Schreiben wieder mit. So viel Geheimniskrämerei sorgte natürlich für Aufsehen. Offenkundig stand in dem Brief etwas derart Ungeheuerliches, dass man das Papier schleunigst beseitigte. Karl Kistler soll später zwei oder drei Mal mit einer mündlichen

Botschaft nach Starnberg gefahren sein. Am 27. Januar 1908 hatte er Jakob Ernst brieflich in seine Münchener Wohnung eingeladen, «wegen geschäftlicher Dinge». Der Fischer dürfe auf keinen Fall über die alten Geschichten sprechen, soll der Hofrat verlangt haben und dabei eine eindeutige Handbewegung gemacht haben, um dem schwerhörigen Jakob Ernst zu demonstrieren, wovon die Rede war. Die Wohnung von Karl Kistler in München wurde in seiner Abwesenheit übrigens durchsucht. Man fand zwei verdächtige Briefe von Eulenburg, in denen der Fürst Kistler darum bat, den Fischer aufzusuchen und wegen seiner Aussage zur Rede zu stellen.

Die Indizienkette schlang sich beängstigend um den Hals von Eulenburg. Plötzlich lag wieder ein alter Brief seines ehemaligen Busenfreundes Richard Dohna auf dem Tisch. 1901 hatte der ostpreußische Gutsbesitzer in der Hitze einer privaten Auseinandersetzung geschrieben: «Geehrter Phili! Du bist einfach so verlogen, dass es mir schwer auf das Gewissen fallen muss, einen solchen Kerl in die intime Gesellschaft unseres geliebten, allergnädigsten Kaisers, Königs und Herrn gebracht zu haben.»[96] Ein angesehener Landjunker, der einen Fürst als «verlogen» bezeichnet, das war in der Tat einmalig. Eulenburg versucht, der Gefahr mit starken Worten zu begegnen: «Ich habe in meinem Leben viele Menschen kennen gelernt, aber dieser Fürst Richard zu Dohna ist das Ärgste an Neid und Missgunst, was ich auf der Erde gesehen habe. Das erklärt alles. Dohna ist auch ganz unzuverlässig in seinen Äußerungen und widerruft morgen, was er heute gesagt hat.»[97] Doch damit steht Eulenburg auf verlorenem Posten.

Richard Dohna ist der Liebling der Medien. «Er ist kein verzärtelter Barde, macht nicht im Dämmerlicht des Abends süßliche, sentimentale Lieder, zirpt nicht zur Gitarre», sondern ist ein rotwangiger Draufgänger, ein unbeherrschter, rücksichtsloser Jagdgeselle, ein Mann nach dem Geschmack der Zeit.[98] Und dann ist da noch der modrige Atem der Geschichte: «Aus kleinem meißnischen Adelsgeschlecht sind die Eulenburgs emporgewachsen, und erst im neunzehnten Jahrhundert an Preußens

Hof und Staat mit Zähigkeit zu Würden und Ämtern gelangt. Die Dohna stammen ungefähr aus der gleichen Gegend her, können sich aber rühmen, schon 1153 durch den Kaiser Friedrich Barbarossa als Grafen bestätigt worden zu sein, so dass die Herren Schriftgelehrten, Genealogen und Heraldiker über die Frage ganze Bücher zuwege gebracht haben, ob man sie zum hohen Adel rechnen muss oder nicht.»[99]

Eulenburgs Duzfreund Johann von Wendelstadt wird auf Umwegen zum Belastungszeugen umfunktioniert. Ein Schriftsteller berichtet, Wendelstadt sei in München allgemein als Homosexueller bekannt, «nicht nur in gesellschaftlichen, sondern auch in künstlerischen Kreisen». Deswegen sei der Baron auch öfter gehänselt worden. Wie üblich wurde daraufhin der persönliche Hintergrund von Wendelstadt genauer ausgeleuchtet. Es stellte sich heraus, dass der Baron erst vor wenigen Jahren in einem thüringischen Staat geadelt worden war. In Bayern wollte man diese Standeserhöhung nicht ohne weiteres anerkennen. Erst als Wendelstadt der Münchner Pinakothek ein Bild geschenkt habe, seien ihm behördlicherseits keine weiteren Steine in den Weg gelegt worden.[100] Ein solcher halbseidener Charakter passte vorzüglich zum Günstling mit den lockeren Sitten!

Wendelstadt sorgt für mehr Fragen als Antworten: «Ich bin nicht Homosexueller im Sinne des § 175. Im Gegenteil. Alle diesen Handlungen sind mir sehr degoutant. Ich bin höchstens leicht abnorm und habe keine Veranlassung, meine Aussage aus dem Grunde zu verweigern, weil ich mich durch diese strafbar machen könnte.»[101] Er sei zwar ein enger Freund Eulenburgs, habe aber niemals erotische Beziehungen zu ihm unterhalten. Nur vage Gerüchte seien ihm über den Fürsten bekannt geworden. Das Gericht will sich damit nicht zufrieden geben. Wendelstadt sieht sich mehr und mehr in die Defensive gedrängt. Er merkt, dass er weder sich selbst noch Eulenburg helfen kann und verweigert die weitere Aussage.

Harden tobt, ist empört über die geradezu mildtätige Verhandlungsführung. «Dem Verbrecher wird nicht ein einziges raues Wort gesagt.» Stundenlang würden die irrelevantesten

Dinge verhandelt, statt die wichtigen Zeugen zu vernehmen. Eulenburg lüge das Blaue vom Himmel, «niemand widerspricht, niemand erfährt, was er sagt, und er bearbeitet, als schlauer Krankheitssimulant, die Jury». Auf Isenbiel allerdings lässt Harden nichts kommen. Der sei «der Beste, der Einzige, der's jetzt machen kann». Der Staatsanwalt fasse Jakob Ernst mit «Samtpfötchen» an, damit der Fischer nicht noch «kränker» werde und vielleicht ganz ausfalle als Zeuge der Anklage. Isenbiel werde aber «im Plädoyer volle Wucht zeigen».[102]

Zu Wochenbeginn, am 13. Juli 1908, stöhnt Kanzow, gerade eben sei der dreiundsechzigste Zeuge vernommen worden. Montagslethargie legt sich über den Saal. Der Richter machte eine deprimierende Rechnung auf. Für den folgenden Tag seien weitere vierzehn Zeugen vorgesehen, am darauf folgenden Mittwoch drei Zeugen. Ein Ende des Prozesses war nicht absehbar. Ein Geschworener hatte bereits einige Tage zuvor entnervt gefragt, wie viele Zeugen Staatanwaltschaft und Verteidigung denn noch laden wollten. Eulenburgs Anwälte reagierten harsch, nahmen das als Voreingenommenheit. Die Geschworenen hätten sich wohl schon eine Meinung bebildet. Daraufhin waren die Geschworenen so verschreckt, dass sie sich über die endlosen Befragungen nicht mehr beschwerten.

Im Krebsgang bewegt man sich durch Eulenburgs Leben. Er wurde schließlich sogar mit seinen Jugenderlebnissen in Liebenberg konfrontiert. Ein Verwalter will wissen, dass der junge Graf sich regelmäßig mit einem «Waldwärter» getroffen habe. Das Bild dieses Mannes habe Eulenburg in seinem Zimmer aufbewahrt. Die Dienerschaft habe sich darüber unterhalten. Eulenburg ist sich keiner Schuld bewusst. Es sei ganz natürlich gewesen, dass allabendlich der Förster ins Schloss kam, um die Anordnungen für die Jagden abzuholen. Eulenburg hatte zu seinem Diener und Forstmann Karl Perlet in der Tat jahrzehntelang ein enges Vertrauensverhältnis, über das man natürlich viel spekulieren konnte.

Mit Eulenburg geht es bergab. Kurz nachdem Zeugen aus Liebenberg über seine Freundschaft zu Perlet ausgesagt hatten, verlassen den Fürsten die Kräfte. Er hatte die letzten Stunden sowieso schon liegend im Gerichtssaal verbracht, war nicht mehr in der Lage, aufrecht zu sitzen. Am Nachmittag des 13. Juli wurde er ohnmächtig. Am nächsten Morgen heißt es, Eulenburg sei nicht transportfähig, könne die Charité nicht mehr verlassen. Kanzow lässt sich davon nicht beeindrucken: «Nun haben wir aber alle das größte Bestreben, die Behandlung nach Kräften zu fördern. Wir werden daher im Konferenzsaal der Charité, das ist ein genügend großer Raum, verhandeln. Sowohl der Herr Justizminister, wie der Herr Kultusminister sind telegraphisch um die Erlaubnis gebeten worden, die Verhandlung in der Charité fortsetzen zu dürfen.»[103] Obwohl der Gerichtsmediziner Hoffmann versichert, Eulenburg schwebe in ständiger Lebensgefahr, habe eine Venen-Thrombose, die zum Herzstillstand führen könne, macht sich das Gericht auf den Weg ins Krankenhaus. Die Diener bewegen die Akten, die beteiligten Herrschaften bemühen sich teils zu Fuß, teils mit dem Auto in die etwa zwei Kilometer entfernte Klinik.

Dort kann die Verhandlung schon eine Stunde später, um zwölf Uhr mittags, eröffnet werden. Doch erneut meldet sich Dr. Hoffmann zu Wort. Eulenburg sei nicht vernehmungsfähig. Er habe achtunddreißig Grad Fieber und könne keinen klaren Gedanken fassen. Der Oberarzt der Charité kommt direkt vom Operationstisch im weißen Arztkittel und bestätigt die Diagnose. Eulenburg habe eine Entzündung der tief liegenden Venen, leide unter Grippe. Richter Kanzow fürchtet das Schlimmste: Sollte die Verhandlung länger als drei Tage ausgesetzt werden, müsste das ganze Verfahren nach § 228 der Strafprozessordnung von vorne beginnen, alle Zeugenvernehmungen wären hinfällig. Das will das Gericht natürlich unbedingt verhindern, notfalls nur fünf Minuten im Krankenzimmer von Eulenburg verhandeln, um den Prozess rein formal fortzusetzen. Weil das bisherige Zimmer aber viel zu klein wäre für den Gerichtshof, müsste Eulenburg verlegt werden, was derzeit nicht möglich ist, wie die Ärzte versichern. Auch am nächsten Tag kann nicht weiter verhandelt werden. Hugo Isenbiel fragt, ob man Eulenburgs

Bett nicht auf Rollen bewegen könne. Geht alles, sagen die Ärzte, aber unter Lebensgefahr für den Patienten. Die stark geschwollenen Beine von Eulenburg werden fotografiert, damit die Geschworenen sich selbst ein Bild machen können von seinem Zustand. Kanzow schart die Geschworenen um sich und fleht: «Ich möchte Sie aber bitten, wir wollen fest zusammenhalten, damit wir den Prozess zu Ende bringen.»[104]

Am Donnerstag, dem 16. Juli, kommt das Gericht erneut in der Charité zusammen. Neunundzwanzig Zeugen sind noch zu vernehmen. Es treffen anonyme Briefe ein, wonach Jakob Ernst für seine Aussage hunderttausend Mark bekommen habe, verkündet Richter Kanzow. Eulenburg liegt in einem fahrbaren Bett und wird zunächst von einem Wandschirm vor den Blicken geschützt, bis die Zeugen den Saal betreten. Mit einem Seilzug kann er sich etwas hochhieven. Er wendet sich zunächst an die Anwesenden und sagt: «Ich möchte, meine Herren, um Entschuldigung bitten, dass ich Ihnen so viele Umstände gemacht habe. Ich habe aber in meinem Interesse alle Kräfte zusammengenommen, aber die Herren Ärzte wollten es mir nicht erlauben. Ich werde aber in Zukunft alle meine Kräfte zusammennehmen.»[105] Eulenburg wird vom Richter gefragt, wie er sich denn das Verhalten von Jakob Ernst erklären könne. Der Fürst wiederholt hilflos: «Das ist mir ein psychologisches Rätsel.» Kanzow gibt sich damit nicht zufrieden: «Es gibt ja gewiss schlechte Menschen. Aber in diesem Falle würden Sie ein Engel sein und Ernst nur ein Teufel.» Eulenburg verteidigt sich: «Ich bin gewiss kein Engel und habe auch viele Fehler. Meine besten Eigenschaften waren aber immer meine treue und enthusiastische Freundschaft und meine wohltätige Gesinnung. Aber leider hat die Welt alles in Gemeinheit und Schmutz verkehrt. Und heute kann man nur jedem raten, egoistisch zu sein bis in die Knochen. Bei Ernst, glaube ich, liegt es so: Es ist in ihn so lange eingedrungen worden, dass er endlich die falsche Aussage gemacht hat und dann nicht mehr zurück konnte.»

Was sich seit Tagen abgezeichnet hatte, wird zum Ende der Woche, am 17. Juli, endlich offenbar: Der Prozess wird auf Antrag von Oberstaatsanwalt Hugo Isenbiel auf unbestimmte Zeit vertagt. Nicht wenige vermuteten, dass Isenbiel ganz im Stillen heilfroh war, endlich aus der Sache herauszukommen. Der Staatsanwalt wies solche Gerüchte selbstverständlich energisch zurück. Wenig aufrichtig zeigte sich auch Eulenburg. Kaum war die unmittelbare Gefahr gebannt, gab er wieder den forschen Held: «Meine Gesundheit ist mir einerlei. Ich kann und will weiterverhandeln. Es ist schade, dass die Ärzte sich gegen meinen festen Willen erklärt haben. Aber, meine Herren, bedenken Sie, ein Unschuldiger kämpft um seine Ehre! (...) Ich bin ein kranker Mann und kann jeden Augenblick zusammenbrechen. Dann schließt sich über mir das Grab, ohne dass Klarheit und Gewissheit geschaffen worden ist.» Der fadenscheinige Appell verfehlt natürlich seine Wirkung. Das Gericht gibt auf: «Der Angeklagte kann der Verhandlung nicht mehr folgen. Er ist gestern sogar eingeschlafen. (...) Und nun das Wesentlichste: Der Angeklagte ist in seiner Selbstverteidigung beschränkt. Recht muss Recht bleiben, und der Schuldige muss bestraft werden. Aber das Gericht kann immer nur gegen einen Angeklagten verhandeln, der sich stets voll verteidigen kann.»

Die Jury empfand den ganzen Prozess wohl als lästige, völlig überflüssige, ja unappetitliche Abrechnung mit einem todkranken Menschen. Trotz aller gegenteiligen Beweise lagen die Sympathien der wilhelminischen Ehrenmänner bei Eulenburg. Sein Freispruch war anscheinend ausgemachte Sache. Hans von Tresckow hatte bei einigen Geschworenen vorsichtig nachgefragt, ob sie sich schon eine Meinung über Eulenburg gebildet hatten. Dabei sei deutlich geworden, dass die Herren «gern Milde walten lassen» wollten, so der Kriminalinspektor, der persönlich weniger sanftmütig war und Eulenburg als «alten Komödianten» bezeichnete. Vor allem aber wollten die Geschworenen endlich ihre Ruhe haben vor diesem entsetzlichen Verfahren. Das bestätigen die Erinnerungen von Kanzler Bernhard von Bülow. Er will Jahre später einen der Geschworenen in Berlin getroffen haben. Der Herr habe ihm gesagt: «Wir waren alle überzeugt, dass Fürst Eulenburg schuldig wäre. Wir hätten ihn aber doch freigesprochen. Die Sache lag weit zurück, und der alte Mann tat uns so leid.»[106]

Der Kaiser zeigte sich «sehr unangenehm überrascht» über das gescheiterte Verfahren gegen Eulenburg. «Die ganze Wirtschaft war umsonst», schreibt Wilhelm an seinen Kanzler, «und die Schweinerei fängt wieder von vorne an! Einerseits erklären die Ärzte ihn für vernehmungsunfähig, andererseits hält er eine lange Verteidigungsrede! Wie geht das zusammen? Der Prozess musste fortgehen, und wenn Eulenburg im Feuer blieb.»[107] Eine selten dumme Äußerung des Monarchen. Ein Urteil hätte schließlich nicht nur Philipp getroffen, sondern auch seine Förderer – an der Spitze der Kaiser.

«*Ich bin ein schwer Gichtiger*»
Liebenberg wird zum Gefängnis

Trotz aller Bremsversuche der Politik, trotz einer außergerichtlichen Einigung mit Harden: Kuno von Moltke musste tatsächlich ein drittes Mal vor Gericht erscheinen. Der Nachfolger von Isenbiel, Oberstaatsanwalt Arthur Preuß, ließ nicht mit sich verhandeln. Im April 1909 traf man sich daher vor der vierten Strafkammer des Landgerichts Berlin I. «Welche Wandlung der Stimmung», schreibt ein Presseberichterstatter und denkt zurück an die wilden Dezembertage 1907. Damals ein Massenandrang vor dem Gericht in Moabit, ein Raufen um die Eintrittskarten. Diesmal Lücken auf den Zuschauerbänken! Gekommen waren nur noch die berufsmäßig Neugierigen.

Harden gerät im Laufe der Verhandlung noch einmal richtig in die Bredouille. Er will sich auf die Doppeldeutigkeit seiner Artikel herausreden, streitet ab, dass der Wortlaut seiner Texte beleidigend gewesen ist. Er nennt Moltke jetzt aus Höflichkeit «asexuell». Ganz verleugnen will sich Harden aber nicht. Der Charakter des Generals sei zwiespältig: «Er ist sehr artig, gefällig, liebenswürdig, gebildet (wenigstens für die Begriffe der Hofgesellschaft) musikalisch, belesen, sentimental, schwärmerisch; und was Sie sonst noch aus diesem Paket wollen. Nicht gerade geistig produktiv; ach nein. Aber ein angenehmer Herr. Nicht gerade ein preußischer Kürassier. Etwas zu weich und hold und deshalb wohl leise verspottet. (...) Jedenfalls: ein feiner, etwas wunderlicher Herr, der nach Moschus und Veilchen duftet, für manche Nase aber mit einem noch unlieblicheren Parfüm behaftet war, weil er vierzig Jahre lang in blind ergebener Freundschaft an Philipp Eulenburg hing.»[108] Normwidrig sei Moltke also, aber eben nicht unbedingt homosexuell. Dieser Spitzfindigkeit wollte sich das Gericht nicht anschließen: In den späten Abendstunden des 20. April wird Harden zu sechshundert Mark Geldstrafe wegen Beleidigung verurteilt. Außerdem soll er die Kosten aus allen drei Verfahren bezahlen. Harden beantragt abermals Revision: «So viel jedoch steht fest, dass ich mich keinesfalls bei dem Urteile beruhigen werde.»[109] Eine endlose Spirale drohte: Revision, abermalige Neuverhandlung. Ein Alptraum, der schließlich durch das beherzte Eingreifen von Albert Ballin verhindert wurde. Der Hamburger Großreeder (Hamburg-Amerika-Linie) war seit langem mit Kaiser und Kanzler befreundet. Er versteht es, den Konflikt zu entschärfen. Er packt den eitlen Harden an der richtigen Stelle. Am 6. Juni 1909 schreibt Ballin an den Journalisten: «Ich glaube (...), dass es mit dem Ansehen, dass sie als bedeutendster politischer Schriftsteller genießen, nicht vereinbarlich ist, diesen Prozess fortzusetzen.»[110] Weil Geld noch mehr bewegt als gute Worte, garnierte Ballin sein Angebot mit vierzigtausend Mark aus der eigenen Tasche. Harden lässt sich kaufen. Sicher nicht aus Geldgier oder Feigheit, sondern aus Bequemlichkeit, Langeweile und einem gewissen Verantwortungsgefühl für Krone und Reich. Der Journalist verzichtet auf weitere Prozesse, die ihn nur Zeit, Geld und Nerven gekostet hätten. Der Kanzler ist erleichtert und erstattet dem hilfreichen Reeder das Schweigegeld wenige Tage später aus der Staatskasse.

Und Eulenburg? Der blieb zunächst in Untersuchungshaft. Zwei Kriminalbeamte bewachen das Zimmer in der Charité.

Der Hausarzt kommt öfter vorbei und beschwert sich über Philipps ungebrochene Leidenschaft für Okkultismus und Gesundbeterei. Natürlich vergeblich. Eulenburg lebt ganz in seinen wilden Phantasien, fürchtet sogar, die Regierung wolle ihn im Gefängnis sterben lassen. «Sein ganzes Nervensystem hatte eine so entsetzliche Erschütterung erfahren, dass er nicht mehr imstande war, klar zu denken», erinnert sich Eulenburgs Frau.[111] Die «Blutleere im Gehirn» habe Halluzinationen verursacht. Durch das dauernde Liegen auf dem Rücken erkrankt er an einer Lungenentzündung. Einige Tage später wird er wieder in sein altes, enges Gemach zurückverlegt. Auf dem Beistelltisch hatte die Fürstin Eulenburg einige Fotos aufgebaut: Bilder aus Liebenberg, wo alles «blühte und prangte und duftete». Im Laufe des Septembers kommen die Ärzte dann zu der Einsicht, dass der Fürst bis auf weiteres nicht fähig sein würde, einer Verhandlung zu folgen. Am 25. September wird der Haftbefehl aufgehoben. Gegen eine Bürgschaft von hunderttausend Mark in bar darf Eulenburg nach Liebenberg umziehen.[112]

Winter und Frühling gehen ins Land, nichts passiert. Anscheinend fühlt sich Eulenburg dadurch ermutigt. Am 22. Mai 1909 setzt er sich in den Zug und fährt zu einer Kur nach Bad Gastein. Ein denkbar ungünstiger Termin, denn gerade eine Woche zuvor hatten die Sozialdemokraten im preußischen Abgeordnetenhaus seinen Fall zur Sprache gebracht. Sie bezweifelten, dass die Aussetzung des Verfahrens dem Vertrauen in die Gerichtsbarkeit förderlich sei. Justizminister Max von Beseler hatte ausführlich Stellung nehmen müssen. Die Presse und die Öffentlichkeit fragen sich, warum jemand tagelang im Zug Richtung Österreich sitzen kann, aber nicht im Gerichtssaal.[113] Die Gerüchteküche brodelte: Will sich Eulenburg etwa nach England absetzen, ein Land, das wegen Meineid niemanden an Deutschland auslieferte? Warum ist er in Bad Gastein immer noch nicht angekommen?

Quer durch Deutschland empören sich die Kommentatoren, weil Eulenburg auf Reisen ist und der Staatsanwalt beide Augen zudrückt: «Der Standpunkt, den die Staatsanwaltschaft anzunehmen scheint, dass es sich hier um Irrtümer der Justizpflege handele, die ihre aktenmäßige Erledigung fanden, ohne dass sich die Öffentlichkeit darum zu kümmern hat, ist verfehlt und unhaltbar.»[114] Die Zeitungen mäkeln, bei so viel Geheimnistuerei der Justiz sei es ja kein Wunder, dass dauernd Falschmeldungen verbreitet würden.

Eulenburg braucht für die Reise nach Gastein drei Tage. Doch noch während er sich dort die ersten heilsamen Anwendungen verpassen lässt, beantragt der Oberstaatsanwalt in Berlin seine Verhaftung oder alternativ die Erhöhung der Kaution von hunderttausend auf fünfhunderttausend Mark, so dass der Patient sich sofort auf den Rückweg nach Berlin machen muss. Dort eingetroffen, muss er dennoch eine halbe Million Mark aufbringen. Nur ganz knapp kann Eulenburg sich vor einem Gefängnis-Aufenthalt in Sicherheit bringen. Einen Tag später kehrt er zurück nach Liebenberg, wo er sich von der abgebrochenen Kur in Gastein und der überstürzten Rückreise erst einmal erholen muss.[115]

«Geächtet, gehetzt wie ein Stück Wild von der Meute», so kommt Philipp sich im immer noch schwebenden Verfahren vor.[116] Sogar ein Freispruch werde ihm nicht wirklich helfen, denn er sei wie ein «Schlag ins Meer». In Liebenberg sorgen unterdessen etliche Kriminalpolizisten für die Überwachung des Fürsten. Er lässt die fünf Beamten allerdings nicht im Schloss wohnen, was die Arbeit der Polizei erheblich erschwert. Die Polizisten müssen sich in den umliegenden Dörfern einquartieren. Ein Fuhrwerk und ein Auto stehen bereit, um Eulenburg jederzeit überall hin folgen zu können. Um bei der unübersichtlichen Gegend Eulenburg wirklich lückenlos im Augen zu behalten, wäre nach Ansicht der Sicherheitsbehörden «ein ganzes Bataillon Soldaten» nötig gewesen.

Für den 7. Juli 1909 setzte das Gericht schließlich die Wiederaufnahme der Verhandlung gegen ihn an. In den Tagen zuvor hatte Eulenburg einige Spazierfahrten unternommen, sein Zustand hatte sich also offenkundig gebessert. Je näher der Prozess kam, desto häufiger stellten sich allerdings Herzprobleme ein.

B.Z. am Mittag

Berliner Zeitung

Nr. 156.
Berliner Zeitung
33. Jahrgang

5 ₰

1 Uhr
Mittwoch
7. Juli 1909.

Eulenburg vor den Geschworenen.

Der Prozeß auf unbestimmte Zeit vertagt.

Fürst Eulenburg

«B.Z.» vom 7. Juli 1909:
Die letzte Schlagzeile: Eulenburg ist fortan nicht mehr auf der ersten Seite zu finden – die Prozesse haben das Publikum ermüdet.

Hätte es damals schon Gerichtspsychologen gegeben, wäre ihre Diagnose wohl ziemlich eindeutig ausgefallen. Eulenburg war ein Paradebeispiel für psychosomatische Beschwernisse. Kurz und gut: Ihm brach das Herz beim Gedanken an seine unmittelbare Zukunft. Die Vergangenheit lastete zentnerschwer auf ihm. Entsprechend dünn pulste der Kreislauf.

«Können Sie aufstehen?» Das ist die erste Frage von Landgerichtsdirektor Kanzow an Eulenburg. Der Richter will notfalls ein paar Stühle von der Anklagebank abschrauben lassen, damit sich der Fürst an die vorgeschriebene Stelle setzen kann. «Es unterliegt ja gar keinem Zweifel, dass Sie ein schwer kranker Mann sind. Aber es soll doch an Ihnen zu bemerken gewesen sein, dass Sie in Situationen, die Ihnen unangenehm sind, stets kränker werden, dass sich Ihr Zustand sofort verschlechtert, wenn Sie vor Gericht sollen. So sollen Sie z.B. bei Ankunft der Wissenschaftlichen Deputation in Liebenberg im Garten gewesen sein, als aber die Mitglieder der Deputation nach oben kamen, lagen Sie plötzlich im Bett. Das ist doch höchst auffallend. Außerdem sollen Sie künstlich den Atem angehalten haben, wodurch sich die Pulsfrequenz verstärkte. Also Sie neigen zur Übertreibung. Es steht dies alles im Widerspruch zu dem, was Sie in Gastein getan haben. Dort sind Sie spazieren gegangen und haben einen ganz leidlichen Eindruck gemacht.»[117]

Verteidiger Max Wronker reagiert mit einem drastischen Vergleich: «Es gibt Soldaten, die mit einer Kugel im Leibe sich noch eine ganze Weile fortschleppen und dann plötzlich zusammenbrechen. Ähnlich ergeht es dem Angeklagten, der trotz seiner Kaution plötzlich mitten aus seiner Kur gerissen und wie ein gehetzter Mann hierher nach Berlin eilen musste.»[118] Philipp selbst empört sich über die Standpauke Kanzows: «Ich bin ein schwer Gichtiger, ich bin manchmal in Gastein langsam gegangen, aber meistens doch im Rollstuhl gefahren.»[119]

Für einigermaßen kritische Gemüter wird es immer schwerer, an Eulenburgs Krankengeschichte zu glauben. Kanzow möchte es genau wissen und bittet die Herren Mediziner, gleich hier und jetzt im Gerichtssaal den Fürsten erneut zu untersuchen. Die Öffentlichkeit wird für zwanzig Minuten aus dem Saal gebeten. Eulenburg bricht bewusstlos mit einem schweren Herzkrampf zusammen. Die Ärzte versuchen, den Patienten mit «Wein und anderen Belebungsmitteln» wieder zur Besinnung zu bringen. Und dem Gericht blieb nur noch die abermalige Vertagung, womit das Verfahren endgültig geplatzt war. Dem Richter bleibt das Schlusswort: «Wir sind Richter, aber auch Menschen, und wenn wir gegen einen Mann in diesem Zustand verhandeln würden, so würden wir Unmenschen sein. Die Verhandlung wird daher auf unbestimmte Zeit vertagt.» Das politische Berlin wandte sich unterdessen ganz anderen Themen zu: Reichskanzler Bernhard von Bülow stand vor der Entlassung.

Eulenburg hat es also doch noch geschafft, hat seine Gegner ausgebootet und den Prozess ohne Verurteilung überstanden. Aber um welchen Preis! Er muss lebenslang den Bettlägerigen spielen, darf keinen Schritt zu viel tun. «Die Anspannung, Aufregung, Entrüstung und der furchtbare Ekel bedeuteten ein Übermaß. Nach einigen Tagen Befreiungsgefühles trat die

Aus «Simplicissimus»:
Der Versuch auf der eingeseiften Kletterstange – keiner kommt rauf bis zum bettlägerigen Eulenburg. Am Ende murmelt der Richter zur bandagierten Göttin der Gerechtigkeit: «Aber nicht wahr, Frau Justitia, sie müssen mir wenigstens zugeben, dass ich mir redlich Mühe gegeben habe.» (Zeichnung von Olaf Gulbransson)

Reaktion ein, die körperlich ebenso quälend war als seelisch. Ich vermochte mich trotz Anwendung größter Energie nicht mehr zu erheben. Für einige Stunden ging es hin und wieder; dann brach ich wieder zusammen.»[120] Noch hat Eulenburg jede Menge Probleme: Die hohe Kaution von fünfhunderttausend Mark drohte ihm durch die Zinsen gefährlich zu werden. Erst Ende August wurde die Bürgschaft auf die ursprünglichen hunderttausend Mark gesenkt. Seit langem habe ihn nichts so sehr gefreut, schreibt der Fürst: «Bis dahin litt ich unter großer Depression (...).»

Geldprobleme hat Eulenburg fortan nicht mehr. Liebenberg ernährt seinen Eigentümer mehr als redlich. Was ihm fehlt, ist Gesellschaft. Nie mehr werden sich die hochkarätigen Gäste in der Uckermark sehen lassen. Nie mehr wird die Liebenberger Jagd zu einem glanzvollen Ereignis. Der gewesene Günstling muss sich an einsame Tage gewöhnen. «Einige Wenige aus dem Kreise meiner Standesgenossen haben sich allerdings treu bewährt, als ein grausames Schicksal über mich hereinbrach. Doch war keiner von den vielen darunter, denen ich Gutes erwiesen hatte. Das Häuflein der mir Gebliebenen, oder besser gesagt, die es gewagt haben, ihre Treue öffentlich zu dokumentieren, besteht aus etwa fünf bis sechs Köpfen!!»[121] Seine Heimat wird Eulenburg nur noch ein einziges Mal verlassen, für eine kurze ärztliche Konsultation in Berlin. Starnberg, München, Gastein: All diese Orte hat er nicht mehr betreten.

In Liebenberg spielt man fortan Theater. Eulenburgs Verdrängung steht über dem Wissen um die Wahrheit. «Er geht von der Fiktion aus, dass er schuldlos sei und ich daran glaube – und ich akzeptiere die Fiktion, obwohl ich nicht an sie glaube», so fügt sich der für solche Kulissenschieberei eigentlich viel zu intelligente Eulenburg-Freund Axel Varnbüler in sein Schicksal und fährt fort: «Mit dem einen Einwand: ‹Warum kämpfst du nicht auf Leben und Tod deinen Prozess zu Ende?› – wäre der ganze theatralische Pathos seiner Vorwürfe und Beteuerungen zu zerstören. – Aber diese Pose seiner Familie und den paar Freunden gegenüber, die er damit im Glauben an ihn zu erhalten hofft, ist

Aus «Der wahre Jacob»:
Empfang in Liebenberg – Eulenburg fährt mit der Harfe nach Hause, seine Bedienten recken die Hintern, auf den Fahnenstangen spreizen sich die Finger zum Meineid.

ja seine letzte Stütze – ich habe nicht den Mut, sie ihm zu zerbrechen.»[122]

Der dünnhäutige Kuno von Moltke will nach dem Ende der Affäre mit seinem langjährigen Weggefährten Eulenburg eigentlich nichts mehr zu tun haben, will nie mehr nach Liebenberg kommen. Doch er bleibt seinem Vorsatz nicht lange treu: Im Weltkrieg besucht man sich wieder. In so düsteren Zeiten kann man seine kleinlichen privaten Dinge ganz unauffällig wieder in Ordnung bringen.[123] Bei Lautenmusik im trauten Kreise verdrückt man ein paar Tränen und sinniert bei mildem Kerzenlicht über die Vergänglichkeit des menschlichen Daseins. Sogar der Kaiser soll über die Jahre den alten Groll vergessen und Moltke wieder großherzig seine Hand gereicht haben. Das ist wichtiger als jede juristische Rehabilitation.

«Wir wollen bis zum letzten Atemzuge dafür kämpfen, dass diese Brut nicht wieder hochkommt. Wir wollen ebenso konsequent sein wie sie und nicht vergessen: Eulenburg nicht, der nicht im Zuchthaus sitzt, weil er ein Fürst ist (...).»[124] Nach der Novemberrevolution von 1918 wurde es in Eulenburgs Liebenberger Komödienhaus doch noch mal sehr lebendig. Kurt Tucholsky hatte nämlich am 15. Mai 1919 in der «Weltbühne» ganz nebenbei auf Philipps luxuriöses Reservat hingewiesen: Linke Parlamentarier scheinen in den folgenden Monaten versucht zu haben, die Akten zu entmotten. Ein Urteil gegen Eulenburg wäre unter den neuen, republikanischen Verhältnissen sicherlich als Zeichen der Abrechnung mit dem alten Regime gewertet worden. Ein paar Tage lang sah es so aus, doch als es im Rechtsausschuss der preußischen Landesversammlung hart auf hart zu kommen drohte, fehlte der zuständige Abgeordnete Kurt Rosenfeld von der USPD. Ohne ihn konnte man die Sache Eulenburg aber nicht behandeln, denn er hatte alle Unterlagen mitgenommen.[125]

Die zwölfzeilige Nachricht über den erstaunlichen Vorgang sorgte draußen in Liebenberg natürlich für größte Aufregung. Obendrein bekam Eulenburg am Tag vor Silvester den Brief eines Zeitungsredakteurs, wonach ernsthaft mit einem neuen

Prozess zu rechnen sei. Die neue Regierung wolle ein Zeichen setzen, wolle dem abgedankten Kaiser und den Rechtsparteien «eins auswischen». Eulenburg selbst sei weniger die Zielscheibe der neuerlichen Bemühungen für ein Gerichtsverfahren. So oder so ist der inzwischen zweiundsiebzigjährige Fürst natürlich äußerst beunruhigt: «Könnte ich auf eine Verhandlung von zwei Tagen rechnen, so möge es geschehen. Aber innerhalb 8 - 14 Tagen verblute ich. Das ist unvermeidlich . Wie könnte ich denn auch angesichts des Kaisers in seinem Unglück auf seine Kosten meine Position verbessern? Ich bin in einer geradezu unmöglichen Lage.»[126]

Noch einmal versuchte Eulenburg über Mittelsmänner, politischen Einfluss auszuüben, um ein neues Verfahren zu verhindern. Doch das war gar nicht mehr nötig. Die Politik hatte sich um wichtigere Dinge zu kümmern, im März 1920 war die Gefahr vorüber: Die Akte blieb geschlossen.

Zu einer Versöhnung von «Phili» und Wilhelm kam es schließlich nicht mehr. Der gestürzte Kaiser meldete sich allerdings im September 1927 aus dem holländischen Exil bei den Nachkommen seines ehemaligen Favoriten. Dabei zeigte sich Wilhelm wenig reumütig, aber sehr antisemitisch. Natürlich sei Eulenburg «absolut unschuldig» gewesen und lediglich einem «von der internationalen Judenschaft herbeigeführten Justizmord» zum Opfer gefallen.[127] Der gewesene Monarch will «keinen Augenblick» an Eulenburg «irregeworden sein». Eine ziemlich schale, völlig unglaubwürdige Beteuerung. Als der älteste Sohn von Eulenburg im Sommer 1931 auf Schloss Doorn zu Besuch kommt, kann sich Wilhelm zu «keinem Wort, keiner Erklärung» durchringen, will nicht «über die traurigen Zeiten» sprechen, geschweige denn, sich förmlich entschuldigen. Stattdessen spricht Wilhelm gern über die deutsche Innenpolitik: «Nur, wenn ich zurückgerufen werde, kann es besser werden.»[128]

Epilog
Ganymed wohnt hier nicht mehr

Liebenberg, wo liegt es? Irgendwo in der Erinnerung, irgendwo in der brandenburgischen Einöde. Liebenberg war Hassobjekt und Paradies, eine Bühne für das große Glück des Favoriten Eulenburg und eine düstere Höhle für seinen Rückzug von der Welt. Heute scharren dort die Hühner im Schlamm, als ob nichts gewesen wäre. Liebenberg ruht sich aus von den Zumutungen der Geschichte, seit fast hundert Jahren. Es liegt abseits der Verkehrsströme. Niemand kommt zufällig vorbei. Einen Bahnanschluss gibt es nicht, daran hat sich seit Eulenburgs Zeiten nichts geändert. Man muss im nahe gelegenen Löwenberg aussteigen und sehen, wie man die letzten paar Kilometer bis zum Schloss hinter sich bringt. Wer will es ihnen verdenken?

Am Bahnhof von Löwenberg will man kaum glauben, dass die Züge aus Berlin bis hierher nur ganze fünfzig Minuten unterwegs sind. Womöglich machen sie irgendwo einen kleinen Sprung in Zeit und Raum. Die Reisenden steigen aus den Waggons und unterqueren die Gleise in einem baufälligen Tunnel. Eine Bahnhofskneipe gibt es nicht mehr: Eulenburg könnte hier also keinen Kognak mehr trinken, wie damals, als er im Herbst 1899 vom Fürstentitel erfuhr und seine Nerven beruhigen musste. Der Weg führt auf die Bundesstraße167, vorbei an der modernen Raststätte «Löwen-Menü», die sich auch als «Party-Löwe» anpreist. An der Bushaltestelle hängt ein Fahrplan für die Linien 830 und 832 Richtung Liebenberg, Fahrzeit vier Minuten.

Eine Eichenallee säumt die Straße nach Liebenberg. Hinweisschilder warnen vor Fahrbahnschäden und Wildwechsel. Tatsächlich langweilen sich auf den Feldern rechts und links der Straße zahlreiche Rehe. Die «ganze Poesie der Mark» hat der jüdische Journalist und Politiker Theodor Herzl in dieser Gegend entdeckt, als er im September 1898 auf Besuch war in Liebenberg. Er bemerkte beiderseits der Straße «ab und zu Vögel, für die mir die Flinte und das Verständnis fehlten».[1] Mit den Fasanen konnte Herzl nichts anfangen. Rund zwei Kilometer vor dem Dorf stößt man auf ein merkwürdig pompöses Tor, hinter dem sich eine Auffahrt den Hügel empor schlängelt. Das macht neugierig.

Etwas unsicher geht man den Weg durch den Wald entlang, bis man nach wenigen hundert Metern schwer beeindruckt ist vom «Seehaus», einer Villa, die Eulenburg oberhalb der «Großen Lanke» 1906 bis 1908 für seinen ältesten Sohn errichten ließ. Das Haus hatte früher mal zehn Gästezimmer, einige italienische Monumentalgemälde und kostete zweihundertfünfzigtausend Goldmark.[2] Später weilte der Nazi Hermann Göring hier gern zum Jagdausflug. Zu DDR-Zeiten wurde das repräsentative Gebäude zum Refugium für die SED-Größen. Nach der Wende scheiterte ein Hotelbetreiber, zog vorübergehend ein Schriftsteller ein und schließlich wurde aus dem Haus eine Managementschule mit achtzehn Apartments, die gelegentlich an treue Bankkunden verhökert werden: «Osterzauber auf Schloss Liebenberg» – drei Nächte für fünfundachtzig Euro mit dem ernüchternden Hinweis: «ausgebucht».

Wieder auf der Bundesstraße, sieht man bereits nach kurzer Zeit den Backstein-Kirchturm von Liebenberg. Am Ortseingang eine sumpfige Senke, darin viele grüne Tümpel und Wasserlöcher, ein Paradies für Frösche. Die mobile Backstube macht gerade Halt auf dem Dorfplatz. Ein paar Liebenberger sammeln sich vor dem Transporter. Es gibt Gebäck, aber auch zwei Illustrierte zur Auswahl: die «Super-Illu» und «Frau mit Herz». In einem kleinen Schaukasten hängen die amtlichen Mitteilungen der Gemeinde «Löwenberger Land». Zwei Frauen klopfen lautstark Auto-Fußmatten an einem Stapel Ziegelsteine sauber.

Das ist also Liebenberg, der skandalumwitterte Weiler. Das Schloss, wo man angeblich spiritistischen, homosexuellen und anderen Vergnügungen nachging, ist eingerüstet. Nichts ist

Im Schlosspark von Liebenberg.
Im Hintergrund der Gartenpavillon. Rechts hinten die eingerüstete Baustelle des ehemaligen Schlosses.

mehr erhalten vom Empfangsraum mit den vielen Jagdgewehren und Trophäen, dem wertvollen «japanischen Zimmer», in dem der Sensationsreporter aus Berlin 1908 empfangen wurde und voller Bewunderung notierte: «In mattem Grün mit Rosa ist die Tapete gehalten und in den Feldern sind wertvolle japanische Holzschnitte und Buntdrucke eingeklebt. Alles Gerät und alle Möbel stammen aus dem Land der Chrysanthemen, und Fürst Eulenburg war der verständnisvolle Sammler.» [3]

Die Deutsche Kreditbank hat das ganze Dorf am 1. Januar 2000 erworben, um ihr Fortbildungszentrum zu errichten. Eine schlagzeilenträchtige Aktion, erinnerte die Geschichte vom «verkauften Dorf» doch an die Zustände zur Zeit der mittelalterlichen Leibeigenschaft. Die Liebenberger durften ihre Häuser von der Bank allerdings kreditfinanziert kaufen oder auch mieten. Erleichterung allenthalben: «Es geht vorwärts. Zehn Jahre nach dem Fall der Mauer erleben wir die Wende auch noch in Liebenberg», sagt der siebzigjährige Walter Rochow der «Berliner Zeitung».[4] Alles längst vorbei, nur eines ist heute noch genauso wie vor hundert Jahren: «In Schloss und Park regt sich kein Schritt, der die Ruhe des Schlossherrn stört.» [5] In der Landwirtschaft gibt's hier nicht mehr viel zu tun. Früher sollte das «Mustergut» Obst und Gemüse für das SED-Politbüro anbauen. Nach der Wende stellte sich heraus, dass die Waldpflege mehr Geld kostete als Ackerbau und Viehzucht einbrachten. Deshalb wurde bis auf die Holzlieferung für das Sägewerk fast alles dicht gemacht.

Nach wie vor sind die Losungen aus DDR-Zeiten an einer Scheune deutlich lesbar. «Vorwärts zum Aufbau des Sozialismus.» Wohin man allerdings «Durch gute Arbeit» kommen sollte, das ist leider inzwischen von Wind und Wetter unleserlich gemacht worden. Liebenberg war Schulungsgut, hier wurden Schäfer und andere landwirtschaftliche Kräfte ausgebildet. Es ist anzunehmen, dass Philipp Eulenburg und die Seinen damals nicht gerade in hoher Wertschätzung standen. Aber immerhin: Der russische Botschafter in der DDR, Michael Perwuchin, soll Eulenburgs Enkel in den fünfziger Jahren versichert haben: «Hätte der Kaiser mehr auf seinen Rat gehört und ihn nicht (...) fallen gelassen, stünden wir wohl heute nicht hier, und die Geschichte hätte für unsere beiden Länder einen besseren Verlauf genommen!»[6] Daraufhin soll der sowjetische KP-Chef Nikita Chruschtschow mit Wend Eulenburg sogar ein Glas Wodka geleert haben. Affäre hin oder her – die Russen ließen sich davon offenkundig nicht irritieren.

Der Friedhof von Liebenberg. In der Mitte stehen vier Eichen, dazwischen ein kleines Gerüst mit zehn rosafarbenen Haken. Daran hängen Gießkannen und Eimer. Ein großer Naturstein fällt auf, eingerahmt von einem schmiedeeisernen Gitter. Kein Grab mehr, sondern eine «Gedenkstätte» der Familie Eulenburg-Hertefeld, wie ein neu angebrachtes Plastikschild verkündet: 1652 – 1945. Es wurde gerade frisch geharkt, kein Blatt liegt in dem Geviert. In einer Steinschale stecken Stiefmütterchen, violett, gelb und weiß. Vermutlich hätte dem Fürsten Philipp vor diesem Anblick gegraut, wo er doch ein äußerst kunstsinniger,

Liebenberg: die «Gedenkstätte» der Familie Eulenburg-Hertefeld auf dem Friedhof. Die Gräber sind längst abgeräumt.

empfindsamer, anspruchsvoller Schöngeist war und alles Biedere, Normale, Bodenständige und Phantasielose hasste. Die kulturellen Trampeltiere waren ihm immer ein Graus, besonders in Berlin: Für die «herrschenden Kreise des neuen Deutschen Reiches» habe es ausgereicht, wenn «100 Tänzerinnen als Berliner Feuerwehrmänner tanzten und genau wie bei der Parade im Lustgarten einschwenkten».[7]

Nach einem Rundgang durch Dorf und Schlosspark setzt man sich gern auf eine der gerade aufgestellten weißen Bänke, genießt die seidige Frühlingsluft und erfreut sich an dem wildromantischen Ausblick über die zwei Teiche. Birken und Trauerweiden hängen mit ihren Ästen bis ins Wasser. Viel mehr Trost als den Blick in die Natur hatte Eulenburg in seinen letzten Jahren nicht mehr. «Ich bin ein Versuchskaninchen des Schicksals. Es ist wahrhaft ungeheuerlich, wie lange gewisse Kaninchen die Dosen Gift ertragen, die ihnen eingeflößt werden. Ich selbst bin am meisten über mich in dieser Hinsicht erstaunt», schreibt der leidenschaftliche Hypochonder Philipp Eulenburg im Februar 1921. Der folgende, schöne Sommer sollte sein letzter werden. Er bekam im September eine leichte Halsentzündung, die sich bald verschlimmerte. Am 17. September, nachmittags um drei Uhr, stirbt er an Herzversagen. Fünf Tage später wurde er in der Grabkapelle bestattet. Sein Gegner Maximilian Harden überlebte ihn nur um wenige Jahre. Er starb am 30. Oktober 1927 in der Schweiz.

Jahrelang hatten beide einen erbitterten Kampf ausgefochten, aber keiner von ihnen ging als Held vom Platz. Sicher, Harden hatte viel Geld verdient, war ein Starjournalist geworden, aber der Krieg hatte seine politischen Vorstellungen als gefährliche Hirngespinste entlarvt. Deutschlands Größe, der neurotische Wunschtraum der wihelminischen Männergesellschaft, war im Schlamm der Schützengräben untergegangen. Die sehnlich angestrebte «Weltgeltung» blieb wahnsinnige Fiktion, die nach 1933 zu weiteren Katastrophen führen sollte. Hardens Journalismus wirkte schon in seinen letzten Lebensjahren veraltet, überholt, wie aus einer anderen Zeit. Er wurde genauso schnell vergessen wie Eulenburg.

Liebenberg hat sein Gesicht verändert. Was früher ein geschäftiger, straff geführter Agrarbetrieb und üppig ausgestatteter Landsitz war, ist heute nur noch ein Kaff, morgen vielleicht ein mittelprächtiges Bildungszentrum. Da hat es die Orgien-Villa in der Potsdamer Seestraße mit ihrer Geschichte besser getroffen. Zwar legte sich auch dort die sozialistische Tristesse über die Landschaft. Nach der Wende wurde die Gegend aber wieder, was sie früher war: ein nobles Villenviertel, in diesem Fall für die Neureichen und Prominenten. Dort tummeln sich anders als in Liebenberg wieder viele Neugierige. Die allermeisten wissen natürlich nichts von der Geschichte des Günstlings, von den schwulen Ausschweifungen und der verbotenen Hingabe der Soldaten. Man kommt nicht wegen Eulenburg hierhin, sondern wegen der Paradiesvögel unserer Tage. Die ersten Bus-Unternehmer haben die Seestraße auf ihren Besichtigungstouren bereits im Programm. Renoviert erstrahlen die opulenten Gründerzeit-Fassaden heute in weiß, ocker, gelb oder rostrot. Es recken sich die Hälse der Ausflügler.

TV-Moderator Günther Jauch wohnt hier, wie die aktuelleren Potsdamer Stadtführer ausdrücklich mitteilen. Das Top-Model Nadja Auermann steht noch nicht drin. Sie hat sich in der Nähe eine sanierungsbedürftige Villa gekauft. Der Modedesigner Wolfgang Joop lebt und arbeitet ebenfalls an der Seepromenade. Ihm gehört ein strahlend weißes, klassizistisches Herrenhaus. In goldenen Buchstaben hat er am Portal den Namen «Villa Wunderkind» anbringen lassen.

Drei Fichten und blauer Flieder verströmen vor der Villa Adler betörende Düfte. Ein schmuckloser weißer Metallzaun. Dahinter ein üppiger Garten, der sich rechts und links der Villa bis zum Heiligen See zieht. Viele Tulpen, Osterglocken, Sommerblumen. Am Seeufer stehen braune Plastik-Gartenstühle, gegen einen Tisch gekippt. Ein schwarz-gelber Schlauch liegt auf dem Rasen. Vier Säcke Rindenmulch liegen bereit für weitere gärtnerische Arbeiten. Eine denkbar biedere Kulisse, gemessen an den verruchten Begebenheiten vom Beginn des Jahrhunderts. Damals perlender Schaumwein, blitzende Uniformen, zotige Sprüche, eine frivole Runde im Luxus schwelgend. Man vermutet mindestens Gartengarnituren aus Teak-Holz, weiße Tischdecken und in der Sonne funkelnde, silberne Kühler. Wenn es jemals so war: Heute geht es bürgerlicher zu im Garten der Villa Adler. Im Fenster der Eingangstür hängt ein ovales, gläsernes Schild: «Villa Disqué», eingerahmt von lila Sternchen. Der Name bezieht sich auf Dr. Ludwig Disqué, einem Freund und Kollegen von Magnus Hirschfeld, der das Haus in den zwanziger Jahren bewohnte.

Immerhin, in Potsdam gibt es neuen Glamour, in Liebenberg nur alte Wehmut. Wer auf den wackligen Steinplatten der Liebenberger Schlossterrasse steht, zwischen den rostigen Lampen mit der Brauereireklame, wer durch den Bauzaun in den Park blickt, der braucht viel Phantasie, um die frühere Poesie des Ortes nachzuempfinden. Hier wird man nicht sentimental, sondern ironisch und hält sich am Besten an Kurt Tucholskys Fazit der Eulenburg-Affäre: «Die Diplomaten waren unabhängig, frei, pekuniär gesichert - aber besessen von Ehrgeiz, Streben nach Macht ... und dann diese Resultate. Der Proletarier, der einen Lastwagen umschmeißt, fliegt ins Loch. Der Staatsmann, der ein Volk ins Verderben chauffiert, schreibt Memoiren. Der Lokomotivführer hat die Verantwortung. Der Staatsmann trägt sie. Und dabei halten wir heute noch.»[8] Den Kern der Eulenburg-Affäre fasst Tucholsky in dem Satz zusammen: «Jeder sagt dem andern nur Schlechtes nach. Und sie haben alle recht.»

Der Günstling träumte bis in alle Ewigkeit vom ruhmüberglänzten Dasein an der himmlischen Tafel. Der allwissende Zeus hatte die Zukunft richtig vorhergesagt: Wer den Nektar kennt, lässt die Milch sauer werden.

Chronologie

12. Februar 1847
Philipp Graf zu Eulenburg-Hertefeld wird in Königsberg als Sohn eines Majors und Gutsherrn geboren. Philipps Mutter Alexandrine Freiin von Rothkirch und Panthen weckt später seine künstlerischen Neigungen.

13. Dezember 1847
Kuno von Moltke wird in Neustrelitz als Sohn eines Rittmeisters geboren. Kunos Mutter Marie von Roeder stirbt 1875.

27. Januar 1859
Prinz Wilhelm von Hohenzollern, später Kaiser Wilhelm II., wird geboren.

13. Oktober 1859
Eulenburg wird im Französischen Gymnasium zu Berlin aufgenommen.

20. Oktober 1861
Felix Ernst Witkowski wird in Berlin als Sohn jüdischer Kaufleute geboren, gibt sich 1876 den Künstlernamen Maximilian Harden.

1862
Familie Eulenburg freundet sich mit der Familie Otto von Bismarcks an. Bismarck wird Anfang Oktober preußischer Ministerpräsident.

1863
Eulenburg wechselt zum Vitzthumschen Gymnasium, Dresden.

13. Juni 1866
Eulenburg muss Dresden noch vor dem Abitur wegen des preußisch-sächsischen Krieges verlassen.

Juli 1866
Eulenburg meldet sich freiwillig zum Militärdienst in Potsdam. Der preußisch-österreichische Krieg ist jedoch vorbei, bevor Philipp seine Grundausbildung beendet. Im Oktober 1866 geht Eulenburg als Offiziersanwärter zum Elite-Regiment Garde du Korps.

Frühjahr 1867
Eulenburg, Moltke und die Grafen Eberhard und Richard von Dohna lernen sich auf der Kriegsschule in Kassel kennen und schließen Freundschaft. Eulenburg und Moltke musizieren, sind begeistert von Kunst und Literatur.

19. Juli 1870
Beginn des deutsch-französischen Krieges. Eulenburg, Moltke und die Dohnas gehen ins Feld.

1871 - 1875
Eulenburg studiert in Leipzig, Straßburg, Kassel und Gießen Rechtswissenschaft. Er wird danach Beamter beim Amtsgericht in Lindow (Brandenburg).

20. November 1875
Eulenburg heiratet in Stockholm die schwedische Gräfin Augusta von Sandels.

1875 - 1888
Maximilian Harden schlägt sich als Schauspieler und Theaterkritiker durch. Tourneen u.a. durch Holland.

Dezember 1877
Beginn von Eulenburgs Karriere im Auswärtigen Amt, vermittelt von seinem Onkel Friedrich Eulenburg. Philipp beginnt als Kammergerichtsreferendar in der Handelsabteilung. Erste Dienstposten in Dresden, Stockholm und Paris.

1. Juli 1881
Eulenburg wird Legationssekretär an der Preußischen Gesandtschaft in München. In den folgenden Jahren verbringt er die Sommerfrische in Starnberg, freundet sich dort mit Fischern an.

4. Mai 1886
Eulenburg trifft im ostpreußischen Prökelwitz erstmals Wilhelm. Es beginnt eine zwanzigjährige enge Freundschaft.

15. Juni 1888
Wilhelm wird preußischer König und deutscher Kaiser.

31. Oktober 1888
Erster Gunstbeweis für Eulenburg: Er wird preußischer Gesandter in Oldenburg.

17. März 1890
Wilhelm entlässt Bismarck als Reichskanzler - tiefes Zerwürfnis.

1890 - 1894
Eulenburg auf diplomatischen Dienstposten in Stuttgart und München.

1892
Harden gründet die «Zukunft» als Wochenzeitschrift für Politik, Wirtschaft und Kunst

Februar 1892
Harden trifft sich erstmals mit Bismarck. In den nachfolgenden

Monaten bekommt der Journalist erste vertrauliche Informationen über die sexuelle Veranlagung von Eulenburg und Moltke.

1893
Moltke wird Flügeladjutant Wilhelms II., gehört fortan zum engeren Freundeskreis des Kaisers («Liebenberger Tafelrunde»).

21. Mai 1894
Eulenburg wird deutscher Botschafter in Wien und vom österreichischen Kaiser empfangen, Höhepunkt seiner beruflichen Karriere.

12. März 1896
Kuno von Moltke heiratet die junge Witwe Athalie «Lily» von Kruse-Neetzow, geborene von Heyden.

September 1897
Eulenburgs Bruder Friedrich «Fredi» hat eine homosexuelle Affäre, lässt sich scheiden und lebt fortan isoliert von der Gesellschaft.

30. Juli 1898
Otto von Bismarck stirbt.

November 1898
Moltke trennt sich von seiner Frau. Es folgen jahrelange gerichtliche Auseinandersetzungen. Der General (seit 1897 Militärattaché in Wien) geht 1899 als Kommandeur nach Breslau.

11. November 1902
Eulenburg nimmt seinen Abschied als Botschafter, wird Privatmann.

22. November 1902
Der Ruhrindustrielle Friedrich Alfred Krupp stirbt nach Zeitungsberichten über seine angebliche Homosexualität vermut-

lich an einer Überdosis Medikamente. Wilhelm II. ist empört über die Enthüllungen im sozialdemokratischen «Vorwärts».

Dezember 1902
Die geschiedene Frau «Lily» Moltke versorgt Maximilian Harden mit Informationen über die Homosexualität von Kuno und Philipp.

1905
General Kuno von Moltke wird Berliner Stadtkommandant.

Spätherbst 1905
Eulenburg trifft «zufällig» den französischen Botschaftsrat Raymond Lecomte und mischt sich wieder in die Außenpolitik ein.

7. - 10. November 1906
Wilhelm II. kommt zum letzten Mal zum alljährlichen Jagdausflug nach Liebenberg. Das Ereignis wird zum Auslöser der Eulenburg-Affäre, weil Harden politische Umtriebe wittert.

24. November 1906
Harden greift Eulenburg in der «Zukunft» erstmals öffentlich an.

Dezember 1906
Eulenburg «flüchtet» vor den Schlagzeilen nach Territet am Genfer See.

18. Januar 1907
Eulenburg nimmt erstmals an der Aufsehen erregenden jährlichen Ordensfeier der Ritter vom Schwarzen Adler teil und wird von Wilhelm II. abermals besonders gewürdigt.

13. April 1907
Harden setzt daraufhin in der «Zukunft» seine Kampagne gegen Eulenburg und Moltke fort.

2. Mai 1907
Kronprinz Wilhelm informiert den Kaiser über Hardens Pressekampagne. Unmittelbar danach fallen Eulenburg und Moltke in Ungnade. Moltke reicht seinen Abschied ein und will sich duellieren; Harden lehnt ab.

26. Mai 1907
Erste Presseberichte über den Skandal, nachdem Moltkes Entlassung am 24. Mai publik wurde.

7. Juni 1907
Kuno von Moltke stellt als Privatmann Strafantrag gegen Harden wegen Beleidigung. Beginn der juristischen Auseinandersetzungen.

Sommer 1907
Energische Polizei-Aktionen gegen Homosexuelle im Militär und die schwule Subkultur.

23. – 29. Oktober 1907
Erster Prozess Moltke gegen Harden. Der Journalist wird freigesprochen.

6. November 1907
Prozess Reichskanzler Bernhard von Bülows gegen den Schriftsteller Adolf Brand wegen Beleidigung. Brand hatte den Kanzler fälschlicherweise in den Verdacht der Homosexualität gebracht und wird zu 18 Monaten Gefängnis verurteilt. Eulenburg tritt als Zeuge auf und streitet ab, jemals homosexuelle Erfahrungen gemacht zu haben. Ursache für späteres Verfahren wegen Meineid.

28. November – 2. Dezember 1907
Haushaltsdebatte im Reichstag. Die Affären werden Thema.

16. Dezember 1907 - 3. Januar 1908
Berufungsprozess Moltke gegen Harden. Der Journalist wird auf Druck von Oberstaatsanwalt Hugo von Isenbiel schuldig gesprochen und zu vier Monaten Gefängnis verurteilt.

31. Januar 1908
Kriminalkommissar von Tresckow reist nach Liebenberg, um Eulenburg zu befragen. Es soll ein weiteres Strafverfahren gegen Harden vorbereitet werden.

9. April 1908
Reichskanzler von Bülow empfängt Staatsanwalt Hugo von Isenbiel und lässt ihm überraschend freie Hand in alle Richtungen - auch gegen Eulenburg und Moltke.

21. April 1908
Sensationsprozess in München: Harden klagt zum Schein gegen Zeitungsredakteur Anton Städele wegen Beleidigung. Wende der Affäre! Eulenburgs Homosexualität wird von Starnberger Fischern bestätigt.

1. Mai 1908
Das Berliner Landgericht beginnt mit der Voruntersuchung gegen Eulenburg.

8. Mai 1908
Weil er nicht haftfähig ist, wird Eulenburg in die Berliner Charité eingeliefert und dort bewacht.

23. Mai 1908
Das Reichsgericht als höchste Instanz kassiert das Urteil gegen Harden vom Januar. Das Verfahren muss neu aufgerollt werden.

29. Juni - 17. Juli 1908
Prozess gegen Eulenburg wegen Meineid. Das Verfahren wird

ergebnislos vertagt, weil der Fürst erkrankt.

25. September 1908
Haftbefehl gegen Eulenburg wird aufgehoben. Kaution von hunderttausend Reichsmark. Philipp kehrt heim nach Liebenberg.

20. April 1909
Erneuter Prozess Moltke gegen Harden. Der Journalist wird wegen Beleidigung zu 600 Reichsmark Geldbuße verurteilt, obwohl er sich zuvor außergerichtlich mit Moltke geeinigt hatte.

22. Mai 1909
Eulenburg fährt zur Erholung ins österreichische Bad Gastein. Pressewirbel.

11. Juni 1909
Harden bekommt durch Vermittlung des Hamburger Reeders Albert Ballin vierzigtausend Reichsmark Schweigegeld aus der Staatskasse. Harden zieht seine Revisionsklage zurück. Ende seiner Auseinandersetzung mit Moltke.

7. Juli 1909
Letzter Verhandlungstag gegen Eulenburg. Abermals Vertagung, weil der Fürst im Gerichtssaal zusammenbricht. Das Verfahren wird niemals abgeschlossen.

7. September 1921
Tod Eulenburgs in Liebenberg.

30. Oktober 1927
Maximilian Harden stirbt in Montana-Vermala (Schweiz).

4. Juni 1941
Tod Wilhelms II. im holländischen Exil.

Literaturverzeichnis

Anonym: Sodom und Gomorrha. Der Prozeß der Königsmacher (sozialdemokratische Agitationsbibliothek, Heft VIII.), Berlin 1907;

Anonym: Liebchen. Ein Roman unter Männern, Berlin 1995;

Bierbaum, Otto Julius: Prinz Kuckuck, Band I. – III., Berlin 1907;

Boelcke, Willi: Krupp und die Hohenzollern. Aus der Korrespondenz der Familie Krupp 1850 - 1916, Berlin 1956;

Bülow, Bernhard von: Denkwürdigkeiten, Bd. I. und II., Berlin 1930;

Delbrück, Hans: Die Hohenlohe-Memoiren, in: Preußische Jahrbücher, Bd. 126 (IV/1906), S. 375 - 386;

Ders.: Prozess Moltke - Harden, in: Preußische Jahrbücher, Bd. 131 (I/1908), S. 194 - 196;

Ders.: Sensationsprozesse. Fürst Eulenburg, in: Preußische Jahrbücher, Bd. 132 (II/1908), S. 547 - 553;

Eulenburg-Hertefeld, Philipp zu: Das Ende König Ludwigs II. und andere Erlebnisse/ Erlebnisse an deutschen und fremden Höfen, Dresden 1934;

Ders.: Fünf Jahre der Freundschaft. Selbstverlag,1897;

Ders.: Mit dem Kaiser als Staatsmann und Freund auf Nordlandreisen. 2 Bde., Dresden 1931;

Ders.: Skaldengesänge, Braunschweig, 1892;

Eulenburg-Hertefeld, Wend zu: Ein Schloss in der Mark. Erinnerungen an Liebenberg, Stuttgart 1990;

Fleischmann, August: Der Fall Krupp. München, 1902;

Ders.: Kein Schweigen mehr! Die Wahrheit über Eulenburg! München 1908;

Fleischmann, Rudolf: Beiträge zur Lehre von der konträren Sexualempfindung, in: Zeitschrift für die gesamte Neurologie und Psychiatrie, Band 7, 1911, S. 262 - 317;

Freund, Fedor: Maximilian Harden, der Vaterlandsretter, Berlin/Leipzig 1907;
H.v.M.: Enthüllungen. Bismarck, Bülow und - Harden, Leipzig 1907;
Haffner, Sebastian: Der letzte Bismarckianer, in: Merkur, Heft 11(1977), S. 1093 - 1106;
Haller, Johannes (Hrsg.): Aus 50 Jahren. Erinnerungen, Tagebücher und Briefe aus dem Nachlaß des Fürsten Philipp zu Eulenburg-Hertefeld, Berlin 1923;
Ders.: Aus dem Leben des Fürsten zu Eulenburg-Hertefeld, Berlin 1926;
Hammann, Otto: Um den Kaiser. Erinnerungen aus den Jahren 1906 - 1909, Berlin, 1919;
Hamecher, Peter: Rezension Berbene Junkers Liebe, in: Die Zukunft, 12. Oktober 1907, S. 72 - 74;
Harden, Maximilian: Präludium, in: Die Zukunft, 17. November 1906, S. 251 - 266;
Ders.: Dies Irae, in: Die Zukunft, 24. November 1906, S. 287 - 302;
Ders.: Monte Carlino, in: Die Zukunft, 13. April 1907, S. 39 - 50;
Ders.: Roulette, in: Die Zukunft, 27. April 1907, S. 117 - 130;
Ders: Nur ein paar Worte, in: Die Zukunft, 15. Juni 1907, S. 367 - 374;
Ders.: Die Freunde. Hardens Rückzug, in: Die Zukunft, 22. Juni 1907, S. 405 - 425;
Ders.: Schlussvortrag, in: Die Zukunft, 9. November 1907, S. 179 - 210;
Ders.: Episode, in: Die Zukunft, 16. November 1907, S. 219 - 226;
Ders.: Der Prozeß, in: Die Zukunft, 21. November 1907, S. 257 - 269;
Ders.: Reichstag, in: Die Zukunft, 7. Dezember 1907, S. 323 - 335;
Ders.: Der zweite Prozeß, 1. Teil, in: Die Zukunft, 15. Februar 1908, S. 213 - 223;
Ders.: Der zweite Prozeß, 2. Teil, in: Die Zukunft, 29. Februar

1908, S. 289 - 299;
Ders.: Der zweite Prozeß, 3. Teil, in: Die Zukunft, 21. März 1908, S. 407 - 430;
Ders.: Gerichtstag, in: Die Zukunft, 2. Mai 1908, S. 149 - 168;
Ders.: Prozeßbericht I, in: Die Zukunft, 9. Mai 1908, S. 189 - 204;
Ders.: Prozeßbericht II, in: Die Zukunft, 16. Mai 1908, S. 229 - 251;
Ders.: Prozeß Eulenburg, 1. Teil, in: Die Zukunft, 25. Juli 1908, S. 125 - 138;
Ders.: Prozeß Eulenburg, 2. Teil, in: Die Zukunft, 1. August 1908, S. 159 -172;
Ders.: Prozeß Eulenburg, 3. Teil, in: Die Zukunft, 8. August 1908, S. 223 - 236;
Ders.: Inventur, in: Die Zukunft, 11. Juni 1910, S. 341 - 367;
Ders.: Prozesse. Köpfe, III. Teil. Berlin 1913;
Harnisch, Johannes W. (d.i. Frank Wedderkopp): Harden, Eulenburg und Moltke. Berlin, 1908;
Hellige, Hans-Dieter u. Schulin, Ernst (ed.): Walther Rathenau - Maximilian Harden. Briefwechsel, 1897 - 1920, München 1983;
Hirschfeld, Magnus: Die Hofaffäre, in: Monatsberichte des Wissenschaftlich-humanitären Komitees, Jg. VI, Nr. 7 (Juli 1907), S. 126 - 133;
Ders.: Berlins Drittes Geschlecht, Berlin 1991;
Ders.: Einleitung und Situationsbericht, in: Vierteljahresberichte des wissenschaftlich-humanitären Komitees, Heft 1, Leipzig 1909;
Ders.: Geschlechtskunde, III. Band; Einblicke und Ausblicke, Stuttgart 1930;
Ders.: Die Homosexualität des Mannes und des Weibes, Berlin 1913;
Ders.: Der Normale und die Homosexuellen, in: Die Zukunft, 29. Juni 1907, S. 450 - 455;
Ders.: Von Einst bis Jetzt. Geschichte einer homosexuellen Bewegung, 1897 - 1922, (Nachdruck) Berlin 1986;
Hirth, Georg: Homosexualität - nur Laster? In: Ders.: Wege zur

Heimat, München 1909, S. 464 - 477;
Hohenlohe, Alexander: Aus meinem Leben, Frankfurt/Main 1925;
Keilson-Lauritz, Marita und Lang, Rolf F. (ed.): Emanzipation hinter der Weltstadt. Adolf Brand und die Gemeinschaft der Eigenen, Berlin 2000;
Kraus, Karl: Maximilian Harden. Eine Erledigung. Wien/Leipzig 1908;
Kraus, Karl: Sprüche und Widersprüche. München, 1909;
Kraus, Karl: Nachts. Frankfurt/Main 1993;
Kürenberg, Joachim: Holstein. Die Graue Eminenz, Berlin, 1954;
Linsert, Richard: Kabale und Liebe. Über Politik und Geschlechtsleben, Berlin 1930;
Meisbach, Julius: Friedrich Alfred Krupp - wie er lebte und starb, Köln 1903;
Mommsen, Wolfgang J.: War der Kaiser an allem schuld? München 2002;
Mühsam, Erich: Die Jagd auf Harden, Berlin, 1908;
Mühsam, Erich: Namen und Menschen, Leipzig 1949;
Müller, Stefan: Das verkaufte Dorf. Liebenberg, ein deutscher Ort (ungedrucktes Manuskript, 2002)
Muschler, Reinhold Conrad: Philipp zu Eulenburg, Leipzig 1930;
Näcke, Georg: Die Homosexualität im neuen Strafgesetzbuch, in: Die Zukunft, 29. Oktober 1910, S. 147 - 154;
Nietzsche, Friedrich: Also sprach Zarathustra, in: ders.: Werke, Bd. II., Darmstadt 1997;
Rich, Norman und Fisher, M.H. (ed.): Die Geheimen Papiere Friedrich von Holsteins, Bd IV. (Briefwechsel 10. Januar 1897 bis 8. Mai 1909), Göttingen, 1963;
Röhl, John C.G. (ed.): Philipp Eulenburgs Politische Korrespondenz, Bd. I. und II. (Boppard 1976), Bd. III. (Boppard 1983);
Rogge, Hellmuth: Holstein und Harden, München 1959;
Rosner, Karl (ed.): Erinnerungen des Kronprinzen Wilhelm, Stuttgart und Berlin 1922;
Sauzay, Brigitte: Retour à Berlin. Ein deutsches Tagebuch, Berlin

1999;
Scheffler, Karl: Die fetten und die mageren Jahre, Leipzig/ München, 1946;
Scheffler, Karl: Bußtag, in: Die Zukunft, 5. Dezember 1908, S. 378 - 380;
Schmidt, Heinrich: Das homosexuelle Problem, in: Die Zukunft, 21. Dezember 1907, S. 399 - 401;
Schulenburg, Karl Günther: Die Herrlichkeit Oeft, Kettwig 1934;
Sello, Erich: Die Irrtümer der Strafjustiz und ihre Ursachen, Berlin 1911;
Sello, Erich: Zur Psychologie der cause célèbre, Berlin 1910;
Sombart, Nicolaus: Wilhelm II. - Sündenbock und Herr der Mitte. Berlin, 1997;
Stahl und Eisen. Gedächtnisfeier für Friedrich Alfred Krupp am 13. Dezember 1902, Düsseldorf 1902;
Sternaux, Ludwig: Potsdam. Ein Buch der Erinnerung, Berlin 1924;
Tresckow, Hans von: Von Fürsten und anderen Sterblichen. Erinnerungen eines Kriminalkommissars, Berlin 1922;
Tucholsky, Kurt: Gesammelte Werke, Reinbek 1985;
Zedlitz-Trützschler, Robert von: Zwölf Jahre am deutschen Kaiserhof, Berlin und Leipzig 1924;
Young, Harry F.: Maximilian Harden. Censor Germaniae, Münster 1971;

Anmerkungen
(ausführliche Angaben siehe Literaturverzeichnis)

Zugunsten der Lesefreundlichkeit wurden die Fußnoten so sparsam wie möglich eingefügt. Es wird deshalb nicht jedes zitierte Einzelwort oder jeder Satzteil immer sofort belegt. Die Anmerkungen erfolgen in der Regel absatzweise, sofern nur eine Quelle benutzt wurde. Zusammenhängende längere Zitate werden natürlich jeweils nach Ende belegt. Für die Prozessprotokolle sei auf die benutzte Tagespresse verwiesen, insbesondere «Berliner Tageblatt», «B.Z. am Mittag», «Abendpost», «Berliner Morgenpost», «Neue Preußische Zeitung», «Post», «Berliner Lokalanzeiger».

Prolog: Olympische Freuden, irdische Leiden

1 NZZ, 6. September 2002: Wo Wilhelm II. und Göring zur Jagd gingen;
2 Vgl. Wolfgang J. Mommsen: Kaiser (2002), S. 21 f.;
3 Bernhard von Bülow: Denkwürdigkeiten (1930), Bd. II., S. 171;
4 Kurt Tucholsky: Eulenburgiana (1925), S. 227, in: ders.: Gesammelte Werke (1985), Bd. IV.;

«Phili» auf dem Weg ins Glück

1 Johannes Haller: Eulenburg (1926), S. 5;
2 Philipp Eulenburg: Erlebnisse (1934), Bd. 2, S. 30;
3 Philipp Eulenburg: Aus 50 Jahren (1923), S. 24;
4 Theodor Fontane: Scherenberg (1969), S. 662;

[5] Philipp Eulenburg: Aus 50 Jahren (1923), S. 135;
[6] Reinhold Conrad Muschler: Eulenburg (1930), S. 44;
[7] Kuno von Moltke an Axel Varnbüler, 31. März 1891, zit. nach: John C.G. Röhl: Eulenburg, Bd. I. (1976), S. 39;
[8] Reinhold Conrad Muschler: Eulenburg (1930), S. 96;
[9] Erinnerungen Axel Freiherr von Varnbülers, zit. nach John C.G. Röhl: Eulenburg, Bd. I. (1976), S. 110;
[10] vgl. BILD-Zeitung, Berliner Ausgabe, vom 19. August 2002;
[11] Philipp Eulenburg: Aus 50 Jahren (1923), S. 52;
[12] a.a.O., S. 57;
[13] ebd.;
[14] Reinhold Conrad Muschler: Eulenburg (1930), S. 151;
[15] Philipp Eulenburg: Aus 50 Jahren (1923), S. 135;
[16] Philipp Eulenburg: Skaldengesänge (1892), S. 2;
[17] a.a.O., S. 75;
[18] Eulenburg: Nordlandsreisen (1931) Bd. II., S. 335 f.; vgl. auch a.a.O., Bd. I., S. 295;
[19] Reinhold Conrad Muschler: Eulenburg (1930), S. 151 f.;
[20] Nicolaus Sombart: Wilhelm II. (1997), S. 167;
[21] Johannes Haller: Eulenburg (1926), S. 26;
[22] vgl. dazu a.a.O., S. 273;
[23] vgl. Reinhold Conrad Muschler: Eulenburg (1930), S. 522;
[24] Robert Zedlitz-Trützschler: Zwölf Jahre (1924), S. 6;
[25] Raymond Lecomte zit. nach John C.G. Röhl: Eulenburg, Bd. III (1983), S. 2140;
[26] Wilhelm an Eulenburg, 11. August 1886, in: John C.G. Röhl: Eulenburg (1976), Bd. 1, S. 191 f.;
[27] Philipp Eulenburg: Aus 50 Jahren (1923), S. 197;
[28] Johannes Haller: Aus dem Leben (1926), S. 7;
[29] Philipp Eulenburg: Fünf Jahre (1897), S. 166;
[30] Karl Frenzel in der «Deutschen Rundschau» vom Februar 1888, zit. nach Maximilian Harden: Prozesse (1913), S. 202 f.;
[31] Zitate nach John C.G. Röhl: Eulenburg, Bd. I (1976), S. 305 ff.;
[32] Reinhold Conrad Muschler: Eulenburg (1930), S. 619;
[33] a.a.O., 224;
[34] Theodor Herzl im Tagebuch, zit. nach John C.G. Röhl: Eulen-

burg (1983), Bd. III., S. 1926;
[35] a.a.O., 213 f.;
[36] Tagebucheintrag vom 24. Juli 1893, zit. nach: Philipp Eulenburg: Mit dem Kaiser (1931), Bd. I., S. 273;
[37] Reinhold Conrad Muschler: Eulenburg (1930), S. 230;
[38] a.a.O., S. 237;
[39] Philipp Eulenburg: Aus 50 Jahren (1923), S. 253;
[40] a.a.O., S. 76;
[41] a.a.O., S. 85;
[42] Richard Linsert: Kabale und Liebe (1930), S. 492;
[43] Philipp Eulenburg: Aus 50 Jahren (1923), S. 78 f.;
[44] Bernhard von Bülow: Denkwürdigkeiten (1930), Bd. I., S. 225 f.;
[45] ebd.;
[46] Kurt Tucholsky, Gesammelte Werke, 1985: Maximilian Harden (1927), S. 363 f.;
[47] Karl Kraus: Sprüche (1909), S. 175;
[48] a.a.O., S. 173;
[49] Kurt Tucholsky: Harden, in: Gesammelte Werke (1985), Bd. V, S. 150;
[50] Maximilian Harden, Bismarck-Erinnerungen (1908), S. 190 f.;
[51] Nicolaus Sombart: Wilhelm II. (1997), S. 184;
[52] Karl Kraus: Erledigung (1908), S. 21 f.;
[53] Maximilian Harden: Episode, S. 224, zit. nach der Aussage von Bismarcks Arzt, Professor Ernst Schweninger; vgl. auch Nicolaus Sombart: Wilhelm II. (1997), S. 184;
[54] Reinhold Conrad Muschler: Eulenburg (1930), S. 341;
[55] Johannes Haller: Eulenburg (1926), S. 139;
[56] a.a.O., S. 339;
[57] Hans von Tresckow: Von Fürsten (1922), S. 156;
[58] Eulenburg an Wilhelm II., 30. November 1901, in: Röhl, John C.G.: Eulenburg (1983), Bd. III, S. 2045;
[59] Eulenburg an Bernhard von Bülow, 15. November 1896, in: a.a.O., S. 1757;
[60] Eulenburgs «Notiz zum 12. März 1896», zit. nach a.a.O., S. 1649;
[61] Gerichtsprotokoll, Aussage Lily von Elbe, Vorwärts, 25. Okto-

ber 1907;
[62] ebd.;
[63] Prozessbericht Berliner Morgenpost, 24. Oktober 1907;
[64] Eulenburg an seine Frau, 30. August 1897, in: John C.G. Röhl: Eulenburg (1983), Bd. III, S. 1864;
[65] Philipp Eulenburg: Erlebnisse (1934), Bd. II., S. 151;
[66] Eulenburg an Wilhelm II., 18. Mai 1898, in: a.a.O., S. 1893 f.;
[67] Eulenburg an Wilhelm II., 16. August 1898, in: a.a.O., S. 1919;
[68] Eulenburg an Bülow, 11. Februar 1898, in: a.a.O., S. 1932;
[69] Maximilian Harden: Prozesse (1913), S. 490;
[70] ebd.;
[71] a.a.O., S. 492;
[72] Philipp Eulenburg: Erlebnisse (1934), Bd. I., S. 258;
[73] a.a.O., S. 219 f.;
[74] a.a.O., S. 251;
[75] a.a.O., Bd. II., S. 90;
[76] Philipp Eulenburg: Aus 50 Jahren (1923), S. 130;
[77] a.a.O., S. 190;
[78] Reinhold Conrad Muschler: Eulenburg (1930), S. 497;
[79] a.a.O., S. 494;
[80] Bernhard von Bülow: Denkwürdigkeiten (1930), Bd. I, S. 602;
[81] Eulenburg an Bülow, 11. Januar 1902, in: John C.G. Röhl: Eulenburg (1983), Bd. III, S. 2048;
[82] Eulenburg an Hermann von Lucanus, 11. Januar 1902, in: a.a.O., S. 2051;
[83] Bernhard von Bülow: Denkwürdigkeiten (1930), Bd. I., S. 605;
[84] Eulenburg an Bülow, 14. Januar 1902, in: a.a.O., S. 2052;
[85] Eulenburg an Hermann von Lucanus, 16. Februar 1902, in: a.a.O., S. 2056;
[86] Eulenburg an Bülow, 27. Mai 1902, in: a.a.O., s. 2071;
[87] Julius Meisbach: Friedrich Alfred Krupp (1903), S. 39 f.;
[88] a.a.O., S. 12 f.;
[89] Vorwärts vom 15. November 1902;
[90] vgl. Bernhard von Bülow: Erinnerungen (1930), Bd. 1, S. 585;
[91] Vgl. Hans von Tresckow: Von Fürsten (1922), S. 126;
[92] Krupp an den preußischen Kultusminister Konrad von Studt,

25. Oktober 1902, in: Willi Boelcke: Krupp (1902), S., 97;
[93] a.a.O., S. 129;
[94] Bernhard von Bülow: Erinnerungen (1930), Bd. 1, S. 585;
[95] Robert Zedlitz-Trützschler: Zwölf Jahre (1924), S. 171 f.;
[96] August Fleischmann: Der Fall Krupp (1902), S. 9;
[97] Wilhelm am 26. November 1902, zit. nach: Willi Boelcke: Krupp (1902), S. 101;
[98] Margarethe Krupp an Oberstaatsanwalt Hugo von Isenbiel, 10. Dezember 1902, zit. nach: a.a.O., S. 103;
[99] vgl. Broschüre «Stahl und Eisen» (1902);
[100] Magnus Hirschfeld: Einleitung (1909), S. 24;
[101] Vgl. John C.G. Röhl: Eulenburg (1983), Bd. III., S. 2082 ff.;
[102] Maximilian Harden: Schlussvortrag, S. 189;
[103] a.a.O., S. 205;
[104] Philipp Eulenburg: Mit dem Kaiser (1931), Bd. II., S. 319;
[105] Philipp Eulenburg an Wilhelm II., 7. April 1906, zit. Nach Johannes Haller, 1906, S. 318;
[106] Otto Hammann, Um den Kaiser, 1919, S. 15;
[107] John C.G.Röhl: Eulenburg (1983), Bd. III., S. 2102;
[108] ebd.;
[109] Johannes Haller: Eulenburg (1926), S. 316;
[110] Robert Zedlitz-Trützschler: Zwölf Jahre (1923), S. 174;
[111] zit. nach John C.G. Röhl: Eulenburg (1983), Bd. III, S. 2140;
[112] Hans von Tresckow: Von Fürsten (1922), S. 168;
[113] Graf Berckheim in einem Bericht nach Karlsruhe vom 8. November 1906, in: John C.G. Röhl: Eulenburg, Bd. III (1983), S. 2138;
[114] Reichskanzler Hohenlohe, zit. nach John C.G. Röhl: Eulenburg (1983), Bd. III., S. 1928;
[115] Johannes Haller: Eulenburg (1926), S. 329;
[116] Joachim von Kürenberg: Holstein (1954), S. 236;
[117] Maximilian Harden: Nur ein paar Worte (1907), S. 369;
[118] Maximilian Harden: Präludium (1906), S. 265 f.;
[119] Maximilian Harden: Dies Irae (1906), S. 291;
[120] BZ am Mittag, 3. Dezember 1906;
[121] Otto Hammann: Um den Kaiser (1919), S. 16;

[122] Maximilian Harden: Schlussvortrag, S. 190;
[123] Johannes Haller: Eulenburg (1926), S. 342;

Absturz einer Tafelrunde

[1] Axel Varnbüler, zit. nach Bülow: Denkwürdigkeiten (1930), Bd. II., S. 309;
[2] a.a.O., S. 311;
[3] Maximilian Harden: Monte Carlino (1907), S. 44;
[4] Maximilian Harden: Roulette (1907), S. 118;
[5] Harden an Holstein, 10. Mai 1907, in: Norman Rich u.a.: Geheime Papiere (1963), S. 428;
[6] Bülows undatierte Aufzeichnung zit nach Hellmuth Rogge: Holstein (1959), S. 157 f.;
[7] Robert von Zedlitz-Trützschler: Zwölf Jahre (1923), S. 216;
[8] Bernhard von Bülow: Denkwürdigkeiten (1930), Bd. II., S. 311;
[9] vgl. dazu John C.G. Röhl: Eulenburg (1983), Bd. III., S. 2145;
[10] Monatsberichte des WHK, 1. Juli 1907, S. 126;
[11] vgl. Norman Rich: Die geheimen Papiere (1963), Bd. IV., S. 411;
[12] Magnus Hirschfeld: Von einst (1986), S. 92 f.;
[13] Magnus Hirschfeld: Berlins drittes Geschlecht (1991), S. 90 f.;
[14] a.a.O., S. 92;
[15] vgl. Monatsbericht des WHK, 1. Juli 1907, S. 127 f.;
[16] Hans von Tresckow: Von Fürsten (1922), S. 123;
[17] vgl. hierzu Magnus Hirschfeld: Die Hofaffäre (1907), S. 126 f.;
[18] Karl Rosner (ed.): Erinnerungen des Kronprinzen Wilhelm (1922), S. 13;
[19] Maximilian Harden: Die Freunde (1907), S. 422; vgl. Helmuth Rogge: Holstein (1959), S. 159;
[20] BZ am Mittag, 14. Juni 1907: «Harden über den Hofskandal»;
[21] Generaladjutant von Kessel an Eulenburg, 4. Mai 1907, in: John C.G. Röhl: Eulenburg (1983), Bd. III, S. 2144 f.;
[22] Johannes Haller: Eulenburg (1926), S. 347;
[23] Eulenburg an Bülow, 12. Mai 1907, in: John C.G. Röhl: Eulen-

burg (1983), Bd. III, S. 2147;

[24] vgl. a.a.O., S. 2150 aus dem Memoiren Axel Varnbülers.;

[25] Hans von Tresckow: Von Fürsten (1922), S. 115; vgl. auch Magnus Hirschfeld: Von Einst bis Jetzt (1986), S. 29 ff;

[26] a.a.O., S. 165;

[27] ebd.;

[28] Robert von Zedlitz-Trützschler: Zwölf Jahre (1923), S. 161;

[29] vgl. Helmuth Rogge: Holstein (1959), S. 163;

[30] Maximilian Harden: Die Freunde (1907), S. 422;

[31] a.a.O., S. 424;

[32] BZ am Mittag, 28. Mai 1907: «Moltke contra Harden»;

[33] ebd.;

[34] Berliner Tageblatt, 4. Juni 1907: «Der Kampf gegen die Tafelrunde»;

[35] a.a.O., 14. Juni 1907: «Harden über den Hofskandal»;

[36] Berliner Tageblatt, 2. Juni 1907, Morgenausgabe;

[37] Berliner Lokalanzeiger, 4. Juni 1907, 2. Ausgabe: «Aus Inland und Ausland»;

[38] Robert Zedlitz-Trützschler: Zwölf Jahre (1924), S. 160;

[39] vgl. Wolfgang J. Mommsen: Kaiser (2002); ähnlich auch Nicolaus Sombart: Wilhelm II. (1997);

[40] John C.G. Röhl: Eulenburg (1983), Bd. III, S. 2160;

[41] Bernhard von Bülow: Denkwürdigkeiten (1930), Bd. II, S. 293;

[42] a.a.O., S. 312;

[43] Eulenburg an Bülow, 5. Juni 1907, in: a.a.O., S. 2164;

[44] Bernhard von Bülow: Denkwürdigkeiten (1930), Bd. II., S. 314 f.;

[45] a.a.O., S. 291 f.;

[46] a.a.O., S. 313;

[47] John C.G. Röhl: Eulenburg, Bd. III (1983), S. 2164;

[48] ebd.;

[49] Maximilian Harden: Die Freunde (1907), S. 409;

[50] Reinhold Conrad Muschler: Eulenburg (1930), S. 628;

[51] Harden an Holstein, 15. Juni 1907, in: Norman Rich: Geheime Papiere, Bd. IV. (1963), S. 436;

[52] a.a.O., S. 411 ff.;

[53] Harden an Walther Rathenau, 16. Juni 1907, zit. nach Helmuth Rogge: Holstein (1959), S. 169;
[54] Karl Scheffler: Die fetten und die mageren Jahre (1946), S. 150;
[55] a.a.O., S. 153 f.;
[56] a.a.O., S. 156;
[57] Simplicissimus, Nr. 24. Juni 1907, 12. Jahrgang, Nr. 13, S. 198;
[58] August Bebel im Reichstag; Plenar-Protokoll, 29. November 1907, S. 1909;
[59] Hans von Tresckow: Von Fürsten (1922), S. 163;
[60] Magnus Hirschfeld: Die Homosexualität (1913), S. 1007;
[61] a.a.O., S. 685;
[62] BZ am Mittag, 6. Juli 1908;
[63] Hans von Tresckow: Von Fürsten (1922), S. 182;
[64] a.a.O., S. 185;
[65] Harden an Holstein, 24. Mai 1907, in: Norman Rich: Geheime Papiere, Bd. IV (1963), S. 433;
[66] Maximilian Harden: Prozesse (1913), S. 183;
[67] Otto Julius Bierbaum: Prinz Kuckuck, Bd. II (1907), S. 271;
[68] Anonym: Liebchen (1995), S. 11;
[69] a.a.O., S. 118;
[70] Richard Linsert: Kabale und Liebe (1930), S. 493;
[71] Magnus Hirschfeld: Die Hofaffäre (1907), S. 130;
[72] a.a.O., S. 241;
[73] Magnus Hirschfeld: Einleitung (1909), S. 12; Zur Kassenlage des WHK a.a.O., S. 29;
[74] a.a.O., S. 242;
[75] Johannes W. Harnisch: Harden (1908), S. 25;
[76] August Kubizek: Hitler (1953), S. 283 f.;
[77] Magnus Hirschfeld: Homosexualität (1913), S. 573;
[78] Nicolaus Sombart: Wilhelm II. (1997), S. 203 f.;
[79] Georg Hirth: Homosexualität (1909), S. 475;
[80] a.a.O., S. 471;
[81] Karl Kraus: Maximilian Harden (1908), S. 31;
[82] Gerichtsprotokoll Vorwärts, 25. Oktober 1907;
[83] Vorwärts, 24. Oktober 1907;
[84] Conrad Muschler: Eulenburg (1930), S. 629;

[85] B.Z. am Mittag, 5. Juli 1909: «Der Hammann-Prozeß»;
[86] Maximilian Harden: Der Prozess, I. Teil (1907), S. 261;
[87] Hans von Tresckow: Von Fürsten (1922), S. 151;
[88] Deutsche Tageszeitung, 25. Oktober 1907;
[89] Gerichtsprotokoll, Vorwürts, 24. Oktober 1907;
[90] B.Z. am Mittag, 23. Oktober 1907;
[91] Vorwärts, 24. Oktober 1907: «Ein Kultur- und Sittenbild»;
[92] Berliner Morgenpost, 24. Oktober 1907;
[93] Karl Scheffler: Die fetten und die mageren Jahre (1946), S. 290;
[94] Maximilian Harden: Der Prozess, I. Teil (1907), S. 263 f.;
[95] Berliner Morgenpost, 25. Oktobedr 1907: «Der Sumpf»;
[96] a.a.O.;
[97] Philipp Eulenburg: Aus 50 Jahren (1923), S. 49;
[98] Maximilian Harden: Der zweite Prozess, Teil II. (1908), S. 296;
[99] Hans von Tresckow: Von Fürsten (1922), S. 119;
[100] Monatsberichte des WHK, 1. Juli 1907, S. 129;
[101] Johannes Haller: Eulenburg (1926), S. 345;
[102] Maximilian Harden: Der zweite Prozess, II. Teil (1908), S. 296;
[103] Maximilian Harden: Reichstag (1907), S. 333;
[104] Hans von Tresckow: Von Fürsten (1922), S. 143 f.;
[105] a.a.O., S. 143 f.;
[106] ebd.;
[107] Berliner Morgenpost, 25. Oktober 1907: «Der Sumpf»;
[108] Vorwärts, 25. Oktober 1907: «Der Prozess der Hinterhalte»;
[109] zit. Nach Neue Preußische Zeitung, 26. Oktober 1907 (Abendausgabe);
[110] Monatsberichte des WHK, November 1907, S. 214;
[111] a.a.O., S. 230;
[112] Deutsche Tageszeitung, 30. Oktober 1907;
[113] Johannes Haller: Aus dem Leben (1926), S. 349;
[114] Berliner Morgenpost, 27. Oktober 1907;
[115] Gerichtsprotokoll Berliner Morgenpost, 27. Oktober 1907;
[116] Berliner Morgenpost, 30. Oktober 1907;
[117] Erich Mühsam: Jagd auf Harden (1908), S. 249;
[118] Gerichtsprotokoll, Berliner Morgenpost, 30. Oktober 1907;
[119] Hellmuth Rogge: Holstein (1959), S. 236;

[120] zit. nach BZ am Mittag, 29. April 1908;
[121] Simplicissimus Nr. 34, 18. November 1907, S. 534;
[122] Philipp Eulenburg: Fünf Jahre (1897), S.IV und S. 7;
[123] Maximilian Harden: Prozesse (1913), S. 187 ff.;
[124] Die Post, 30. Oktober 1907;
[125] zit. nach Hellmuth Rogge: Holstein (1959), S. 234;
[126] a.a.O., S. 236;
[127] Deutsche Tageszeitung, 2. November 1907;
[128] zit. nach Deutsche Tageszeitung, 29. Oktober 1907;
[129] Hellmuth Rogge: Holstein (1959), S. 237;
[130] Hans von Tresckow: Von Fürsten (1922), S. 203 f.;
[131] Bülow an Wilhelm II., 26. Oktober 1907, in: Norman Rich: Die geheimen Papiere (1963), S. 451;
[132] Harden an Holstein, 17. November 1907, in: a.a.O., S. 455;
[133] Karl Kraus: Maximilian Harden (1908), S. 36;

Zwischen Reinigung und Steinigung

[1] Hans von Tresckow: Von Fürsten (1922), S. 193;
[2] Richard Linsert: Kabale und Liebe (1930), S. 175;
[3] zit. nach Monatsberichte des WHK, Dezember 1907, S. 232;
[4] Bernhard von Bülow: Denkwürdigkeiten, Bd. II. (1930), S. 314 f.;
[5] B.Z. am Mittag, 6. November 1907;
[6] Gerichtsprotokoll nach Berliner Neueste Nachrichten, 6. November 1907, Abendausgabe;
[7] ebd.;
[8] Bernhard von Bülow: Denkwürdigkeiten, Bd. II. (1930), S. 315;
[9] Gerichtsprotokoll nach Berliner Neueste Nachrichten, 6. November 1907, Abendausgabe;
[10] Richard Linsert: Kabale und Liebe (1930), S. 471;
[11] Monatsbericht des WHK, Dezember 1907, S. 233;
[12] Gerichtsprotokoll, Berliner Neueste Nachrichten, 7.November 1907;
[13] zit. nach Hans von Tresckow: Von Fürsten (1922), S. 199;

[14] vgl. Alexander von Hohenlohe: Aus meinem Leben (1925), S. 314;
[15] vgl. dpa-Meldung Nr. 795 vom 26. Oktober 1989;
[16] Peter Spahn, Plenar-Protokoll, 28. November 1907, S. 1875;
[17] Max Liebermann von Sonneberg, Plenar-Protokoll, 30. November 1907, S. 1945;
[18] Bundestags-Protokoll, 20. Januar 1984, S. 3439 bis 3452;
[19] von Einem, Plenar-Protokoll, 29. November 1907, S. 1913;
[20] Maximilian Harden: Reichstag (1907), S. 332;
[21] Ernst Bassermann, Plenar-Protokoll, 28.November 1907, S. 1890;
[22] Friedrich Payer, Plenar-Protokoll, 2. Dezember 1907, S. 1970;
[23] Liebermann von Sonneberg, Plenar-Protokoll, 30.November 1907, S. 1945;
[24] Bebel, Plenar-Protokoll, 29. November 1907, S. 1910;
[25] Spahn, Plenar-Protokoll, 28. November 1907, S. 1875;
[26] Bernhard von Bülow, Plenar-Protokoll, 28. November 1907, S. 1880;
[27] Dr. Eduard David, Plenar-Protokoll, 2. Dezember 1907, S. 1975;
[28] Maximilian Harden: Reichstag (1907), S. 332;
[29] Bernhard von Bülow, Plenar-Protokoll, 28. November 1907, S. 1880;
[30] Bernhard von Bülow: Denkwürdigkeiten II. (1930), S. 308;
[31] Wilhelm II. an Bülow, 29. November 1907, in: Hellmuth Rogge: Holstein und Harden (1959), S. 246 f.;
[32] Eulenburg an seinen Anwalt Laemmel, zit. nach Johannes Haller: Aus dem Leben (1926), S. 350;
[33] Maximilian Harden: Reichstag (1907), S. 330;
[34] Harden an Holstein, 19. und 25. November 1907, in: Norman Rich: Die geheimen Papiere, Bd. IV. (1963), S. 455 f.;
[35] Holstein an Harden, 8. Dezember 1907, a.a.O., S. 457;
[36] Harden an Holstein, 12. Dezember 1907, a.a.O., S. 457 f.;
[37] BZ am Mittag, 17. Dezember 1907: Prozesssilhouetten;
[38] Erich Sello: Irrtümer der Strafjustiz (1911);
[39] B.Z. am Mittag, 17. Dezember 1907: Prozesssilhouetten;

[40] Gerichtsprotokoll, B.Z. am Mittag, 16. Dezember 1907;
[41] vgl. Hellmuth Rogge: Holstein und Harden (1959), S. 273;
[42] vgl. John C.G. Röhl: Eulenburg, Bd. III. (1983), S. 2167;
[43] Eulenburg am 21. und 22. Dezember 1907 an Laemmel, in: Johannes Haller: Aus dem Leben (1926), S. 351;
[44] B.Z. am Mittag, 21. Dezember 1907;
[45] a.a.O., 23. Dezember 1907;
[46] Holstein an Harden, 25. Dezember 1907, in: Norman Rich: Die geheimen Papiere, Bd. IV. (1963), S. 460;
[47] B.Z. am Mittag, 27. Dezember 1907;
[48] Gerichtsprotokoll, lt. B.Z. am Mittag, 30. Dezember 1907;
[49] B.Z. am Mittag, 31. Dezember 1907;
[50] Gerichtsprotokoll, Berliner Abendpost, 5. Januar 1908;
[51] ebd.;
[52] ebd.;
[53] Deutsche Zeitung, 5. Januar 1908;
[54] Die Post, 4. Januar 1908;
[55] Erich Mühsam: Die Jagd auf Harden (1908), S. 247;
[56] Robert Zedlitz-Trützschler: Zwölf Jahre (1923), S. 182 f.;
[57] Harden gegenüber dem «Matin», zit. nach Abendpost, 5. Januar 1908;
[58] BZ am Mittag, 22. Januar 1908;
[59] ebd.;
[60] ebd.;
[61]BZ am Mittag, 25. Januar 1908;
[62] ebd.;
[63] Harden an Holstein, 1. Juni 1907, in: Norman Rich: Geheime Papiere, Bd. IV. (1963), S. 434;
[64] B.Z. am Mittag, 24. Januar 1908;
[65] Eulenburg an Wilhelm II., 8. Oktober 1897, in: John C.G. Röhl: Eulenburg (1983), Bd. III, S. 1881;
[66] zit. nach John C.G. Röhl: Eulenburg, Bd. 1, S. 38;
[67] Hans von Tresckow: Von Fürsten (1922), S. 155 f.;
[68] Harden an Holstein, 5. April 1908, in: Norman Rich: Harden (1963), Bd. IV., S. 471;
[69] a.a.O., S. 158 f.;

[70] zit. nach Johannes Haller: Aus dem Leben (1926), S. 352;
[71] Harden an Holstein, 8. März 1908, in: Norman Rich: Holstein (1963), Bd. IV., S. 465;
[72] Harden an Holstein, 16. März 1908, in: a.a.O., S. 466;
[73] Aufzeichnung Bülows, zit. nach Hellmuth Rogge (1959), S. 276;
[74] zit. nach Hellmuth Rogge: Holstein (1959), S. 264;
[75] a.a.O., S. 265;
[76] Johannes Haller: Aus dem Leben (1926), S. 353;
[77] Harden über Städele, in: Maximilian Harden: Prozesse (1913), S. 210;

Das Scheitern des Favoriten

[1] Erich Mühsam: Namen und Menschen (1949), S. 213;
[2] Maximilian Harden: Prozesse (1913), S. 208;
[3] Maximilian Harden: Prozessbericht, 1. Teil, S. 189;
[4] BZ am Mittag, 21. April 1908; Münchener Neueste Nachrichten, Vorabendblatt, 22. April 1908;
[5] Erich Mühsam: Namen und Menschen (1949), S. 212;
[6] Gerichtsprotokoll ebd.;
[7] Maximilian Harden: Prozessbericht, 1. Teil (1908), S. 192;
[8] vgl. Johannes Haller: Aus dem Leben (1926), S. 356;
[9] Erich Mühsam: Namen und Menschen (1949), S. 215;
[10] Karl Kraus: Nachts (1993), S. 43 f.;
[11] Eulenburg an Wilhelm II., 27. März 1888, in: John C.G.Röhl: Eulenburg, Bd. III. (1983), S. 280;
[12] Eulenburg an seine Schwester, 19. September 1881, in: a.a.O., Bd. I. (1976), S. 130;
[13] Reinhold Conrad Muschler: Eulenburg (1930), S. 131;
[14] Eulenburg an Herbert Bismarck, 14. Mai 1885, in: John C.G. Röhl: Eulenburg, Bd. I. (1976), S. 150;
[15] Eulenburg an Herbert Bismarck, 2. Oktober 1886, in: a.a.O., S. 156 f.;
[16] Eulenburg an Fardenheid, 17. Juli 1886, in: ders.: Fünf Jahre

(1897), S. 135;
[17] Eulenburg an Wilhelm, 4. Oktober 1886, in: a.a.O., S. 200 f.;
[18] Reinhold Conrad Muschler: Eulenburg (1930), S. 129;
[19] Philipp Eulenburg: Aus 50 Jahren (1923), S. 113;
[20] Maximilian Harden: Prozessbericht, 1. Teil (1908), S. 194;
[21] a.a.O., S. 196;
[22] a.a.O., S. 201;
[23] Gerichtsprotokoll, Münchener Neueste Nachrichten, 22. April 1908;
[24] Johannes Haller: Aus dem Leben (1926), S. 414;
[25] Maximilian Harden: Prozessbericht, 2. Teil (1908), S. 232 f.;
[26] a.a.O., S. 237;
[27] a.a.O., S. 246;
[28] Gerichtsprotokoll, Münchener Neueste Nachrichten, 22. April 1908;
[29] zit. nach Johannes Haller: Aus dem Leben (1926), S. 357;
[30] Wend Eulenburg: Ein Schloss (1990), S. 71;
[31] BZ am Mittag, 22. April 1908;
[32] BZ am Mittag, 23. April 1908;
[33] BZ am Mittag, 27. April 1908;
[34] ebd.;
[35] Eulenburg an Isenbiel, 23. April 1908, S. 2172;
[36] Johannes Haller: Aus dem Leben (1926), S. 414 f.;
[37] Berliner Tageblatt, 22. April 1908: Fürst Eulenburgs Zusammenbruch;
[38] Hans Delbrück: Sensations-Prozesse (1908), S. 549;
[39] zit. nach BZ am Mittag, 25. April 1908;
[40] Erich Mühsam: Jagd auf Harden (1908), S. 243;
[41] Harden an Holstein, 1. Mai 1908, in: Norman Rich: Geheime Papiere, Bd. IV. (1963), S. 474;
[42] zit. nach John C.G. Röhl: Eulenburg, Bd. III. (1983), S. 2176;
[43] zit. nach Johannes Haller: Aus dem Leben (1926), S. 359;
[44] vgl. Hellmuth Rogge: Holstein (1959), S. 284;
[45] Der Wahre Jakob, Nr. 570, 26. Mai 1908, S. 818;
[46] August Fleischmann: Die Wahrheit (1908), S. 4;
[47] a.a.O., S. 5 f.;

[48] zit. Maximilian Harden: Prozess Eulenburg II. (1908), S. 160;
[49] Eulenburg an seinen Sohn Friedrich-Wend, 5. Mai 1908, zit. nach John C. G. Röhl: Eulenburg, Bd. III. (1983), S. 2176 f.;
[50] Augusta Eulenburg an Sohn Sigwart, 8. Mai 1908, in: a.a.O., S. 2178;
[51] zit. nach Johannes Haller: Aus dem Leben (1926), S. 406;
[52] vgl. Vorwärts, 7. Juli 1908: Wedel und Eulenburg;
[53] Hans von Tresckow: Von Fürsten (1922), S. 143;
[54] Hans von Tresckow: Von Fürsten (1922), S. 141;
[55] Berliner Tageblatt, 9. Juli 1908;
[56] Eulenburg an Isenbiel, 11. Mai 1908, in: John C.G. Röhl: Eulenburg, Bd. III. (1983), S. 2180;
[57] Eulenburg an Wilhelm, 27. März 1888, in: John C.G. Röhl: Eulenburg, Bd. I. (1976), S. 280 f.;
[58] Reinhold Conrad Muschler: Eulenburg (1930), S. 253 f.;
[59] aus einem Brief Kuno von Moltkes vom April 1891, zit. nach a.a.O., S. 49;
[60] Johannes Haller: Aus dem Leben (1926), S. 30;
[61] a.a.O., S. 2181;
[62] a.a.O., S. 2183;
[63] zit. nach Hellmuth Rogge: Holstein (1959), S. 290;
[64] ebd.;
[65] zit. nach Johannes Haller: Aus dem Leben (1926), S. 423;
[66] Eulenburg an seine Mutter, 1. März 1888, in: a.a.O., S. 279;
[67] vgl. John C.G. Röhl: Eulenburg, Bd. I. (1976), S. 35 f.;
[68] Harden an Holstein, 28. Mai 1908, in: Norman Rich: Holstein, Bd. IV. (1963), S. 477;
[69] vgl. Hellmuth Rogge: Holstein (1959), S. 293;
[70] zit. nach Johannes Haller: Aus dem Leben (1926), S. 429;
[71] a.a.O., S. 435;
[72] Berliner Tageblatt, Morgenausgabe, 29. Juni 1908;
[73] BZ am Mittag, 29. Juni 1908;
[74] Berliner Tageblatt, Abendsausgabe, 29. Juni 1908;
[75] Hans von Tresckow: Von Fürsten (1922), S. 203;
[76] Berliner Tageblatt, Abendsausgabe, 29. Juni 1908;
[77] Johannes Haller: Aus dem Leben (1926), S. 362;

[78] John C.G. Röhl: Eulenburg (1976), Bd. I., S. 35;
[79] Berliner Tageblatt, Abendausgabe,1. Juli 1908;
[80] Maximilian Harden: Prozess Eulenburg, 2. Teil (1908), S. 165;
[81] vgl. Vorwärts, 4. Juli 1908;
[82] Joachim von Kürenberg: Holstein (1954), S. 195;
[83] Maximilian Harden: Prozeß Eulenburg, 3. Teil (1908), S. 234;
[84] Philipp Eulenburg: Aus 50 Jahren (1923), S. 112;
[85] Bernhard von Bülow: Denkwürdigkeiten (1930), Bd. I., S. 616;
[86] ders.: Prozess Eulenburg, 1. Teil (1908), S. 138;
[87] BZ am Mittag, 6. Juli 1908;
[88] Philipp Eulenburg: Mit dem Kaiser (1931), Bd. II., S. 316 (Tagebuch 6. Juli 1903);
[89] Eulenburg: Nordlandsreisen (1931), Bd. I., S. 368 f.;
[90] a.a.O., Bd. II., S. 320 u. S. 324;
[91] BZ am Mittag, 6. Juli 1908;
[92] Berliner Tageblatt, Abendausgabe, 7. Juli 1908;
[93] Berliner Tageblatt, Abendausgabe, 8. Juli 1908;
[94] BZ am Mittag, 8. Juli 1908;
[95] Reinhold Conrad Muschler: Eulenburg (1930), S. 184 f.;
[96] zit. nach Hans von Tresckow: Von Fürsten (1922), S. 138;
[97] BZ am Mittag, 9. Juli 1908;
[98] BZ am Mittag, 8. Juli 1908;
[99] BZ am Mittag, 9. Juli 1908;
[100] BZ am Mittag, 10. Juli 1908;
[101] Berliner Tageblatt, Morgenausgabe, 14. Juli 1908;
[102] Harden an Holstein, 1. Juli, 3. Juli, 5. Juli, in: Norman Rich: Geheime Papiere, Bd. IV. (1963), S. 484 f.;
[103] Berliner Tageblatt, Abendausgabe, 14. Juli 1908;
[104] Berliner Tageblatt, Abendausgabe, 15. Juli 1908;
[105] a.a.O., S. Abendsausgabe, 16. Juli 1908;
[106] Bernhard von Bülow: Denkwürdigkeiten, Bd. II. (1930), S. 315;
[107] John C.G. Röhl: Eulenburg (1976), Bd. I., S. 45 f.;
[108] a.a.O., S. 491;
[109] Berliner Morgenpost, 22. April 1909;
[110] Ballin an Harden, 6. Juni 1909: in Hellmuth Rogge, a.a.O., S.

464;
[111] Johannes Haller: Aus dem Leben (1926), S. 410;
[112] vgl. John C.G. Röhl: Eulenburg, Bd. III. (1983), S. 2190;
[113] Berliner Abendpost, 26. Mai 1909;
[114] a.a.O., S. 28. Mai 1909;
[115] Johannes Haller: Aus dem Leben (1926), S. 374 f.;
[116] a.a.O., S. 376;
[117] BZ am Mittag, 7. Juli 1909;
[118] ebd.;
[119] Berliner Tageblatt, Abendausgabe, 7. Juli 1909;
[120] Eulenburg an Conrad Haussmann, 1. September 1909, in: John C.G. Röhl: Eulenburg, Bd. III. (1983), S. 2190;
[121] Eulenburg an Haussmann, 1. Oktober 1910, in: a.a.O., S. 2196;
[122] Varnbüler an Moltke, 24. Oktober 1912, a.a.O., S. 2209;
[123] Reinhold Conrad Muschler: Eulenburg (1930), S. 610;
[124] Kurt Tucholsky: Die lebendigen Toten (1919), in: Gesammelte Werke (1985), Bd. 2, S. 99;
[125] Neue Preußische Zeitung, Morgenausgabe, 12. Dezember 1919;
[126] Eulenburg an Haussmann, 3. Januar 1919, in: a.a.O., S. 2298;
[127] zit. nach Wend Eulenburg: Ein Schloss (1990), S. 72;
[128] a.a.O., S. 76;

Epilog: Ganymed wohnt hier nicht mehr

1 Theodor Herzl in seinem Tagebuch am 7. Oktober 1898, in: John C.G. Röhl: Eulenburg (1981), S. 1925;
2 Wend Eulenburg: Ein Schloss (1990), S. 17 f.;
3 BZ am Mittag, 23. April 1908;
4 Berliner Zeitung, 12. August 2002;
5 BZ am Mittag, 23. April 1908.;
6 Wend Eulenburg: Ein Schloss (1990), S. 205;
7 Philipp Eulenburg: Aus fünfzig Jahren (1923), S. 60;
8 Kurt Tucholsky: Eulenburgiana (1925), S. 229, in: ders.: Gesammelte Werke (1985), Bd. IV.

Nachweis der Abbildungen

Abbildungen auf den Seiten 127, 269, 271: Peter Jungblut

Abbildungen auf den Seiten 13, 45, 53, 59, 69, 73, 91, 103, 113, 117, 125, 131, 135, 139, 181, 183, 185, 188, 203, 211, 215, 219, 221, 233, 259, 261, 263: Bildarchiv Stiftung preußischer Kulturbesitz (Reproduktionen: Staatsbibliothek Berlin).

Abbildungen auf den Seiten 11, 84, 95, 167: aus: Reinhold Conrad Muscheler: Philipp zu Eulenburg, Leipzig 1930.

Abbildungen auf Seite 25: aus: Philipp Fürst zu Eulenburg-Hertefeld: Erlebnisse an deutschen und fremden Höfen, Leipzig 1934.

Abbildungen auf den Seite 35, 39: aus: Fürst Philipp zu Eulenburg: Mit dem Kaiser als Staatsmann und Freund auf Nordlandreisen, 1931.

... UND DAS WAR GUT SO?

ERIC WALZ
SCHWULE SCHURKEN

Elf schwule Schurken von Alexander d.Gr. über Papst Sixtus IV., Maximilien Robbespierre, Yukio Mishima zu Jeffrey Dahmer:

Eine akribische Recherche, ein leichtfüßiges Sprachgefühl zeichnen Walz' geschichtlichen Abriss aus. Erschreckend, beeindruckend und faszinierend. Ein Leseerlebnis der ganz anderen Art. Ein großartiges Buch.

Männer aktuell

WER GEHORCHT, IST GEBORGEN ...

ARTHUR KNEBEL
LOSWERDEN

Puhh, ganz schön heftig. (...) «Loswerden» ist ein Roman, der realistisch und ohne Klischees Facetten sexueller Abhängigkeit beleuchtet. Wie weit dürfen Dominanz und Erniedrigung gehen, wo beginnen Ausbeutung und Selbstaufgabe? Atmosphärisch dicht, ungekünstelt und schlicht. Spannend

Männer aktuell

... eine spannende und prickelnde Geschichte.

Hinnerk

ISBN 3 935596 05 7

MÄNNERSCHWARMSRIPT VERLAG

UNTERGRÜNDIGES AUS DEM LAND DES LÄCHELNS

P-P HARTNETT

I WANT TO FUCK YOU

P-P Hartnetts Roman ist ergreifend und stilistisch herausragend. Lesen, empfehlen! *Go München*

Hartnett ist eine vielschichtige Großstadtsymphonie gelungen, eine auch sprachlich originelle, spannende Komposition aus leisen, feinfühligen Momenten, sexuellen Vibrati und emotionalen Paukenschlägen. Dafür gebührt ihm ein herzliches «Arigato». *Siegfried Straßner*

ISBN 3 935596 08 1

MÄNNERSCHWARMSKRIPT VERLAG

Verbotene Liebe im viktorianischen England

Lutz Büge & Charles Dickens
Der fall Edwin Drood

Der Nacherzähler geht mit Fantasie und einer Portion Dreistigkeit zu Werk, doch gerade deshalb erscheint die These, dass Dickens eigentlich vorhatte, einen Schwulenroman zu schreiben, nach diesem geistvollen Lesegenuss rundum überzeugend.

Christoph Dompke in *Hinnerk*

Büge kitzelt den schwulen Subtext des Romans heraus ...

Du & Ich

ISBN 3 935596 16 2

MännerschwarmSript Verlag